AF497306

HISTOIRE

DE

NAPOLÉON BONAPARTE

PAR

M. A. GABOURD

TOURS

A. MAME ET Cie, IMPRIMEURS-LIBRAIRES

M DCCC LII

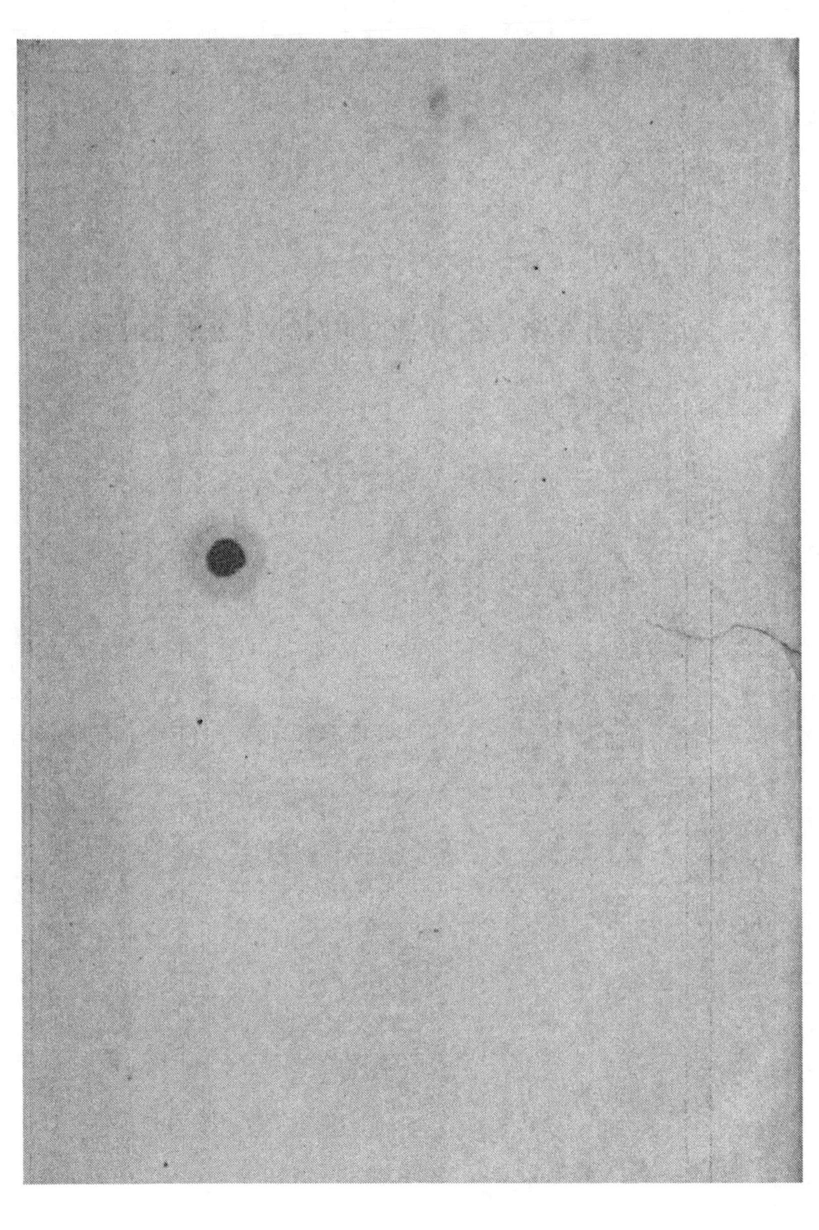

BIBLIOTHÈQUE

DE LA

JEUNESSE CHRÉTIENNE

APPROUVÉE

PAR Mgr L'ARCHEVÊQUE DE TOURS.

Carl Girardet del.   Th. Ruhierre sc.

Il lisait souvent Arrien, Polybe, surtout Plutarque .....

Berthau Imp

HISTOIRE

DE

NAPOLÉON BONAPARTE

PAR

Amédée Gabourd

Je meurs dans la Religion Catholique, Apostolique et Romaine

A.^d Mame & Cie

ÉDITEURS

à Tours

HISTOIRE

DE

NAPOLÉON BONAPARTE

PAR

AMÉDÉE GABOURD

« Je ne suis que l'instrument de la Providence.
Aussi longtemps qu'elle aura besoin de moi, elle
me conservera; quand je ne lui serai plus utile,
elle me brisera comme un verre. »

(PAROLES DE NAPOLÉON AU DUC D'ISTRIE.)

QUATRIÈME ÉDITION

TOURS

A° MAME ET C⁰ᵉ, IMPRIMEURS - LIBRAIRES

M DCCC LI

PRÉFACE

DE

LA PREMIÈRE ÉDITION.

Il est des hommes que Dieu a chargés d'une mission spéciale; ils apparaissent de loin en loin sur la terre pour être la gloire ou le fléau des nations. Le Seigneur, quand il lui plaît, les prend par la main et les élève; puis, dès qu'ils ont fait leur œuvre, il les brise comme d'inutiles roseaux. Rien n'annonce la prochaine venue de ces hommes; ils ne laissent après eux ni héritiers ni continuateurs: Sésostris, qui soumit le monde, n'est plus de nos jours qu'un prétexte offert à de vaines recherches hiéroglyphiques; un souffle fit évanouir l'empire d'Alexandre de Macédoine; Attila n'eut pas même un tombeau que ses ennemis pussent profaner; Charlemagne fermait à peine les yeux, que déjà sa puissance craquait de toutes parts sous les pieds des barbares ; Timour, Gengiskhan, ces deux insensés qui se sont baignés dans des mers de sang et ont amassé des montagnes de têtes coupées , ne nous ont transmis pour prix de leurs travaux qu'un long souvenir d'horreur et d'épouvante ; Napoléon , si fastueusement nommé le Grand, et qui avait égalé en renommée les conquérants des anciens âges, est mort à dix-huit cents lieues de sa patrie , vaincu, abreuvé de fiel, et enchaîné comme le Prométhée de la fable.

Chacun de ces hommes fameux a eu son rôle. Les uns, et ç'a été le petit nombre, ont été choisis pour consoler l'humanité et déblayer quelques ruines sociales; les autres ont été envoyés pour châtier par le glaive.

Quelle fut la mission assignée à Napoléon Bonaparte? C'est un secret de l'avenir. Nous l'entrevoyons à peine, et nous sommes condamnés à l'étudier longtemps encore. Et comment, sous l'impression récente du bien et du mal que nous fit cet homme, pourrions-nous tenir d'une main impartiale la balance du jugement? S'il a relevé les autels, il les a contristés ; s'il a porté dans toutes les capitales du continent la gloire de ses aigles, il a, par le délire de ses entreprises, livré Paris aux insultes de toutes les races étrangères; s'il a rétabli l'ordre, il n'a su remplacer l'anarchie des piques que par la tyrannie de la force matérielle; s'il a rendu à la France une grandeur inespérée, il s'est payé avec usure de ce bienfait en sacrifiant à l'idole de son orgueil plusieurs millions de victimes humaines. A quelle mesure apprécierons-nous donc ces bienfaits et ces désastres? Et, si nous en trouvions une pour le passé, qui nous révèlerait ce que les choses opérées par Napoléon doivent produire, pour les siècles futurs, de fruits heureux ou amers?

La connaissance entière de la vérité sur ce point nous est donc, pour longtemps encore, interdite; cependant c'est par des travaux commencés et poursuivis, dans le double recueillement de la réflexion et du doute historique, qu'on peut, dès aujourd'hui, préparer et avancer la solution de ce problème. Ce sera, nous osons l'espérer, le mérite de l'esquisse que nous offrons au public. En la traçant, nous nous sommes efforcé de nous mettre à l'abri de toute admiration inintelligente, de toute condamnation portée par avance. Français, nous n'avons voulu dissimuler aucun des faits qui ont enorgueilli ou affligé notre patrie; homme, nous nous sommes intéressé à la cause de tous les peuples qui ont souffert de notre joug; chrétien, nous avons ressenti les joies et les misères de l'Église, et, étendant nos regards bien au delà du cercle des causes visibles, nous avons essayé de proclamer, toujours en l'adorant, l'action de cette Providence divine qui usa de Napoléon pour l'accomplissement de ses vues. Nous ne nous sommes point rebuté devant les difficultés d'une œuvre pour laquelle ni les esprits, ni les hommes de ce temps ne sont suffisamment préparés. Nous espérons qu'on voudra bien nous tenir compte de la sincérité de nos efforts et de la pureté de nos intentions.

A. G.

Paris, septembre 1842.

HISTOIRE

DE

NAPOLÉON BONAPARTE

« ... Ma vengeance est entre ses mains. — Je l'enverrai contre
une nation perfide, contre le peuple de ma colère. Qu'il s'enrichisse
de ses dépouilles, qu'il le mette au pillage, qu'il le foule aux pieds
comme la boue !

« ... Son cœur ne respirera que le ravage et la ruine des nations.
Il dira : Les grands de ma maison ne sont-ils pas autant de rois!...
j'ai tout fait par la force de mon bras et les conseils de ma sagesse...
j'ai réuni sous ma puissance tous les peuples de la terre comme on
rassemble des œufs abandonnés.

« ... Mais la cognée se glorifie-t-elle contre celui qui s'en sert ?...
Et ce bois impuissant s'élève contre Dieu !... Voilà que le Seigneur,
le Dieu des armées, brisera ce vase d'argile ; il coupera les rameaux
de cet arbre... »

(Isaïe.)

CHAPITRE PREMIER.

PREMIÈRES ANNÉES. — BRIENNE. — TOULON.
— JOURNÉE DU 13 VENDÉMIAIRE.

Le jour même où l'Église célèbre l'Assomption de la
mère de Dieu, dans cette contrée peuplée d'une race
plus dure que ses rochers, plus sauvage que ses bruyères,
et que les Romains n'avaient point osé appeler au honteux honneur de leur fournir des esclaves ; plusieurs
mois après que la Corse, soustraite à la domination
génoise, eut été cédée à la France ;

Vers le temps où l'auteur du *Contrat social* annonçait que cette île allait bientôt étonner le monde, où se formait en Pologne la confédération de Bar, où éclatait en Amérique l'insurrection de Massachussets, où la Grèce chrétienne se réveillait de sa longue servitude, en cette année 1769 qui vit naître aussi Châteaubriand, Walter-Scott, Soult, Wellington et une pléiade d'hommes célèbres;

Letizia Ramolino, femme d'un pauvre et obscur gentilhomme d'Ajaccio, nommé Charles Bonaparte, voulut se rendre à l'office divin malgré les représentations qui lui furent faites sur son état de grossesse très-avancée. A son retour elle fut prise des douleurs de l'enfantement, et mit au monde, sur un tapis qui représentait les héros d'Homère, un fils auquel, en mémoire de l'un de ses ancêtres (1), on donna le nom de NAPOLÉON (lion du désert).

La famille Bonaparte, ou *Buonaparte* si l'on veut se conformer à l'orthographe italienne, était originaire de San—Miniato, en Toscane. Elle avait joué un rôle dans les annales de l'Italie. A une date fort reculée, elle avait donné des souverains à Trévise et des patrices à Florence. Son nom était inscrit sur les *livres d'or* de Venise et de Bologne; des alliances l'avaient unie aux maisons des Ursins, des Médicis et des Lomellini; c'était un Jacques Buonaparte qui avait écrit l'histoire du siége de Rome par le connétable de Bourbon; une dame de cette famille avait été la mère du pape Nicolas V, et un Buonaparte, attaché à l'ordre des capucins, avait été béatifié canoniquement. Compromis par leur fidélité aux Gibelins, les Buonaparte avaient été contraints, par une réaction

---

(1) Napoléon des Ursins, célèbre dans les fastes militaires d'Italie.

favorable aux Guelfes, d'abandonner l'Italie et de se réfugier en Corse. Ils y vécurent nobles, mais sans patrimoine, et contractèrent de nouvelles alliances avec les puissantes familles du pays. En 1768, Charles Buonaparte, leur héritier, prit parti pour Paoli contre la France. Après la pacification du pays, il se résigna à subir la domination nouvelle et cessa de figurer dans les agitations civiles. Il mourut, en 1784, à Montpellier, âgé de 35 ans; de treize enfants qu'il avait eus de son mariage avec Letizia Ramolino, huit seulement lui survécurent : Napoléon était le second dans l'ordre de la naissance.

« Je n'étais qu'un enfant obstiné et curieux. » C'est ainsi que Napoléon résume lui-même l'histoire de ses premières années. Cependant, si l'on étudie dès cet âge les développements de son caractère, il n'est point permis de méconnaître en lui ces marques certaines qui signalent l'enfance des hommes illustres. Il était turbulent, dominateur et fier. On le vit supporter en silence une punition de sept jours dans le seul but d'épargner une réprimande à sa sœur Élisa. Dans une autre circonstance, comme la chute imminente d'une poutre épouvantait toutes les personnes de la maison et les faisait fuir, on le vit demeurer seul dans la pièce menacée, et lever ses petits bras pour braver ou conjurer le danger. Il avait sur Joseph, son frère aîné, un ascendant extrême. Celui-ci était battu, mordu ; des plaintes étaient déjà portées à la mère, la mère grondait, que Joseph n'avait pas eu le temps d'ouvrir la bouche. Leur oncle Lucien, archidiacre d'Ajaccio, avait pressenti ce que révélaient ces commencements d'une grande histoire : étant sur son lit de mort, et entouré de ses neveux, il dit à Joseph : « Tu es l'aîné de la famille, mais Napoléon en est le chef ; aie soin de ne pas l'oublier. On n'a pas besoin de songer à sa fortune; il la fera lui-même. » Cette scène, selon la réflexion de Napoléon, rappelait la substitution du droit d'aînesse d'Esaü à son frère Jacob.

Membre de la cour souveraine d'Ajaccio et envoyé aux états généraux par la noblesse de Corse, Charles Bonaparte n'en était pas moins hors d'état de pourvoir à l'éducation de sa nombreuse famille. Par la protection de M. de Marbœuf, gouverneur de l'île, il obtint pour Napoléon une bourse à l'école militaire de Brienne. Il paraît que la pauvreté de cet enfant lui fit éprouver, de la part de ses camarades, des humiliations que sa fierté dévora en silence; son accent corse, très-prononcé, était pour lui une source de moqueries (1). Ces épreuves donnèrent à son caractère une sorte d'âpreté et de concentration qui prédisposaient mal en sa faveur et lui conciliaient médiocrement la bienveillance de ses condisciples et de ses maîtres. Il savait néanmoins inspirer à ceux qui l'observaient de près une sorte de respect involontaire qui tenait autant à l'énergie de sa volonté qu'à la singularité de ses allures. Instinctivement passionné pour les traditions historiques de la Corse, il s'accoutumait avec peine à l'idée que son pays natal, désormais réuni à la France, était déchu de son indépendance nationale. Cette préoccupation rendait son abord sombre et difficile. Il vantait à tout propos la résistance patriotique de Paoli, et il lui arriva un jour de dire : « Jamais je ne pardonnerai à mon père, qui a été l'adjudant de Paoli, d'avoir concouru à la réunion de la Corse à la France. Il aurait

---

(1) Son nom, que l'accent corse lui faisait prononcer à peu près *Napoilloné*, lui valut de ses camarades le sobriquet de *la paille au nez*.

dû suivre sa fortune et succomber avec lui. » Ce respect pour la nationalité, cet instinct généreux de patriotisme ne se réveillèrent plus pour lui lorsque, dans le cours de sa vie, il abolit tant de fois la patrie, les traditions, les coutumes et jusqu'au nom des peuples subjugués par ses armes.

Bonaparte apprit assez promptement la langue française; mais, soit affectation de sa part, soit effet des impressions ineffaçables de son idiome paternel, il ne parvint jamais à s'asservir aux règles de l'orthographe. Il montra une telle répugnance pour le latin, qu'à l'âge de quinze ans il était encore très-faible en quatrième. Sa supériorité ne se manifestait que dans l'étude des sciences mathématiques; sous ce rapport, il surpassait tous ses camarades. Dédaigneux des lectures frivoles, il affectionnait l'histoire des grands hommes de l'antiquité. Il lisait souvent Arrien, Polybe, surtout Plutarque, et ne faisait pas grand cas de Quinte-Curce. Il n'avait aucune disposition pour les belles-lettres, la musique et les arts d'agrément.

Un jour le maître de quartier, brutal de sa nature, le condamna, pour une légère faute, à porter l'habit de bure et à dîner à genoux à la porte du réfectoire : c'était une espèce de déshonneur. Napoléon avait dans le cœur un sentiment profond de sa dignité et de ses devoirs. Il se soumit à l'ordre; mais au moment de l'exécution il fut pris d'une violente attaque de nerfs. Le supérieur, qui passait par là, l'arracha au supplice en grondant le maître de son peu de discernement, et le père Patrault, son professeur de mathématiques, accourut, se plaignant de ce que, sans nul égard, on dégradait ainsi son premier mathématicien.

Plus tard, Napoléon eut un maître de quartier bien autrement digne de lui. C'était un jeune homme, issu d'une famille de cultivateurs de Franche-Comté, et qui, après avoir été élevé comme par charité à Brienne, y était devenu répétiteur. Il songeait à entrer dans l'ordre des minimes; mais il en fut dissuadé par le père Patrault, qui l'engagea à s'enrôler dans l'artillerie, où la révolution le prit sous-officier. Ce maître de quartier était le futur conquérant de la Hollande, et se nommait Pichegru.

Quoique peu remarqué dans ses études purement littéraires, Napoléon ne laissait pas de faire éclater dans ses compositions quelques étincelles de génie. M. Domairon, son professeur de belles-lettres, appelait les amplifications de son jeune élève du *granit chauffé au volcan*. En revanche, Napoléon ne faisait aucun progrès dans la langue allemande. Son inaptitude à cet égard avait inspiré à l'un des professeurs, M. Bauer, un mépris très-profond. Un jour que l'écolier était absent de la classe, M. Bauer demanda où il pouvait être; on répondit qu'il subissait en ce moment son examen pour l'artillerie. « Mais est-ce qu'il sait quelque chose? disait ironiquement le maître d'allemand. — Comment! Monsieur, mais c'est le plus fort mathématicien de l'école, lui répondit-on. — Eh bien! je l'ai toujours entendu dire et je l'avais toujours pensé, que les mathématiques n'allaient qu'aux bêtes. » — Si M. Bauer vivait encore vingt ans après cette conversation, il est probable, disait Napoléon, qu'il aurait réformé son jugement.

La note suivante, extraite du rapport de M. de Keralio, inspecteur des écoles militaires, date de 1784; elle peut donner une idée de l'opinion que Bonaparte avait laissée de lui à Brienne : « M. de Buonaparte (Napoléon),

« né le 15 août 1769, taille de 4 pieds 10 pouces 10 li-
« gnes, a fait sa quatrième ; de bonne constitution, santé
« excellente, caractère soumis, honnête, reconnaissant ;
« conduite très-régulière ; s'est toujours distingué par
« son application aux mathématiques. Il sait très-passa-
« blement son histoire et sa géographie. Il est assez faible
« pour les exercices d'agrément et pour le latin, où il n'a
« fait que sa quatrième. *Ce sera un excellent marin ;* il
« mérite de passer à l'école militaire de Paris. » Ce qui
résulte bien clairement de ce peu de lignes, c'est que
personne à Brienne n'avait compris ni pressenti l'avenir
du jeune Napoléon. Exceptons-en toutefois M. de l'Éguille,
son professeur d'histoire, qui rendait ainsi compte du
caractère de son jeune élève : « Corse de naissance, il
« ira loin, si les circonstances le favorisent. » Elles le
favorisèrent. Mais, à cette période de sa vie, Napoléon
se faisait lui-même peu d'illusions : il ne cachait à personne que le terme le plus exagéré de son ambition était
d'arriver au grade de colonel d'artillerie. Et, en effet,
sans la révolution, qui ouvrit une porte si large à toutes
les carrières, il eût été heureux d'obtenir sa retraite avec
ce grade et la croix de Saint-Louis.

Le jeune Bonaparte, voué à la carrière des armes,
préludait, avec ses camarades de Brienne, aux guerres
sérieuses par des guerres simulées. On connaît les gra-
vures populaires qui le représentent livrant, avec ses
condisciples, un combat dans les cours de Brienne, et
n'ayant pour munitions et ouvrages de siége que des
boules et des murailles de neige. Ce fait eut lieu dans
l'hiver de 1783 à 1784. D'après les conseils de Napoléon,
les élèves creusèrent des tranchées, élevèrent des para-
pets, construisirent des redoutes ; les uns furent prépo-

sés à la défense, les autres à l'attaque ; Bonaparte dirigeait les opérations. Cette petite guerre dura environ
quinze jours, et se termina à la fonte des neiges.

La sévérité de ses mœurs était remarquable. Un seul
désir le tourmentait, celui de vivre dans le souvenir de
la postérité : c'était là pour lui, disait-il, une nouvelle
immortalité de l'âme. Le jour de sa première communion
l'avait trouvé bien préparé à ce grand acte de la vie
chrétienne. En sortant de l'église il écrivit à son oncle
Fesch, depuis cardinal, une longue lettre qui contenait
les épanchements si rares de son jeune cœur, et portait
l'empreinte d'une pieuse exaltation. Les orages de la vie
militaire et les funestes exemples du siècle n'effacèrent
que trop ces sentiments du premier âge.

En 1784, Bonaparte passa à l'École militaire de Paris.
Il fut remplacé à Brienne par Louis, son frère ; quelque
temps après, sa sœur Marianne (Élisa) fut placée à Saint-
Cyr. La pauvreté de son père trouvait dans ces bienfaits
répétés du gouvernement de Louis XVI un remarquable
soulagement.

A peine arrivé à l'École militaire de Paris, le jeune
Napoléon donna des preuves de son esprit organisateur.
Il s'aperçut que cet établissement était plus propre, par
le luxe et la recherche qui présidaient aux mesures intérieures, à fournir au roi des courtisans qu'à donner à la
France de braves et utiles officiers. Dès lors, et quoique
à peine âgé de quinze ans et deux mois, il rédigea un
mémoire qu'il adressa à ses supérieurs, pour leur dé-
montrer jusqu'à quel point le plan de cet établissement
était vicieux. Dans cet écrit il s'élevait contre l'éducation
donnée à l'école, affirmant « que les élèves du roi, tous
« pauvres gentilshommes, n'y pouvaient puiser, au lieu

« des qualités du cœur, que l'amour de la gloriole, ou
« plutôt des sentiments de suffisance et de vanité, tels
« que, en regagnant leurs pénates, loin de partager avec
« plaisir la modique aisance de leur famille, ils rougi-
« raient peut-être des auteurs de leurs jours et dédai-
« gneraient leur modeste manoir. »

Le caractère de Bonaparte lui fit autant d'ennemis à
l'école de Paris qu'à celle de Brienne ; en 1785 on se
trouva heureux de l'éloigner de cet établissement en lui
donnant une sous-lieutenance vacante dans le régiment
d'artillerie de la Fère. Il reçut sa commission avec une
joie indicible. En 1787, Bonaparte obtint le grade de
lieutenant : il fut alors incorporé au régiment d'artillerie
de Grenoble, et séjourna pendant plusieurs années à
Valence.

On a dit que, dans ses moments de prédilection pour la
cause de la Corse, il professait une grande admiration
pour Paoli. Celui-ci lui rendait une partie de cette estime.
« Il est taillé à l'antique, disait-il en parlant de Napoléon ; je vois en lui un des grands hommes de Plutarque. »
Tant que Paoli combattit contre la domination de la
France, Bonaparte ne vit en lui qu'un héros ; quand
plus tard le vieux général eut terni sa gloire en livrant la
Corse à l'Angleterre, Bonaparte se mit au nombre de ses
adversaires les plus ardents, et lutta énergiquement
pour conserver sa patrie à la France. C'est de cette
époque qu'on peut dire qu'il a adopté de cœur notre
nationalité ; il en vint à aimer la France avec passion.

Madame Ducolombier, alors âgée de cinquante ans,
mais qui, par son esprit et ses manières, était à la tête de
la meilleure société de Valence, distingua sans peine le
mérite du jeune Bonaparte parmi les personnes de toutes

conditions qui se pressaient dans ses salons. La recommandation de cette dame ouvrit au lieutenant corse les meilleures maisons de la ville ; il y dépouilla peu à peu cette humeur farouche ou chagrine qui jusque alors l'avait réduit à l'isolement. La société eut de l'attrait pour lui ; il attirait d'ailleurs l'attention par sa conversation brève, saccadée, incorrecte, mais spirituelle et incisive. Cependant les heures de la garnison étaient longues. Bonaparte employait ses loisirs dans la boutique d'un libraire de Valence. Il étudiait l'histoire du moyen âge et des temps modernes, et y cherchait sans cesse, parmi les héros des siècles passés, des exemples ou des maîtres. L'Académie de Lyon ayant mis au concours cette question posée par l'abbé Raynal : *Quels sont les principes et les institutions à inculquer aux hommes pour les rendre le plus heureux possible?* un sujet si bien choisi pour enflammer les imaginations aventureuses fut abordé par un très-grand nombre d'écrivains. Bonaparte concourut et obtint le prix ; c'est à dix-huit ans qu'il remportait ses premières palmes. Je me trompe : déjà, en 1783, le duc d'Orléans, étant venu présider à la distribution des prix de l'école de Brienne, avait posé sur la tête de Napoléon la couronne de chêne, que tant d'autres diadèmes plus lourds ne lui firent point oublier. Qui aurait dit alors que, vingt ans plus tard, celui que la main d'un Bourbon ceignait ainsi d'un feuillage académique chargerait son front de la couronne de Louis XIV et de la vieille couronne de fer des rois lombards?...

Cependant Bonaparte tint successivement garnison à Douai et à Auxonne ; il passait ses semestres à Paris, et l'abbé Raynal, qui l'avait pris en grande amitié, s'efforçait de l'initier aux désolants mystères de la philosophie encyclopédique. A cette époque, Napoléon était moins un officier qu'un jeune écrivain, dont l'avenir littéraire laissait entrevoir des espérances. Le moment devait bientôt venir où l'histoire de son pays allait offrir un vaste aliment à son amour de la gloire et à son désir insatiable d'arriver à la postérité. La révolution française éclatait ; l'antique monarchie tombait en ruines.

Bonaparte, tout entier aux idées nouvelles qui réalisaient pour lui quelques-unes des rêveries auxquelles il s'était laissé aller en lisant Tite-Live et Plutarque, prit dès le premier jour parti pour la cause révolutionnaire. Il résista aux instances qui lui furent faites pour le déterminer à émigrer. Ce fut d'ailleurs chez lui un calcul. « Les révolutions, disait-il, sont un bon temps pour les militaires qui ont de l'esprit et du courage ; si un maréchal de camp peut s'attacher au parti de la cour, un sous-lieutenant sans fortune doit se vouer à la révolution. » On doute qu'au temps où il essayait de relever les idées monarchiques il eût aimé dans ses lieutenants cette singulière théorie.

Il se trouvait à Paris en 1792, et n'y tenait d'autre rang que celui d'un simple officier sans fortune ; chaque matin il inventait un projet pour améliorer sa position et se créer des ressources. Un jour, avec son camarade Bourrienne, il voulut spéculer sur la construction d'un nouveau quartier ; mais les propriétaires des terrains et des maisons firent des conditions trop dures : il ne s'agissait d'ailleurs que de louer plusieurs habitations de la rue Montholon, et de les sous-louer à des prix plus élevés. Pendant ce temps d'une vie vagabonde, Bonaparte fut témoin de la trop fameuse saturnale du 20 juin, journée pendant laquelle la populace des faubourgs, suscitée par

la Gironde, avilit la royauté et plaça le bonnet rouge sur
la tête de l'infortuné Louis XVI. Bonaparte, en voyant
défiler les longues hordes de misérables déguenillés,
armés burlesquement et vociférant des cris de mort, eut
le pressentiment des instincts anti-révolutionnaires qu'il
devait plus tard manifester. Saisi d'un profond sentiment
de mépris et d'indignation, il ne comprenait pas la résignation de Louis XVI, qui avait fait ouvrir ses appartements au peuple attroupé : « Eh ! comment, s'écria-t-il
tout haut, a-t-on pu laisser entrer aux Tuileries cette
canaille ? Il fallait en balayer quatre à cinq cents avec du
canon, et le reste courrait encore. »

Bonaparte, ayant obtenu un congé, se rendit en Corse
auprès de sa famille. Deux partis s'étaient formés dans
l'île : l'un tenait pour la France ; l'autre, qui devait plus
tard se rallier à l'Angleterre, affectait de ne vouloir que
l'indépendance de la Corse. Ce dernier parti avait pour
chef le vieux Paoli ; Bonaparte se rangea sous le drapeau
français. On voit qu'il avait déjà laissé bien loin ses
préoccupations de l'école de Brienne. Des troubles
éclatèrent, et Bonaparte, à la tête d'un corps de volontaires corses, réussit à enlever Ajaccio, sa ville natale,
aux partisans de Paoli. On lui fit néanmoins un crime de
ce succès, et il fut rappelé en France pour se justifier.

De terribles événements s'étaient accomplis au dedans
et au dehors de la France.

Les institutions monarchiques, battues en brèche depuis un demi-siècle, moralement désertées par ceux qui
auraient dû les honorer ou les défendre, avaient été trou-
vées bien affaiblies par le jeune Louis XVI, le jour où il
recueillit l'héritage dégradé de Louis XV. Le nouveau
roi était dévoré de l'amour du peuple ; ses intentions

étaient généreuses, son cœur droit, sa piété sainte. Ne faut il pas que les victimes, choisies pour être immolées en expiation des fautes de la multitude, soient innocentes et pures? Et comment, s'il n'en était ainsi, paraîtraient-elles un pieux holocauste et contribueraient-elles à fléchir la colère de Dieu?...

Qu'est-il besoin de raconter par quelle tempête furent emportées la couronne et la tête du roi, par quels orages révolutionnaires furent déracinées la royauté, la noblesse, la magistrature, l'Église de France? Ces grandes calamités sont présentes à tous les souvenirs. Il serait superflu d'en retracer ici le tableau. Indiquons seulement à la hâte quelques époques saillantes et dont la mention est nécessaire à l'intelligence de ce livre.

Le 14 juillet 1789, la Bastille est prise; le 4 août, le soleil se lève sur les ruines du système féodal; le 6 octobre, il éclaire les hideux massacres de Versailles, les têtes placées au bout des piques, sanglant et premier hommage que la révolution offre au roi déjà prisonnier; l'année ne s'est point entièrement écoulée que la face de la France a été changée : les lois, les mœurs, les coutumes, tous les vestiges de l'histoire nationale sont effacés par les niveleurs. Au roi Louis XVI a succédé le roi Lafayette, à celui-ci le roi Mirabeau, puis le roi Barnave, puis le roi Péthion; viendra le tour de la commune-reine, de la guillotine-reine, du bourreau-roi. La guerre éclate : l'Europe en armes et la noblesse française campée à Coblentz menacent la Jacquerie. C'est le signal d'une formidable convulsion. La Montagne renverse au 10 août le trône que la Gironde n'a pu qu'avilir le 20 juin. Les gens de cœur courent à la frontière; les hyènes de la commune et des faubourgs, incapables d'imiter ce dévouement belliqueux ; versent le sang des prisonniers , et le boivent dans les journées éternellement honteuses et infâmes des 2 et 3 septembre. Comme pour laver cette tache qui souille le berceau de la république, nos armées remportent les deux triomphes de Valmy et de Jemmapes. L'héroïque population de Lille résiste aux horreurs d'un siége et d'un bombardement; cependant la Convention Nationale, installée à la faveur de ces massacres et de ces victoires, inaugure le gouvernement de la Terreur en faisant tomber sur l'échafaud la tête du roi. Elle tue ensuite la reine, la pieuse Élisabeth, l'élite de la noblesse, tout ce qui est demeuré fidèle à la royauté et à Dieu : les fleuves regorgent de sang et de cadavres ; la mort plane sur la France, la victoire sur l'ennemi. Épouvantable convulsion devant laquelle tremble l'Europe; succession ininterrompue de criminelles œuvres et d'actions guerrières, d'égorgements au dedans et de batailles homériques au dehors, qui n'a eu d'exemple dans l'histoire d'aucun peuple, et dont puisse Dieu, qui protége la France, nous épargner à jamais le retour !

Paoli venait de livrer la Corse à l'Angleterre. Au milieu des troubles que ces événements suscitèrent, la ville d'Ajaccio fut incendiée, et les flammes n'épargnèrent point la maison où Napoléon avait reçu le jour. Sa famille fut pour ainsi dire proscrite et réduite à chercher un refuge à Marseille : elle y trouva l'hospitalité, mais elle eut à subir de fort pénibles privations.

Bonaparte se rendit à Paris : il y sollicita du service. C'était à l'époque du siége de Toulon. Les ennemis de la république avaient livré cette ville aux Anglais : une armée, envoyée par la Convention Nationale et commandée par le général Cartaux, reçut ordre de la reprendre. C'était une opération dans laquelle l'artillerie devait jouer le principal rôle. Bonaparte, à peine âgé de vingt-quatre ans, fut nommé chef d'escadron de cette arme, et désigné pour diriger, en second, les travaux du siége. Ici j'emprunte à Napoléon lui-même le récit des premières circonstances qui le mirent en évidence ; cette citation donnera une idée des choses et des hommes de ce temps :

« Napoléon arrive au quartier général ; il aborde le général Cartaux, homme superbe, doré depuis les pieds jusqu'à la tête, qui lui demande ce qu'il y a pour son service. Le jeune officier présente modestement sa lettre qui le chargeait de venir, sous ses ordres, diriger les opérations de l'artillerie. « C'était bien inutile, dit le bel homme en caressant sa moustache ; nous n'avons plus besoin de rien pour reprendre Toulon. Cependant soyez le bienvenu, vous partagerez la gloire de le brûler demain, sans en avoir eu la fatigue. » Et il le fit rester à son souper.

« On s'assied trente à table ; le général seul est servi en prince, tout le reste meurt de faim ; ce qui, en ces temps d'égalité, choqua étrangement le nouveau-venu. Au point du jour, le général le prend dans son cabriolet pour aller admirer, disait-il, les dispositions offensives. A peine a-t-on dépassé la hauteur et découvert la rade, qu'on descend de voiture et qu'on se jette sur les côtés dans les vignes. Le commandant d'artillerie aperçoit alors quelques pièces de canon, quelque remuement de terre auxquels, à la lettre, il lui est impossible de rien comprendre. « Sont-ce là nos batteries ? dit fièrement le général, parlant à son aide-de-camp, son homme de confiance. — Oui, général. — Et notre parc ? — Là, à quatre pas. — Et nos boulets rouges ? — Dans les bas-

tides voisines, où deux compagnies les chauffent depuis
ce matin. — Mais comment porterons-nous ces boulets
tout rouges?... » Et ici les deux hommes de s'embar-
rasser et de demander à l'officier d'artillerie si , par ses
principes, il ne saurait pas quelque remède à cela. Celui-
ci, qui eût été tenté de prendre le tout pour une mystifi-
cation, si les deux interlocuteurs y eussent mis moins de
naturel (car on était au moins à une lieue et demie de l'objet à attaquer), employa toute la réserve, le ménagement,
la gravité possibles, pour leur persuader, avant de s'em-
barrasser de boulets rouges, d'essayer à froid pour bien
s'assurer de la portée; il eut bien de la peine à réussir,
et encore ne fut-ce que pour avoir très-heureusement
employé l'expression technique de *coup d'épreuve*, qui
frappa beaucoup, et les ramena à son avis. On tira donc
ce coup d'épreuve; mais il n'atteignit pas au tiers de la
distance, et le général et son aide-de-camp de vociférer
contre les Marseillais et les aristocrates, qui auront,
malicieusement sans doute , gâté les poudres. Cependant
arrive à cheval le représentant du peuple : c'était Gasparin, homme de sens, qui avait servi. Napoléon, jugeant
dès cet instant toutes les circonstances environnantes,
et prenant audacieusement son parti, se rehausse tout
à coup de six pieds, interpelle le représentant, le somme
de lui faire donner la direction absolue de sa besogne,
démontre sans ménagement l'ignorance inouïe de tout
ce qui l'entoure , et saisit dès cet instant la direction du
siége, où dès lors il commande en maître. »

L'armée était absolument dépourvue du matériel et du
personnel d'artillerie indispensable pour mener à terme
le siége d'une ville inabordable du côté de la mer, et que
protégeaient, sur le continent, une enceinte formidable

et plusieurs forts établis sur les hauteurs. Toulon semblait défier pour toujours les armées de la république; mais Bonaparte se mit à l'œuvre. En moins de six semaines, il eut créé les ressources qui lui manquaient et rassemblé l'artillerie nécessaire. L'inepte Cartaux trouvait néanmoins que le siége allait en longueur. Pour y mettre fin, il prit un arrêté par lequel il était enjoint à Bonaparte de foudroyer la ville et de brûler la flotte ennemie, se chargeant lui-même de se rendre maître de Toulon, tout cela dans l'espace de trois jours. Le jeune commandant, qui savait qu'une place forte ne peut être enlevée que par les moyens ordinaires de la guerre, et non en vertu d'un morceau de papier ou d'un décret, ne tint nul compte de cet ordre absurde, et continua ses opérations. Par bonheur pour lui, Cartaux fut destitué, et la Convention mit à sa place le général Dugommier, militaire capable et intrépide; celui-ci laissa le champ plus libre à Bonaparte. Le représentant du peuple Gasparin protégea d'ailleurs le jeune officier contre tous les obstacles qui lui furent suscités.

La ville et la plaine étaient commandées par le fort Mulgrave, citadelle réputée imprenable et que les Anglais, qui s'étaient attachés à la rendre telle, avaient surnommée le Petit-Gibraltar. Bonaparte éleva contre elle une batterie destinée à la foudroyer : les Anglais, pour éteindre le feu de cette batterie, dirigèrent contre les artilleurs français une grêle incessante de boulets et de mitraille. Le poste était devenu si dangereux, que nul n'osait s'y tenir; mais Bonaparte ordonna que cette batterie fût surnommée *Batterie des hommes sans peur*, et, la crainte d'être taxé de lâcheté surmontant toute autre crainte, le service des pièces ne fut point interrompu

jusqu'à la prise du fort. Bonaparte, debout sur le pa-
rapet, encourageait lui-même les artilleurs et dirigeait
leur tir. Il n'était pas seul à donner l'exemple de l'intrépidité. Un jour qu'il avait à transmettre un ordre, il
demanda quelqu'un de bonne volonté pour écrire sous
sa dictée. Un jeune sergent se présente. Comme ce dernier écrivait, un boulet lancé par les batteries anglaises
le couvre de terre, lui et son papier. Le sergent se borne
à dire en riant : « C'est bon, je n'aurai pas besoin de
sable. » Un tel sang-froid annonçait une âme fortement
trempée ; Bonaparte le comprit et fit la fortune militaire
du jeune sergent. Le nom de ce dernier était Junot ; plus
tard nous le verrons figurer dans cette histoire sous le
titre de duc d'Abrantès, conquérir le Portugal et gouverner l'Illyrie.

Le Petit-Gibraltar était pris : Bonaparte jugea que la
position était bonne pour foudroyer la flotte ; mais les
vaisseaux anglais se hâtèrent de gagner le large ; l'ennemi, dans sa fuite, incendia tous les navires français
qu'il ne put emmener. L'armée française entra alors dans
Toulon, et les commissaires envoyés par la Convention
y exercèrent les plus épouvantables représailles. On
comprit dans les vengeances de la république les innocents et les traîtres, et l'échafaud ayant paru trop lent
pour les détruire, on y suppléa par la mitraille. On fit
plus : on ordonna que le nom même de Toulon cesserait
d'exister, et la malheureuse ville fut appelée *Port de la
Montagne*. Bonaparte ne prit aucune part à ces mesures
sinistres ; il n'était que soldat, et laissait à d'autres le rôle
de juge. On sait, au contraire, qu'il profita de l'ascendant que ses services lui avaient acquis pour sauver un
certain nombre de malheureux émigrés, parmi lesquels

se trouva la famille Chabrillant. Il faut dire néanmoins que, dès cette époque, il s'était concilié l'estime de Fréron et de Robespierre le jeune, et qu'il affichait hautement des opinions favorables au Comité de Salut Public. C'est vers cette époque qu'il publia un petit opuscule intitulé *Le Souper de Beaucaire*. C'est un dialogue entre un militaire, un Nîmois, un Marseillais et un fabricant de Montpellier. Il est entièrement rédigé dans le sens du gouvernement de la Convention Nationale, contre les partisans de la Gironde, les aristocrates et les *fédéralistes*; à son premier avénement au pouvoir, Bonaparte fit acheter par la police et détruire soigneusement les exemplaires de cet écrit qu'on parvint à lui signaler.

Dugommier, dans ses rapports au Comité de Salut Public, rendit justice aux talents qu'avait déployés Bonaparte devant Toulon : le grade de général de brigade, commandant l'artillerie de l'armée d'Italie, fut donné au jeune officier. Il s'en montra digne par de nouveaux services. Cependant les événements du 9 thermidor avaient enlevé la puissance et la vie à Robespierre et aux autres chefs de la Montagne : cette journée amena dans les comités de la Convention divers changements qui influèrent sur l'avancement de Bonaparte. Il fut arrêté par ordre des représentants du peuple Albitte et Salicetti, auprès desquels il avait été calomnié ; mais sur les représentations énergiques qu'il leur adressa, sa conduite fut examinée de près, et il fut remis en liberté. Quelques jours après, le gouvernement, à l'instigation du représentant Aubry, voulut l'envoyer dans la Vendée comme général de brigade et d'infanterie; il s'y refusa obstinément, et fut destitué par le Comité de Salut Public le 29 fructidor an II (15 septembre 1794). Frappé de ce coup, auquel

il ne s'attendait pas, Bonaparte rentra dans la vie pri-
vée, et se trouva réduit à une inaction intolérable pour
l'ardeur de son caractère.

D'abord il se lia avec quelques mécontents, parmi lesquels se trouvait Salicetti, l'un des auteurs de la journée
révolutionnaire du 1er prairial, pendant laquelle le peuple
des faubourgs envahit la Convention Nationale et fit des
victimes. Néanmoins les relations de Bonaparte avec les
Montagnards ne furent jamais poussées au point de le
compromettre : ce n'était pas par cette voie qu'il voulait
parvenir. Cependant le temps se passait sans qu'il pût obtenir du service; on n'écoutait aucune de ses demandes;
l'injustice aigrit son esprit. Il était tourmenté du besoin
de faire quelque chose: rester dans la foule lui était
insupportable. Il résolut de quitter la France, et l'idée
favorite qui l'a toujours poursuivi depuis, que l'Orient est
un beau champ pour la gloire, lui inspira le désir d'aller
à Constantinople et de s'y vouer au service du Grand
Seigneur (1): c'était un rêve qu'il ne réalisa pas plus que
tant d'autres. Dans ces intervalles, Bonaparte fréquentait
quelques salons, et entre autres ceux de Mme Tallien,
si célèbre pour la part qu'elle avait prise à la chute de
Robespierre, au renversement des échafauds et à la
réaction qui s'opéra contre la Terreur. Les émigrés et
les royalistes, dans leur reconnaissance, l'appelaient
Notre-Dame de Thermidor. Bonaparte, obscurément
introduit dans cette société, y rencontra souvent le représentant du peuple Barras ; mais le moment approchait
où ce jeune officier allait encore être tiré de l'oubli.

Depuis qu'un long cri d'épouvante et de pitié avait

____

(1) *Mémoires de Bourrienne.*

répondu, dans le monde civilisé, au dernier soupir de Louis XVI, la guerre était devenue générale sur toutes les frontières de la république. Ce fut d'abord à la Prusse de faire franchir le Rhin aux vieilles légions du grand Frédéric, les plus redoutables de l'Europe par leur science et leur discipline. L'empereur d'Allemagne se joignit à cette puissance avec ses troupes et ses généraux, et tous les États de l'Italie se virent entraînés dans le même mouvement. La Hollande et l'Angleterre menaçaient la France au nord et sur toute la ligne de l'Océan ; l'Espagne lançait ses armées contre nous du haut des Pyrénées ; la Russie formait l'immense réserve de cette coalition continentale qui menaçait d'effacer la France du rang des peuples. L'avant-garde se composait des émigrés et des princes armés pour relever la monarchie et les droits que la révolution avait abolis. Telle était la tempête qui s'était formée au dehors.

Au dedans, la situation était plus grave encore. Le crime du 21 janvier avait soulevé les provinces de l'ouest et les deux rives de la Loire. Le Poitou, l'Anjou, la Bretagne et le Maine avaient été envahis par les armées royales de la Vendée, et, sur tous les points, les troupes républicaines avaient dû céder au nombre ou à l'impétuosité de ces paysans, qui marchaient à la victoire en récitant les litanies et en invoquant le nom de ce Dieu dont l'impiété renversait partout les autels. La chute des Girondins retentit en Normandie, et y souleva une partie des populations. Les mêmes causes armèrent Lyon et créèrent des insurrections partielles depuis les Vosges jusqu'aux Bouches-du-Rhône. Partout la guerre civile, partout la famine, partout la mort. Pour résister à tant d'obstacles et combattre des ennemis si nombreux et si divers, la Convention Nationale n'avait sous ses ordres qu'un peuple ruiné par les assignats et déchiré par les querelles de partis. Elle-même perdait son temps à se décimer, et néanmoins elle ne recula point devant les extrémités de sa situation : le désespoir lui donna des forces.

Quatorze armées furent créées; l'ennemi, vaincu à Jemmapes et à Valmy, mais plus heureux sur d'autres points, grâce à l'inexpérience des troupes et à de fausses combinaisons ordonnées par nos généraux, envahit plusieurs provinces du nord, de l'est et du midi. Il en fut chassé. La Belgique fut conquise et incorporée à la France; déjà la Savoie avait eu le même sort; il en advint autant de Nice, de son territoire et de la Bavière rhénane. Les batailles de Fleurus, de Wattignies, de Hondschoote, la reprise des lignes de Weissembourg, le siége de Mayence, et d'autres actions d'éclat trop nombreuses pour qu'il soit possible de les énumérer ici, avaient contenu la coalition au nord et sur le Rhin; au midi, on a déjà vu comment Toulon fut délivré des Anglais; le Piémont fut envahi; les Espagnols furent battus et refoulés au delà des Pyrénées. La Hollande fut conquise par Pichegru, et l'on vit une grande flotte, que retenaient les glaces, enlevée par la cavalerie française : cent mille hommes rassemblés autour de Lyon s'emparèrent de cette ville héroïque après un siége à jamais mémorable; enfin la Vendée, aussi terrible à elle seule que tous les autres adversaires de la république, fut à son tour écrasée par les armées révolutionnaires et noyée dans le sang de ses enfants. A Paris, la lutte ne fut pas moins gigantesque. Les partis se faisaient la guerre la plus meurtrière dans les clubs et à la Convention, et chaque jour le tombereau de Fouquier-

Tinville, l'accusateur public, portait à la guillotine les vaincus de la tribune et de la rue, les innocents et les coupables, les soldats et les chefs. La république, comme Saturne, et selon la prophétie de Vergniaud, dévorait ses propres enfants.

Lorsque Robespierre et ses complices eurent péri à la suite du 9 thermidor, la Convention Nationale mit à profit le calme que les victoires de nos armées avaient fait à la France, et travailla à une nouvelle constitution, dite de l'an iii, dans laquelle se trouvaient résumés, comme théorie légale, tous les principes révolutionnaires qui restaient encore debout sur le sol. Pour se soustraire à la réaction monarchique qui la menaçait de toutes parts, cette assemblée, à la veille de léguer ses pouvoirs législatifs aux *Conseils des Anciens* et *des Cinq Cents*, imagina d'ordonner que les deux tiers de ces conseils seraient, dès le premier jour, composés de membres sortants de la Convention. Cette mesure souleva dans Paris une agitation universelle ; quarante-trois sections de cette grande capitale refusèrent de se soumettre aux décrets de la Convention, et s'insurgèrent contre cette assemblée. Ce fut le signal d'une nouvelle guerre civile. En quelques jours les royalistes se trouvèrent armés et disposés à renouveler contre le gouvernement républicain les scènes du 10 août et du 31 mai. Leur armée improvisée, mais pleine d'ardeur et d'enthousiasme, s'élevait à quarante mille hommes. La Convention pouvait à peine compter sur cinq mille défenseurs. La cause de cette assemblée fut encore compromise par la faiblesse du général Menou, chargé du commandement de Paris. Cet officier, au mépris de ses ordres, parlementa avec les insurgés de la section Lepelletier, et, par cette concession, donna aux royalistes une confiance et une audace qu'ils n'avaient point encore ressenties. Ils se préparèrent à attaquer le lendemain les Tuileries, où siégeait la Convention, et à se rendre maîtres du pouvoir. On était au 12 vendémiaire an IV (4 octobre 1795).

La Convention Nationale avait compris le danger qui la menaçait. Elle ordonna l'arrestation du général Menou, et confia au représentant du peuple Barras le commandement des forces militaires de Paris. Barras, inhabile aux soins de la guerre, s'adjoignit le général Bonaparte, et lui prescrivit de prendre les dispositions que les circonstances réclamaient. Il était minuit.

Bonaparte, sans perdre un seul moment, ordonne au chef d'escadron Murat de s'assurer du parc d'artillerie établi dans la plaine des Sablons, aux abords de Paris ; Murat s'élance avec trois cents cavaliers, et ramène quelques heures après quarante pièces de canon, dont les royalistes n'ont point songé à se rendre maîtres, et que Bonaparte fait placer autour des Tuileries. Pendant que les ennemis de la Convention employaient la matinée du 13 vendémiaire à se concerter et à s'armer, il portait à huit mille hommes le nombre des soldats armés pour la défense du gouvernement, et disposait tout pour recevoir les assaillants. A la fin, ceux-ci s'ébranlent par grandes masses et débouchent à la fois par les deux quais, par le pont Royal et par la rue Saint-Honoré. Bonaparte dirige contre eux plusieurs pièces de canon chargées à mitraille, et les prend par le front et par le flanc ; les insurgés s'arrêtent et hésitent : ce moment est décisif. Les grenadiers républicains s'élancent en avant et achèvent l'œuvre de la mitraille. Vainement les royalistes se sont-ils retranchés à la butte Saint-Roch et sur le portail de l'église de ce

nom ; ils sont foudroyés après une résistance meurtrière,
et les débris de l'armée insurrectionnelle cherchent leur
salut dans la fuite. Il était six heures : la Convention Nationale avait vaincu. Le nombre des morts s'élevait à près
de quatre cents, la plupart tués dans les rangs de la population parisienne, sur laquelle, pendant le combat,
Bonaparte avait fait tirer avec une impitoyable énergie.
Quand les sections eurent été mises en fuite, on se contenta de charger les canons à poudre, afin d'effrayer ceux
qui auraient été tentés de se rallier. Le lendemain on
procéda au désarmement des sections; mais la Convention, contre ses habitudes, usa avec modération de sa
victoire. Pour en assurer les effets, le commandement de
l'armée de l'intérieur fut confirmé à Barras, et le commandement en second à Bonaparte. Quelques jours après,
le 4 brumaire an iv (26 octobre 1795), la Convention
Nationale abdiqua ses pouvoirs, et le gouvernement directorial fut installé.

C'est peu de temps après la journée du 13 vendémiaire
qu'eut lieu le mariage de Bonaparte avec Joséphine Tascher de la Pagerie, veuve du général Beauharnais, mort
sur l'échafaud pendant la Terreur. Comme on venait de
désarmer les sections, un jeune homme de quatorze ans
se présente à Bonaparte et réclame l'épée de son père ;
c'était Eugène Beauharnais. Le général, charmé de cette
démarche qui révélait de la part de son auteur un noble
sentiment filial, ordonna que l'épée fût restituée à celui
qui la revendiquait ainsi. Madame de Beauharnais vint
remercier Bonaparte, et ce fut cette circonstance qui
amena plus tard leur union. Madame de Beauharnais était
une femme d'une conduite équivoque ; elle avait, pour
ainsi dire, abaissé son malheur par la légèreté coupable

de ses mœurs et par ses liaisons avec d'anciens conventionnels devenus chefs du Directoire, particulièrement avec Barras. Outre son fils Eugène, elle avait une fille nommée Hortense. C'était d'ailleurs une femme crédule ; elle racontait souvent, avec une naïveté puérile, que, dans sa jeunesse, une prétendue magicienne lui avait annoncé qu'elle porterait un jour la couronne de France. Dans son élévation elle n'oublia point ses amis, et distribua beaucoup de bienfaits, trop souvent donnés sans discernement à l'importunité ou à l'intrigue. Le peuple, dont les jugements sont si fragiles, a conservé le nom de Joséphine comme un type de cette générosité gracieuse qui rehausse encore l'éclat du pouvoir ; une opinion superstitieuse rattachait à la prospérité de cette femme celle de Napoléon.

Onze jours s'étaient à peine écoulés depuis le mariage de Bonaparte, que le jeune général reçut du Directoire l'ordre d'aller prendre le commandement de l'armée d'Italie (1796).

CHAPITRE II.

CAMPAGNES D'ITALIE ET D'EGYPTE. — GUERRE DE SYRIE.

Bonaparte avait vingt-six ans, l'âge d'Annibal au début de la première guerre punique. Il remplaçait à l'armée d'Italie le général Schérer, homme de cœur, capable de vaincre, mais révoqué de son commandement pour n'avoir point su tirer parti de la victoire.

Bonaparte fut mal accueilli par les soldats et les officiers : les uns se défiaient de son inexpérience, les autres étaient jaloux de sa fortune. Tous lui reprochaient de n'avoir conquis son grade qu'en triomphant d'une révolte de carrefours et en mitraillant le peuple de Paris. Qu'attendre d'ailleurs d'un homme si jeune, dont la taille était petite et grêle, et qui, sur ses joues creuses et livides, portait l'empreinte d'une fatigue prématurée ?

Que ne s'essayait-il encoré à combattre des bourgeois,
au lieu de venir se mesurer contre l'élite des généraux et
des troupes de l'Empire? A quoi songeait le Directoire
d'envoyer un tel capitaine à l'armée d'Italie? N'était-ce
pas la sacrifier avec un coupable dédain que de la confier
à des mains si faibles, et de la faire servir à satisfaire
l'ambition ou la vanité d'un courtisan de Barras?

Mais ces inquiétudes s'évanouirent au premier rayon
de génie que laissa percer le jeune chef. Il vint, et, s'il
parla à l'armée le langage d'un aventurier qui a sa fortune à faire, ce fut celui d'un aventurier héroïque et dont
la fortune se fera : « Soldats, leur dit-il en montrant du
« haut des Alpes les fertiles plaines du Piémont et de la
« Lombardie, vous êtes mal nourris, vous êtes nus : le
« gouvernement vous doit beaucoup, et ne peut rien pour
« vous. Votre patience, votre courage vous honorent,
« mais ne vous procurent ni avantage ni gloire. Je vais
« vous conduire dans les plus fertiles plaines du monde;
« vous y trouverez de grandes villes, de riches provinces;
« vous y trouverez honneur, gloire et fortune. Soldats
« d'Italie, manqueriez-vous de courage? » Et le frémissement qui agita ces vieux guerriers, et les acclamations
qui montèrent jusqu'au ciel lui apprirent que désormais,
soldats et général, tous les acteurs de cette grande scène
avaient l'intelligence de leur propre valeur et de leur
avenir : dès ce moment il pouvait tout oser.

Le quartier général était à Nice; l'artillerie se trouvait
dépourvue de chevaux pour les attelages, et le manque
de fourrages avait forcé Schérer d'envoyer les chevaux de
la cavalerie paître sur les bords du Rhône. Les principaux
généraux que Bonaparte avait sous ses ordres étaient
Ma séna, né à Nice; Augereau, ancien maître d'escrime;

Serrurier, ancien major; Laharpe, Suisse expatrié; Victor, soldat de fortune, et avec eux Joubert, Cervoni et quelques autres déjà renommés par de brillants faits d'armes. Les forces que ces chefs pouvaient mettre en ligne s'élevaient à trente mille hommes en deçà de l'Apennin; il y avait, en outre, à Garessio, une division de six mille hommes commandée par Serrurier, et chargée de surveiller les Piémontais.

Deux armées, l'une piémontaise et commandée par Colli, l'autre autrichienne, sous les ordres de Beaulieu, général célèbre, débordaient les troupes françaises et leur opposaient environ quatre-vingt mille combattants bien disciplinés, bien pourvus de munitions et de vivres, deux cents pièces de canon et une forte cavalerie. Colli voulait couvrir le Piémont; Beaulieu cherchait à se mettre en communication, du côté de la mer, avec la république de Gênes et la flotte anglaise.

Bonaparte jugea que son plan de campagne devait consister à séparer les deux armées ennemies, en pénétrant dans leur centre par le col le plus bas de l'Apennin. Beaulieu avait prévu ce système d'opérations; mais les dispositions qu'il prit pour le contrarier tournèrent à la gloire de l'armée française. D'abord les Autrichiens réussirent à enlever quelques postes et à gagner du terrain; mais ils ne purent parvenir à enlever la redoute de Montelegino, qui leur fermait la route de Montenotte. Cette position était défendue par le colonel Rampon, à la tête de douze cents hommes. Trois fois l'infanterie autrichienne, tout entière, s'élança pour s'en emparer; trois fois cette poignée d'hommes réussit à la repousser avec perte. Au milieu du feu le plus meurtrier, Rampon fit prêter à ses soldats le serment de mourir dans la redoute;

ce sublime engagement fut suivi de prodiges de courage
qui arrêtèrent l'armée autrichienne et permirent à l'armée française de prendre l'offensive (22 germinal. —
11 avril).

Bonaparte était à Savone. Il donne l'ordre à la division Laharpe de se replier sur la route de Montenotte,
et à la division Augereau de soutenir ce mouvement. En
même temps il envoie la division Masséna, par un chemin détourné, couper la retraite au corps d'armée que
commande le général autrichien Argenteau. Le 23 germinal , le combat s'engage sur tous les points ; mais l'infanterie autrichienne, tournée dans ses positions, ne put
que retarder sa défaite par une résistance inutile. Mise en
déroute , elle s'enfuit sur Dego, laissant au pouvoir des
Français plus de deux mille prisonniers et le champ de
bataille couvert de morts. Telle fut la victoire de Montenotte : elle ouvrit à Bonaparte la route de l'Apennin.

Les Autrichiens s'étaient repliés sur Dego, gardant la
route d'Acqui en Lombardie. Les Piémontais couvraient
la route de Ceva et du Piémont. Bonaparte se trouvait
dans la vallée de la Bormida, ayant les Autrichiens en
face de lui et les Piémontais à sa gauche. Avec ses troupes
fatiguées du glorieux combat de la veille, il lui fallait
vaincre en même temps les deux armées coalisées. Il n'hésita point à ordonner une double attaque. Par l'effet de
ses dispositions, Augereau aborda les Piémontais retranchés dans les profondes gorges de Millesimo, et les
chassa de cette position formidable après quarante-huit
heures d'une lutte à peine interrompue par la nuit ; en
même temps Laharpe et Masséna se précipitèrent, avec
des forces très-inférieures, sur les Autrichiens rangés
en bataille à Dego, et qui avaient reçu de nombreux

renforts. Dego fut enlevé ; mais les Autrichiens le reprirent à la faveur de la nuit. Le lendemain, le combat recommença avec plus d'acharnement ; les Français, d'abord arrêtés par la résistance des grenadiers autrichiens, parurent hésiter ; mais enfin ils redoublèrent d'énergie et de dévouement, et la victoire récompensa leur audace : partout l'ennemi fuyait devant eux ; on s'était battu durant cinq jours.

Les victoires de Montenotte, de Dego et de Millesimo avaient coûté aux armées étrangères neuf mille prisonniers, trente-cinq pièces de canon, vingt drapeaux, un nombre très-considérable de blessés et de morts. Elles avaient eu des résultats stratégiques d'une importance plus grande encore. Une fois les Piémontais et les Autrichiens battus et contraints de fuir par des routes opposées, Bonaparte se trouvait en mesure de pénétrer au delà des monts et d'asseoir au cœur même de l'Italie la base de ses opérations militaires. Il avait conquis les chemins du Piémont et de la Lombardie, et, ce qui valait mieux peut-être, il était devenu en peu de jours l'objet de l'admiration commune des généraux et de l'armée. Quand ses troupes, des hauteurs de Monte-Zemoto, aperçurent derrière elles les Grandes-Alpes couvertes de neige, elles comprirent le plan de leur jeune général ; Bonaparte lui-même s'écria avec enthousiasme : « Annibal avait franchi les Alpes ; nous les avons tournées. » Ce peu de mots résumait tout le secret de la campagne. Mais le jour devait venir où il ne laisserait à Annibal le privilége d'aucune gloire. Le général Colli, retranché à Ceva avec ses Piémontais, avait été chassé de cette position et s'était replié d'abord derrière la Cursaglia, puis sur Mondovi. Il y fut battu et abandonna le champ de bataille, après avoir perdu trois mille hommes tués ou prisonniers. La victoire de Mondovi livra aux Français la place de Cherasca.

Ils y étaient lorsque le roi de Sardaigne, épouvanté des succès rapides de Bonaparte, demanda un armistice : il ne l'obtint qu'en donnant pour garanties aux Français les places de Coni, de Tortone et d'Alexandrie, et en mettant à la disposition de nos troupes des magasins immenses. Dès lors, l'armée de Bonaparte n'avait plus à redouter la faim, le froid et les privations de toute espèce ; elle se trouvait abondamment pourvue de vivres et de vêtements, et pour comble d'avantages, ses opérations étaient protégées par les trois plus fortes places du Piémont. Cependant Bonaparte l'exhorta à de nouveaux travaux et à de nouvelles fatigues. En même temps il annonça à la France les succès rapides de son armée et fit porter au Directoire, par son aide-de-camp Murat, avec le récit de ses triomphes, vingt-un drapeaux pris à l'ennemi. Les conseils de la république décidèrent par trois fois que l'armée d'Italie avait bien mérité de la patrie, et comme tout, dans cet hommage, devait rappeler l'antiquité païenne, ils décrétèrent une *fête à la Victoire*.

Mais voilà que les plaines de la Haute-Italie sont ouvertes ; Bonaparte laisse derrière lui le Piémont ; il s'élance vers la Lombardie. Beaulieu, pour s'opposer à sa marche impétueuse, concentre ses forces entre la Sesia et le Tesin ; une manœuvre habile lui donne le change, et Bonaparte franchit le fleuve non loin de l'Adda. Il occupe sans coup férir Plaisance, Fombio, Casal. Restait à traverser l'Adda, l'un des affluents considérables qui, du haut des Alpes, descendent au Pô ; Bonaparte ne recule point devant cet obstacle ; il se dirige vers le pont

Je vais vous conduire dans les plus ferules plaines du monde.

de Lodi ; il atteint ce poste où doit s'opérer le passage de l'armée. L'armée autrichienne l'a devancé et couvre de ses nombreux bataillons la rivière, le pont, la ville. En quelques instants d'une attaque meurtrière, Bonaparte chasse l'ennemi de Lodi ; mais, sur l'autre rive, douze mille hommes d'infanterie, quatre mille cavaliers et vingt pièces de canon habilement dirigées faisaient du passage du pont une entreprise chimérique. Il fallait cependant le franchir ou se fermer les routes de la Lombardie. Bonaparte se porte sur les flancs du fleuve ; au milieu d'une grêle de balles et de mitraille, il arrête son plan d'attaque : par ses ordres, la cavalerie remonte l'Adda pour la passer à un gué, au-dessus de Lodi. En même temps six mille grenadiers, l'élite de l'armée, commandés par Masséna, se forment en colonne, serrent leurs rangs et s'élancent sur le pont au pas de course. L'ennemi dirige contre ces braves un feu épouvantable qui les arrête ; mais leur hésitation est de peu de durée. Soutenus par la voix et par l'exemple de leurs généraux, ils reprennent leur élan, se précipitent en aveugles sur les batteries ennemies, massacrent les canonniers et écrasent à la baïonnette la vieille infanterie autrichienne. En ce moment la cavalerie, qui avait réussi à trouver un gué, débouche sur la rive gauche de l'Adda et complète la victoire (30 germinal).

La bataille de Lodi livrait aux Français Crémone et Pavie ; mais Bonaparte poursuivit sa route vers Milan. A son approche, l'archiduc abandonna cette capitale en versant d'impuissantes larmes ; le parti qui, d'accord avec l'armée française, travaillait à révolutionner l'Italie, devint dès lors maître de cette ville : au lieu de la disputer à Bonaparte, il se disposa à l'y-recevoir en libérateur.

Le 26 floréal (15 mai), un mois après l'ouverture de la
campagne, Bonaparte fit son entrée à Milan, au milieu
d'un peuple immense qui se livrait follement aux démonstrations de l'espérance et de la joie. On se pressait pour
admirer, pour voir, même de loin, ce jeune capitaine,
inconnu la veille, et qui, dès le début de sa carrière,
avait grandi sa renommée à l'égal des hommes d'Homère.
Bonaparte, à peine installé à Milan, organisa militairement le territoire conquis et le frappa d'une contribution
de vingt millions de francs. Le duc de Modène fut trop
heureux d'acheter un armistice ; le duc de Parme se
soumit ; on espéra que Rome et Naples ne tarderaient pas
à suivre son exemple. Alors, dans l'ivresse de ses succès,
Bonaparte adressa à ses soldats une nouvelle proclamation qui se terminait ainsi : « Vos victoires feront époque
« dans la postérité ; vous aurez la gloire immortelle de
« changer la face de la plus belle partie de l'Europe. Le
« peuple français, libre, respecté du monde entier, don-
« nera à l'Europe une paix glorieuse,... et, quand vous
« rentrerez dans vos foyers, vos concitoyens diront en
« vous montrant : *Il était de l'armée d'Italie.* »

Bonaparte marchait vers l'Adige, lorsqu'un événement imprévu le rappela à Milan. Une insurrection
populaire venait d'éclater contre les Français dans la
Lombardie : le peuple voyait avec effroi ces soldats de la
république dont les victoires menaçaient le culte de ses
pères ; les nobles cherchaient à reconquérir les droits
dont ils avaient été dépouillés ; les ministres du Seigneur
tremblaient pour les autels ; à la faveur de ces sentiments
qui se prêtaient un mutuel appui, la population se souleva, et le tocsin sonna dans les campagnes. Les insurgés
s'étaient retranchés à Binasco et à Pavie. Bonaparte agit

contre eux avec la dernière rigueur. Le village de Binasco fut livré aux flammes, et la malheureuse Pavie, prise d'assaut, eut à subir les horreurs du pillage; le mont-de-piété ne fut point excepté de cette dévastation; le vainqueur n'épargna que l'université et les maisons de Spalanzani et de Volta, deux noms chers à la science. Cette expédition mit fin au soulèvement, et Bonaparte profita du retour du calme pour organiser la Lombardie en une république qui prit le nom de Cisalpine.

Bonaparte entra ensuite sur le territoire de l'antique république de Venise. Le gouvernement de ce pays n'osa lui opposer aucune résistance ouverte, et l'on se contenta, de part et d'autre, de quelques assurances de neutralité. De Brescia, l'armée française se dirigea sur le Mincio, qui fut franchi à Borghetto, à la suite d'un combat qui rappelait celui de Lodi. Beaulieu, partout battu ou tourné, se replia sur le Tyrol, après avoir évacué Peschiera. Bonaparte profita de ses avantages pour asseoir ses opérations sur la ligne de l'Adige. Il songea ensuite à presser le siége de Mantoue, ville forte qu'entourait un lac et dont un territoire marécageux protégeait les abords. Beaulieu s'était réfugié dans cette ville à la tête de treize mille hommes, débris de ses troupes; cette nombreuse garnison pouvait disposer de quatre cents pièces de canon; mais déjà le maréchal Wurmser et le général Mélas, à la tête de deux armées qui, réunies, formaient un total de plus de cent mille combattants, étaient descendus du Tyrol; en quelques jours ils avaient enlevé Brescia et repoussé la division Masséna; fiers de ces premiers succès, ils marchaient en toute hâte pour secourir Mantoue. La renommée avait devancé l'arrivée de Wurmser. L'Italie, en apprenant qu'il descendait du Tyrol, se crut délivrée du joug de la France. La république de Venise manifesta une joie perfide que ne cachaient pas ses apparences de neutralité; la cour de Naples, qui s'était trouvée trop heureuse d'obtenir un armistice, s'empressa d'en oublier les conditions, et dirigea ses armées vers le nord. A Rome, les agents de la France furent insultés; partout et avec des sentiments bien divers, on répétait le fameux adage historique, que *l'Italie était le tombeau des Français.*

Les Autrichiens s'avançaient forçant tous les obstacles; ils s'étaient successivement rendus maîtres de plusieurs positions importantes d'où ils menaçaient Vérone et fermaient à Bonaparte sa retraite sur Milan. Le péril était extrême : l'armée française avait perdu sa ligne défensive et sa retraite. Bonaparte, pour la première fois, assemble ses généraux en conseil. Tous demandent qu'on se retire. Augereau seul, plein de cet enthousiasme aveugle qui ne calcule ni les dangers ni les moyens, insiste pour qu'on marche à la rencontre de l'ennemi; Bonaparte met fin à la délibération sans faire connaître le plan qu'il a adopté; mais les dispositions qu'il ordonne révèlent qu'il veut encore en appeler aux armes. Il prend la résolution désespérée de sacrifier Mantoue, et fait lever le siége de cette ville; son armée abandonne devant la place un matériel considérable d'artillerie; mais les affûts sont brûlés et les poudres jetées à l'eau. Ensuite elle se porte en arrière sur le général ennemi Quasdanovich qui, établi sur les bords du lac de Garda, menaçait la communication avec Milan. A la suite de divers mouvements stratégiques heureusement combinés, un combat sanglant lui livra Lonato; le lendemain, 14 thermidor, Augereau reprit Brescia et en chassa les

Autrichiens, qui se replièrent en bon ordre et sans avoir éprouvé de pertes considérables. Bonaparte ne gêna point la retraite de Quasdanowich, et ne songea qu'à se retourner pour faire face à l'armée de Wurmser.

Il était temps. Déjà Wurmser, après avoir franchi l'Adige et le Mincio, était entré en triomphateur dans Mantoue. Bonaparte envoie le général Guyeux sur Salo tenir en échec Quasdanovich. En même temps Augereau marche sur Castiglione, Masséna sur Lonato, dont les ennemis se sont de nouveau rendus maîtres. Lonato fut repris à la suite d'une bataille meurtrière ; cette victoire prépara celle de Castiglione, où la valeur brillante d'Augereau assura l'accomplissement des plans de Bonaparte, la prise de Vérone et l'occupation de l'Italie. Wurmser et Quasdanovich avaient été successivement chassés de leurs positions, vaincus et mis en fuite ; cette campagne avait duré moins de six jours. Dans ce court espace de temps, soixante mille Autrichiens avaient été dispersés ou taillés en pièces. Wurmser avait perdu vingt mille hommes, parmi lesquels sept à huit mille tués ou blessés, les autres faits prisonniers. Il était rejeté dans les montagnes avec les débris de ses troupes. Quasdanovich faisait une retraite pénible derrière le lac de Garda. Les Français avaient reconquis toutes leurs positions, et les Autrichiens fuyaient partout, saisis d'épouvante.

C'est dans le cours de ces rapides expéditions que Bonaparte courut un grand danger dont son audace le sauva. Comme il était entré à Lonato, à peine défendu par un millier d'hommes, il fut tout à coup investi par un corps de quatre mille Autrichiens. Les ennemis lui envoyèrent un parlementaire pour le sommer de se rendre, lui et sa faible troupe. Sur-le-champ Bonaparte

fait monter à cheval tous les officiers dont il peut disposer, puis il ordonne qu'on amène le parlementaire et
qu'on lui débande les yeux. Celui-ci est saisi d'étonnement à la vue de ce nombreux état-major : « Malheu-
« reux, lui dit Bonaparte, vous ne savez donc pas que
« vous êtes ici en présence du général en chef et de toute
« son armée? allez dire à ceux qui vous envoient que
« je leur donne cinq minutes pour se rendre, ou que je
« les ferai passer au fil de l'épée, pour les punir de l'ou-
« trage qu'ils osent me faire. » Sur-le-champ il ordonne
de faire approcher l'artillerie, afin de foudroyer les
colonnes autrichiennes. Le parlementaire, effrayé, va
rapporter la réponse, et les quatre mille hommes mettent
bas les armes devant une poignée de Français. Si la ruse
n'eût tiré d'affaire Bonaparte et sa troupe, l'issue de la
campagne eût été bien différente, et la carrière de cet
homme extraordinaire se fût peut-être terminée par une
escarmouche sans gloire.

Cependant Wurmser, quoique repoussé vers le Tyrol,
pouvait encore reprendre l'offensive. Pendant que l'armée française, affaiblie par ses victoires et épuisée par
les maladies gagnées dans les marais de Mantoue, travaillait à compléter ses cadres, Wurmser obtenait de
nombreux renforts et se disposait à reparaître sur l'A-
dige, en arrivant par la vallée de la Brenta dans le
Vicentin et le Padouan. Bonaparte, ayant laissé une
garnison à Vérone, partit avec vingt-huit mille hommes,
se dirigeant par trois routes sur le Tyrol.

L'armée française suivait une vallée étroite et profonde, resserrée entre l'Adige et une chaîne de montagnes escarpées. Le 18 fructidor (4 septembre), elle
força les défilés de San-Marco et le camp retranché de

Mori ; le général Victor se fit remarquer dans cette journée par son courage intrépide : à la tête de la 18e demi-brigade, il emporta le défilé et entra au pas de charge dans la ville de Roveredo, pendant que le brave Rampon, qui commandait la 32e, occupait l'espace qui sépare cette ville de l'Adige. Le château de la Piétra, qui commandait le défilé, fut pris après une série de combats de montagnes, dans lesquels l'armée eut à surmonter les obstacles multipliés du terrain et de l'ennemi. Le lendemain, la ville de Trente, capitale du Tyrol italien, tomba au pouvoir de Bonaparte. Les jours suivants, le camp retranché de Primolano et le fort de Covelo tombèrent au pouvoir de nos troupes, et l'ennemi, battu sur la Brenta et à Bassano, fut poursuivi jusqu'à Citadella. Ces divers succès livrèrent aux Français Padoue et Vicence. Le 24 fructidor (10 septembre), l'Adige fut franchi à Ronco. Le lendemain l'avant-garde de Masséna, ayant affaire à Wurmser et à ses nombreuses troupes, fut mise en déroute à Cerea ; ce léger échec fut compensé par le combat de Legnago, dans lequel Augereau fit seize cents prisonniers. Enfin, le 3e jour complémentaire de l'an iv (19 septembre), Bonaparte attaqua Wurmser, lui fit éprouver une perte de deux mille hommes, et le contraignit à se réfugier dans Mantoue avec les débris de son armée.

Les deux armées que l'Autriche avait envoyées pour délivrer Mantoue avaient donc été détruites comme celles de Colli et de Beaulieu ; mais le cabinet autrichien, attachant avec raison une grande importance à la conservation de cette forteresse, profita des revers que nos troupes venaient d'éprouver en Allemagne pour faire passer une quatrième armée en Italie. Elle se composait

de quarante-cinq mille hommes commandés par les généraux Davidowich et Alvinzi. Bonaparte, suivant sa tactique ordinaire, se disposait d'abord à battre Alvinzi et
à écraser ensuite Davidowich; mais les événements de la
guerre, n'ayant pas concordé avec ce plan, amenèrent,
après de pénibles efforts, l'une des plus mémorables
actions de cette guerre, une bataille de trois jours.

D'une part, les manœuvres habiles de l'ennemi et sa
supériorité numérique avaient rendu inutiles, sur quelques points, les sacrifices et le dévouement de nos troupes; de l'autre, l'armée s'était de jour en jour amoindrie
par des combats meurtriers, par des marches forcées et
des souffrances de tout genre. Déjà les soldats éclataient
en murmures, et Bonaparte, dès le 24 brumaire an v,
écrivait au Directoire: « Tous nos officiers supérieurs,
« tous nos généraux d'élite sont hors de combat; l'armée
« d'Italie, réduite à une poignée de monde, est épuisée;
« les héros de Millesimo, de Lodi, de Castiglione et de
« Bassano sont morts pour la patrie ou sont à l'hôpital.
« Il ne reste plus aux corps que leur réputation et leur
« orgueil. Joubert, Lannes, Lamare, Victor, Murat,
« Charlot, Dupuis, Rampon, Pigeon, Ménard, Chabrand
« sont blessés. Nous sommes abandonnés au fond de l'I-
« talie; ce qui me reste de braves voit la mort infaillible
« au milieu de chances si continuelles et avec des forces
« si inférieures. Peut-être l'heure du brave Augereau, de
« l'intrépide Masséna est près de sonner... Alors que
« deviendront ces braves gens? Cette idée me rend ré-
« servé; je n'ose plus affronter la mort, qui serait un
« sujet de découragement pour qui est l'objet de mes
« sollicitudes, etc. » On verra bientôt s'il n'osait point
affronter la mort.

La nuit même qui suivit le jour où il écrivait ainsi , il donna ordre à l'armée de repasser l'Adige sur les ponts de Vérone , et de se diriger vers Milan. Ce n'était là qu'une retraite simulée. A quelque distance de Vérone, on tourne à gauche et l'on descend pendant quatre lieues le cours de l'Adige ; on passe ce fleuve à Ronco. L'armée, réduite à treize mille hommes , ne tarde pas à se trouver entre Arcole et l'Adige , au milieu de vastes marais traversés par de longues chaussées , dont elle s'empare , et qui lui permettent d'attendre avec une sorte de sécurité les nombreuses troupes d'Alvinzi , réduites , par la situation des lieux , à ne pouvoir attaquer que de front. Alvinzi n'avait point songé à garder les marais , ne pouvant croire qu'une armée osât s'y engager.

Le village d'Arcole était situé au milieu d'un marais dont les Français ignoraient encore l'étendue et la profondeur. Tout ce pays est entrecoupé de ruisseaux et de torrents ; le plus considérable est l'Alpon, qu'il fallait traverser sur un pont de bois derrière lequel l'armée autrichienne avait pris possession , et que défendaient des barricades et une formidable artillerie. Les grenadiers français tentent le passage , mais leur courage s'épuise en vain à cette œuvre ; pendant un jour entier ils sont repoussés : Belliard , Lannes , Masséna se placent à la tête des colonnes et donnent l'exemple du dévouement. L'entreprise paraît impossible ; en vain Augereau prend un drapeau et s'avance sur le pont suivi d'une foule de braves, le feu de l'ennemi renverse la tête de la colonne , et le reste se replie. Cependant Bonaparte paraît : « Grenadiers, s'écrie-t-il en saisissant un étendart, n'êtes-vous plus les vainqueurs de Lodi? Suivez-moi ! » Et il se précipite à travers une grêle de balles et de mitraille.

Lannes, déjà blessé, et qui néanmoins a voulu suivre son exemple, tombe à côté du général en chef, atteint de trois nouvelles blessures ; Muiron, aide-de-camp de Bonaparte, voit le danger qui menace l'homme dont le salut est nécessaire à l'armée ; il le couvre de son corps, et tombe frappé d'un coup mortel. Bonaparte, protégé par ce dévouement, allait enfin parvenir jusqu'à l'extrémité du pont ; mais l'ennemi fait une nouvelle décharge à mitraille, et le cheval qui porte le général se jette avec lui dans le marais. Les grenadiers accourent alors en s'écriant : « Sauvons notre général ! » Ils réussissent à l'entraîner ; mais tant d'héroïsme avait été inutile, et Bonaparte, rendu injuste par ce résultat, s'était écrié : « Je ne commande plus à des Français ! »

La nuit arrive : Bonaparte renonce à passer l'Alpon sur ce point, et se détermine à le franchir à son embouchure. Il fait allumer des feux sur la digue, et dérobe ainsi sa marche à l'ennemi. Le deuxième jour, les divisions françaises passent le torrent sur un pont construit à la hâte, et l'ennemi est rejeté sur Arcole. Alvinzi et deux divisions autrichiennes sont enfoncés au pas de charge et refoulés dans les marais. Le lendemain, la bataille recommence : elle est d'abord indécise ; mais un lieutenant, suivi de vingt-cinq cavaliers et de douze trompettes, ayant exécuté l'ordre de tourner l'ennemi et de sonner la charge, le bruit des clairons fait croire à l'armée autrichienne qu'elle est attaquée par derrière ; alors elle hésite, elle fait de fausses manœuvres qui décident sa défaite.

L'armée française, après trois jours de combat, rentra triomphante à Vérone ; Davidowich prit la route des montagnes, après avoir perdu deux régiments dans une affaire d'arrière-garde. La campagne était terminée; Bonaparte, victorieux sur tous les points, prit ses quartiers d'hiver : ce repos ne fut pas de longue durée. Cependant la nouvelle de nos succès, portée à Paris, y causa un enthousiasme général, et le Directoire arrêta que les deux drapeaux portés sur le pont d'Arcole par Augereau et Bonaparte leur seraient donnés à titre de récompense nationale.

Bonaparte ne demeura point inactif : il s'occupa sans relâche à consolider ses victoires en s'assurant des alliés et en donnant à l'Italie septentrionale une sorte d'existence politique. Déjà deux nouveaux États avaient été organisés le long du Pô, sous le nom de républiques Cispadane et Transpadane. Les Alpes furent purgées des barbets, bandes de brigands qui s'étaient formées à la suite de la guerre et qui massacraient nos détachements. Un traité fut conclu avec le roi de Naples, et une expédition, partie de Livourne, enleva la Corse aux Anglais. Enfin l'armée complétait ses cadres autant que possible, et recevait dans ses rangs des bataillons levés dans les nouvelles républiques d'Italie.

Encouragée par les succès qu'elle avait obtenus sur le Rhin, l'Autriche ne pouvait tarder à reprendre l'offensive au delà des Alpes. De puissants renforts furent envoyés par le cabinet de Vienne au général Alvinzi : une brillante jeunesse accourait se ranger sous les ordres de ce vieux général, impatiente de se mesurer avec les Français, et portant avec orgueil des drapeaux que l'impératrice avait brodés de ses mains. Le pape, de son côté, envoya cinq ou six mille hommes au secours d'Alvinzi. A l'aide de ces auxiliaires et de ces renforts, l'armée ennemie l'emportait des deux tiers sur l'armée

française. La délivrance de Mantoue était toujours l'objet
des efforts de l'Autriche.

Le 23 nivôse, les Autrichiens s'avancent sur six colonnes. La gauche de cette armée s'appuyait sur Mantoue, la droite sur Vérone; le centre, commandé par
Alvinzi, suivait la vallée de l'Adige pour déboucher par
le plateau de Rivoli. D'abord Joubert fut tourné dans ses
positions et réduit à effectuer sa retraite; mais Bonaparte
lui enjoignit de se maintenir en avant de Rivoli; lui-
même accourut pour soutenir son lieutenant. L'armée
française n'avait en ligne, à Rivoli, que vingt mille soldats; les ennemis étaient deux contre un; mais leur artillerie et leur cavalerie n'étaient point encore entièrement
réunies; Bonaparte jugea que le moment était favorable
pour l'attaque. Dès le lendemain, au point du jour, la
bataille fut livrée et gagnée par l'armée française. Elle
fut décisive : Alvinzi, qui était arrivé plein de confiance
dans le nombre de ses troupes et dans la sagesse de ses
dispositions, se vit réduit à battre en retraite sur la
Piave; son artillerie n'arriva que pour tomber au pouvoir
des Français. La bataille avait duré douze heures;
Bonaparte avait eu plusieurs chevaux tués sous lui. Cette
victoire était à peine remportée, que le jeune vainqueur
chargea Joubert de la compléter en poursuivant Alvinzi,
lui-même se portant au-devant du général ennemi Provera, qui se dirigeait à marches forcées sur Mantoue.
Provera perdit une partie de ses soldats dans une affaire
d'arrière garde engagée avec Augereau; mais il réussit
à combiner avec Wurmser une attaque sur la Favorite.
Wurmser fut partout repoussé, et se renferma dans
Mantoue; Provera, demeuré seul, déposa les armes.
Ainsi en huit jours deux corps d'armée avaient été dé-

truits, deux batailles gagnées; l'Autriche avait perdu trente-cinq mille hommes, dont vingt-cinq mille prisonniers, soixante pièces de canon et un pareil nombre de drapeaux, qui furent portés au Directoire par Augereau. Peu de jours après, Wurmser rendit Mantoue après avoir obtenu une capitulation honorable. Tant de succès amenèrent la conquête de la Romagne, du duché d'Urbin et d'Ancône, et le traité de Tolentino, qui fut conclu avec le pape. Ces avantages ne furent point purs de tout excès : l'armée républicaine, imbue des idées délirantes que l'impiété avait mises à l'ordre du jour, se livra plus d'une fois à de coupables exactions, et l'Italie eut à gémir du pillage de l'église de Notre-Dame de Lorette, objet traditionnel de la vénération des fidèles.

Depuis le 5 avril, quatre armées formidables, plusieurs fois augmentées par des renforts, avaient été battues et détruites par une armée qui, d'abord à peine composée de trente-six mille hommes, n'en avait reçu que vingt mille pour réparer ses pertes. Cette armée, à jamais mémorable, avait, en moins de dix mois, mis en déroute trente mille Piémontais et plus de deux cent mille Autrichiens, en avait pris plus de quatre-vingt-dix mille, tué ou blessé plus de trente mille; elle avait livré soixante combats meurtriers et douze grandes batailles, franchi des chaînes de montagnes, des défilés hérissés d'artillerie, et plusieurs fleuves larges et rapides protégés par des armées entières. Le bruit de ces travaux sans nombre retentissait à Paris et à Vienne, et les yeux de l'Europe se tournaient vers Bonaparte, comme pour surprendre d'avance les grandes choses que lui réservait l'avenir.

Une cinquième armée autrichienne s'avança pour réparer les désastres des troupes impériales. Elle était commandée par l'archiduc Charles, l'un des plus habiles capitaines de l'Allemagne, qui venait de se rendre célèbre par sa campagne du Rhin. Bonaparte, de son côté, avait reçu un renfort de dix-huit mille hommes commandés par Bernadotte. Le prince Charles, maître du Tyrol et comptant sur l'appui de Venise, était retranché derrière le Tagliamento et appuyé sur le Frioul ; l'armée française occupait la rive gauche de l'Arizio, jusqu'à son embouchure dans l'Adige, et la rive droite de la Piave, depuis les Alpes jusqu'à la mer Adriatique.

Les opérations commencèrent le 19 ventôse par l'occupation de Feltre et d'Asolo. Le 20, on se battit sur la Piave ; le 22, cette rivière fut franchie sur deux points ; et l'ennemi vaincu dans plusieurs combats partiels ; le 25, l'armée autrichienne, commandée par le prince Charles, fut mise en déroute derrière le Tagliamento ; deux jours après, nos troupes avaient emporté Palma-Nova, San-Danielo, Osopo et Gemona ; le 28, l'armée française passa l'Isonzo et prit Gradisca ; le 30, elle enleva Goritz, à la suite de plusieurs engagements ; le 2 germinal, elle entra dans Trieste, ajoutant ainsi le Frioul autrichien à ses conquêtes d'Italie. Elle avait livré huit combats en deux jours. Le 3, elle attaqua les gorges du Tyrol, et le 8, après plusieurs affaires honorables pour nos troupes, l'Istrie autrichienne, le Frioul, la Carniole, une partie du Tyrol et de la Carinthie étaient soumis aux forces de la république. Le 10, Bonaparte établit son quartier général à Clagenfurt. En moins de vingt jours l'archiduc avait perdu la moitié de son armée, et Bonaparte, après avoir franchi la barrière des montagnes, se trouvait au milieu des États de la maison d'Autriche.

Le 12 germinal, l'armée française se remit en marche,
après s'être emparée de Neumark, de Freisach et de Lay-
bach ; le 14, le combat de Kumdemarch lui livrait Kin-
tenfeld, Muran, Jundenbuch et Scheffling ; le 15, elle
poursuivait sur la route de Vienne l'armée du prince
Charles, réduite à abandonner le Tyrol. Trois jours après,
l'Autriche, épouvantée, réclamait et obtenait du vainqueur une suspension d'armes, et le 28 les préliminaires
de la paix étaient, de part et d'autre, signés à Léoben.
Quinze jours ne s'étaient pas écoulés après cette convention, que Bonaparte renversait par la force le gouvernement de Venise ; cette vieille république, qui durait
depuis tant de siècles, fut justement punie d'avoir profité
des dangers où l'armée française était engagée pour fo-
menter contre elle, dans toute l'Italie, une vaste insurrection à laquelle on avait préludé par des massacres.

L'Autriche était plus habile à négocier qu'à vaincre.
Les débats des agents diplomatiques assemblés à Campo-
Formio, pour traiter de la paix, durèrent six mois, et
encore ne se seraient-ils pas terminés si promptement
sans l'énergie de Bonaparte, qui imposa par la menace
les conditions qu'on lui disputait par la ruse. Ce traité,
qui fut enfin signé le 17 octobre, cédait à la France le
Brabant et proclamait l'indépendance du Milanais.
L'Italie septentrionale formait une république à laquelle
on donnait, comme dépendances, le Mantouan, le duché
de Modène, une partie des États vénitiens et des trois
légations ; la France n'obtint guère que Corfou et des
établissements en Albanie ; l'Autriche, qui avait à réparer plus de désastres, se fit céder Venise.

Bonaparte, après avoir conquis une paix honorable,
mais peu fructueuse pour la république, sentit que sa

présence n'était plus nécessaire en Allemagne, et revint
en France, où son retour eut tout l'éclat d'un triomphe.
Partout, sur sa route, les populations se pressaient en
foule pour l'admirer. Cet enthousiasme excitait la sollicitude des amis de la république et la jalousie du Directoire :
on appréhendait que cette force, si merveilleusement
appliquée à la guerre, ne se tournât contre le gouvernement et la révolution. Personne ne s'exprimait tout
haut à cet égard; mais, pour tout le monde, Bonaparte
était un sujet de crainte et d'espérance. Chacun, comprenant d'ailleurs que le moment n'était point venu de manifester de pareilles émotions, cachait de son mieux sa
pensée secrète, et Bonaparte, le premier, participait à
cette dissimulation générale. Le Directoire, pour donner
le change à l'opinion, résolut de recevoir le vainqueur
d'Arcole en grande pompe et au milieu des apprêts d'une
fête politique et militaire. Cette cérémonie eut lieu le
20 frimaire an VI (10 décembre 1797), en présence des
ambassadeurs et des ministres des États étrangers. Les
généraux Joubert et Andréossy y tenaient le drapeau
donné par le corps législatif à l'armée d'Italie. Les cinq
Directeurs étaient drapés à l'antique et avec magnificence; Bonaparte, quoique vêtu de l'austère uniforme
de Montenotte et de Rivoli, attirait sur lui tous les regards.

D'autres fêtes furent données à Bonaparte; mais, soit
affectation, soit prudence, il évitait souvent de paraître
à ces réunions où l'attendait la foule. Son instinct l'aver-
tissait qu'il ne fallait pas se prêter à un enthousiasme ir-
réfléchi, et qu'en s'isolant il arrivait plus sûrement au
but qu'il s'était proposé, d'appeler à lui la popularité et
l'opinion publique. L'hommage auquel il fut le plus sen-

sible fut celui que lui décerna l'Institut, en le choisissant
pour faire partie de la classe des sciences mécaniques, à
la place demeurée vide depuis que Carnot avait été proscrit le 18 fructidor. Bonaparte, déjà tourmenté d'une
ambition sans bornes, s'attachait à rassurer le Directoire
sur ses intentions, en paraissant exclusivement voué à
la méditation et à l'étude. Il était d'ailleurs avide de
toutes les gloires, et le modeste costume de membre de
l'Institut ne flattait pas moins sa vanité que les insignes
du commandement militaire.

Bonaparte supportait impatiemment les loisirs de la
capitale ; il lui tardait d'occuper de nouveau les imaginations par des actions d'éclat, et de se frayer ainsi plus
sûrement la route du pouvoir. « On ne conserve à Paris
le souvenir de rien, disait-il ; si je reste longtemps
inactif, je suis perdu. Une renommée dans cette grande
Babylone en remplace une autre ; on ne m'aura pas vu
trois fois au spectacle que l'on ne me regardera plus »
Et à ceux qui lui faisaient observer qu'il devait pourtant
être heureux de voir ses concitoyens se porter en foule
au-devant de lui, il répondait : « Le peuple se porterait
avec autant d'empressement au-devant de moi si j'allais
à l'échafaud. »

Bonaparte tournait ses regards vers l'Orient, berceau
des grandes choses et théâtre des grandes gloires. Il pensait, et les événements commencent à justifier aux yeux
de tous cette idée que les hommes de sa trempe perçoivent
cinquante ans avant le peuple, que la puissance de la
France devait être assise sur la Méditerranée, et que le
point le plus sûr par où elle pouvait atteindre l'Angleterre était l'Égypte ; c'est par l'Égypte que la France peut
toucher aux Indes orientales, et tenir en échec la Russie

par Constantinople. Aussi le jeune vainqueur d'Arcole
rêvait-il une expédition vers ces parages. Le Directoire
avait ses raisons pour ne pas s'opposer à l'exécution de ce
plan ; en attendant, on donnait le change à l'opinion en
faisant croire à une prochaine descente sur les côtes de
l'Angleterre. Cependant Bonaparte, auquel tous les soins
de la prochaine expédition avaient été remis, envoyait
partout ses ordres et réunissait les vaisseaux, les frégates, les bâtiments de transport et les armées de terre et
de mer nécessaires à l'entreprise ; il eut l'heureuse pensée
de s'adjoindre, pour la future campagne, des hommes
distingués dans les sciences et les arts, et dont les travaux devaient faire connaître, dans son état actuel et
ancien, une contrée dont le nom n'est jamais prononcé
sans réveiller de grands souvenirs. Bonaparte ne perdait
point de vue les intérêts de son ambition et de sa gloire ;
il lui semblait qu'un avenir mystérieux l'attendait en
Orient. Quelquefois il rêvait pour lui la couronne
d'Égypte ou celle de Jérusalem ; souvent aussi, revenant
à des idées plus exécutables, il pensait à l'influence que
cette expédition lointaine allait donner à sa renommée :
« J'ai tout tenté, disait-il ; les Directeurs ne veulent pas
de moi : il faudrait les renverser et me faire roi ; mais il
n'y faut pas penser encore, les nobles n'y consentiraient
jamais ; j'ai sondé le terrain ; le temps n'est pas venu : je
serais seul. »

Bonaparte arriva à Toulon le 20 floréal an vi (9 mai
1798) ; il y trouva son armée, et lui tint un langage
digne d'elle et de lui : « Soldats, dit-il dans une procla-
« mation, apprenez que vous n'avez point encore assez
« fait pour la patrie, et que la patrie n'a point encore
« assez fait pour vous.

« Je vais actuellement vous mener dans un pays où,
« par vos exploits futurs, vous surpasserez ceux qui
« étonnent aujourd'hui vos admirateurs, et rendrez à
« la patrie les services qu'elle a droit d'attendre d'une
« armée d'invincibles.

« Je promets à chaque soldat qu'au retour de cette
« expédition il aura à sa disposition de quoi acheter six
« arpents de terre. »

Ailleurs il disait : « Soldats, vous êtes une des ailes
« de l'armée d'Angleterre. Vous avez fait la guerre de
« montagnes, de plaines et de siéges ; il vous reste à
« faire la guerre maritime.

« Les légions romaines, que vous avez quelquefois
« imitées, mais pas encore égalées, combattaient Car-
« thage tour à tour sur cette mer et aux plaines de Zama.
« La victoire ne les abandonna jamais, parce que con-
« stamment elles furent braves, patientes à supporter la
« fatigue, disciplinées et unies entre elles.

« Soldats, l'Europe a les yeux sur vous ! vous avez de
« grandes destinées à remplir... Le génie de la liberté,
« qui a rendu dès sa naissance la république l'arbitre de
« l'Europe, veut qu'elle le soit des mers et des nations
« les plus lointaines. » Ces paroles avaient un caractère
d'éloquence antique et frappaient merveilleusement les
esprits. Nous les mentionnons souvent, parce qu'elles
tiennent une grande place dans la vie et la fortune de
Bonaparte.

Bonaparte fit alors une démarche honorable qui, pour
d'autres que lui, n'eût pas été sans danger. A peine
arrivé à Toulon, il y apprit que la loi de mort, rendue
contre les émigrés, y régnait dans toute son affreuse
rigueur, et que naguère un vieillard de quatre-vingts ans

avait été fusillé; indigné de cette barbarie, il écrivit la lettre suivante :

« Bonaparte, membre de l'Institut national, aux com- « missions militaires de la neuvième division.

« J'ai appris, Citoyens, avec la plus grande douleur, « que des vieillards âgés de soixante-dix à quatre-vingts « ans, de misérables femmes enceintes ou environnées « d'enfants en bas âge, avaient été fusillés comme pré- « venus d'émigration.

« Les soldats de la liberté seraient-ils donc devenus « des bourreaux? La pitié qu'ils ont portée jusqu'au « milieu des combats serait-elle donc morte dans leurs « cœurs?

« La loi du 19 fructidor a été une mesure de salut pu- « blic; son intention a été d'atteindre les conspirateurs, « et non de misérables femmes et des vieillards caducs.

« Je vous exhorte donc, Citoyens, toutes les fois que « la loi présentera à votre tribunal des vieillards de plus « de soixante ans, ou des femmes, de déclarer qu'au « milieu des combats vous avez respecté les vieillards « et les femmes de vos ennemis.

« Le militaire qui signe une sentence contre une per- « sonne incapable de porter les armes, est un lâche.

« *Signé* BONAPARTE. »

Cette lettre sauva la vie à un malheureux émigré, et causa une grande satisfaction dans l'armée.

L'armée de terre s'élevait à trente-six mille hommes; elle avait pour chefs les généraux Berthier, Cafarelli-Dufalga, Dammartin, Kléber, Desaix, Régnier, Bon, Dugua, Menou, Vaubois, Demouy, Lannes, Dumas, Lanusse Murat et Davout. L'armée navale était de dix mille hommes ; elle obéissait au vice-amiral Brueys, qui avait sous ses ordres les contre- amiraux Villeneuve , Blanquet Duchayla , Decrès et Ganteaume. L'escadre se composait de treize vaisseaux de ligne , dont un, l'*Orient*, de cent vingt canons ; il y avait de plus deux vaisseaux vénitiens, quatorze frégates et soixante-douze navires de guerre de moindre importance. Les bâtiments de transport s'élevaient à quatre cents , ce qui portait la flotte à plus de cinq cents voiles. Jamais pareil armement n'avait couvert les mers. On s'éloigna de France le 30 floréal (19 mai). Vingt jours après seulement, par suite des vents contraires , on se trouva en vue de Malte.

Cette île fut conquise après un combat sans importance. L'ordre des chevaliers de Malte, l'une des plus fortes institutions du moyen âge, fut déclaré aboli. Après ce premier succès, qui en présageait d'autres, la flotte fit voile pour Alexandrie , et arriva en vue de la ville le 13 messidor (1ᵉʳ juillet). Les Anglais cinglaient dans ces parages ; Bonaparte, pour soustraire son armée à ses ennemis, ordonna que le débarquement fût effectué sans retard. Comme il s'opérait , au milieu des plus grandes difficultés , une voile parut à l'horizon, et l'on crut qu'elle précédait la flotte anglaise. « Fortune , s'écria Bonaparte , tu m'abandonnes ! Quoi ! pas même cinq jours ! » C'était le cri d'un fataliste, et Bonaparte se piquait souvent de l'être. Pour le moment le danger était imaginaire , et l'armée française réussit à prendre terre sur une plage aride de l'Égypte.

Bonaparte, sentant que son armée allait se trouver au milieu de peuples étrangers à la France, autant par les mœurs et les usages que par la religion, adressa à ses soldats une proclamation nouvelle , dans laquelle on re-

marque ce passage : « Agissez avec eux comme vous avez
« agi avec les Juifs et les Italiens ; ayez des égards pour
« leurs muphtis et leurs imans, comme vous en avez eu
« pour les rabbins et les évêques. Ayez, pour les céré-
« monies que prescrit le Coran, pour les mosquées, la
« même tolérance que vous avez eue pour les couvents,
« pour les synagogues, pour la religion de Moïse et celle
« de Jésus-Christ : les légions romaines protégeaient
« toutes les religions. Vous trouverez ici des usages dif-
« férents de ceux de l'Europe, il faut vous y accoutumer. »
On voit, dans ces instructions, une prévoyance qui fait
plus d'honneur à la politique du général Bonaparte qu'à
ses sentiments religieux ; mais, en lisant l'histoire de
cette époque, il ne faut pas oublier que le gouvernement
de la France était livré au déisme, et que l'indifférence
absolue en matière de cultes était à l'ordre du jour. Bonaparte n'osait encore heurter de front les préjugés de
la philosophie et de l'armée, et peut-être, en se berçant
de l'espoir de conquérir pour lui-même une des couronnes
de l'Orient, voulait-il d'avance ne pas effaroucher la
religion musulmane.

C'est sans doute aussi aux rêves de son ambition dé-
mesurée qu'on doit attribuer les passages d'une autre
proclamation adressée au peuple d'Égypte, et dans lesquels, pour se concilier la bienveillance des mahométans,
il faisait un mérite à la révolution française de ses persécutions contre le pape et l'Église.

La première opération de Bonaparte fut d'emporter
d'assaut la ville d'Alexandrie ; les Français, maîtres de
ce point d'appui, s'enfoncèrent alors dans le pays et prirent la route du Caire. Ils marchaient au milieu d'un
pays dépouillé de toute culture, sous un ciel de feu et sur

des sables brûlants. Privés d'eau, exténués de fatigue, sans abri pour s'y reposer, ils eurent à endurer les plus pénibles souffrances; et déjà s'évanouissaient pour eux les espérances poétiques, mais décevantes, qu'ils avaient fondées sur la conquête de l'Orient. Soudain parurent à l'horizon de frais ruisseaux, des lacs tranquilles et de vastes forêts ombreuses; l'armée redoubla d'efforts en poussant des cris de joie; elle pressa sa route vers ces belles contrées, où elle allait enfin se désaltérer et obtenir le terme de ses dures privations; mais, quand elle fût arrivée au soir, poursuivant toujours cette terre délicieuse étalée à ses regards, voilà que ces collines, ces forêts et ces lacs parurent se détacher du sol et se dissiper dans les airs. C'était le *mirage*.

Cependant on atteignit les rives du Nil, et l'armée, que le désespoir commençait à gagner, reprit toute sa confiance. Après un engagement assez sérieux à Chébréiss, Bonaparte, chassant devant lui quelques mameluks, parvint à Giseh, village auprès duquel s'élèvent les grandes pyramides. C'était là que Mourad-Bey l'attendait à la tête d'une formidable cavalerie et de hordes nombreuses accourues de tous les points de l'Égypte et du désert.

Bonaparte, sur ce terrain sablonneux et uni, où l'infanterie ne pouvait se retrancher derrière aucun accident du sol et se trouvait débordée de toutes parts par la cavalerie arabe, sentit qu'il fallait imaginer un ordre tout particulier de bataille. Il prescrivit à son armée de former six grands carrés, présentant chacun une face à l'ennemi, et ayant à chacun des angles une pièce d'artillerie. La cavalerie était abritée derrière ces carrés, attendant le signal convenable pour charger les mameluks. Un mo-

ment avant l'attaque , Bonaparte se tourna vers ses soldats, et, leur montrant les pyramides , leur adressa pour
toute proclamation cette phrase si connue : « Songez que
« du haut de ces monuments quarante siècles vous con-
« templent ! » L'armée se tint prête à soutenir dignement
sa gloire, comme si les paroles de son général devaient
être acceptées sérieusement, et que les Pharaons et les
Ptolémées se tinssent debout sur leurs tombeaux pour
considérer le combat.

La cavalerie musulmane chargea avec l'impétuosité des
vents du désert ; mais les grenadiers de la république se
contentèrent de croiser la baïonnette aux premiers rangs,
pendant que des derniers partait un feu continu sur les
barbares. Ce double rempart d'acier et de feu rendit inutile le courage aveugle des mameluks : vainement ils
redoublèrent d'efforts , s'élançant par grandes masses et
essayant d'entamer les carrés ; ceux-ci demeurèrent im-
mobiles, et triomphèrent par leur impassible tactique du
dévouement de leurs adversaires. A la fin, les carrés s'ou-
vrirent par les angles , et ce fut pour laisser à l'artillerie
le temps de foudroyer l'ennemi. La victoire fut complète ;
Mourad, avec les débris de sa cavalerie, se replia vers la
Haute-Égypte ; Ibrahim prit la route de Syrie. La bataille des Pyramides, qui eut lieu le 3 thermidor, ouvrit
à Bonaparte les portes du Caire. Ce triomphe fut cruellement compensé par la perte de la flotte, que les Anglais
détruisirent après un combat naval, devant la rade
d'Aboukir. Les marins français se défendirent avec un
courage héroïque ; mais les mauvaises combinaisons de
l'amiral Brucys rendirent leurs sacrifices inutiles ; Brueys
racheta sa faute par une mort glorieuse, à bord de
l'Orient.

Bonaparte, à la nouvelle de cette catastrophe, comprit que son armée avait perdu les moyens de revenir dans la patrie ; il frémit en songeant aux dangers auxquels elle se trouvait exposée ; mais il surmonta sa douleur, et n'en laissa rien paraître : « Nous n'avons plus de flotte, dit-il, eh bien ! il faut rester ici ou en sortir grands comme les anciens. »

Bonaparte, pour frapper vivement les imaginations orientales, présida à plusieurs solennités publiques, auxquelles la présence de son armée donnait un grand appareil. L'une de ces fêtes fut célébrée en l'honneur du débordement du Nil : c'était une cérémonie presque païenne ; l'autre, qui arriva deux jours après, était celle de l'anniversaire de la naissance de Mahomet. Invité par les Turcs à assister à ces solennités, le général en chef contribua à les rendre plus pompeuses ; mais il est faux qu'il ait récité aucune des prières prescrites par le Coran. Ces cérémonies, auxquelles il prenait part pour satisfaire, selon lui, à des nécessités politiques, n'étaient à ses yeux et à ceux de l'armée que des nouveautés curieuses ; du reste, il se montrait à ce point pénétré d'indifférence pour la religion de ses pères et identifié avec les opinions musulmanes, qu'il écrivait à Kléber : « Les *chrétiens* seront toujours nos amis ; il faut les empêcher « d'être trop insolents (envers les Turcs), afin que les « Turcs n'aient pas contre nous le même fanatisme que « contre les *chrétiens*, ce qui nous les rendrait inconciliables. » Plus tard il mandait à Menou : « Je vous « remercie des soins que vous avez rendus à *notre* Prophète. » Le général Menou, à qui il adressait de semblables remerciements, se fit plus tard mahométan, et prit le nom d'Abd-Allah.

Le 1er vendémiaire, l'armée française fêta, au Caire et à Alexandrie, la fondation de la république. Les noms d'un certain nombre de braves morts aux débuts de l'expédition furent gravés sur la colonne de Pompée. Le jour dé la fête, plus de cent cinquante convives, choisis parmi les Français et les Turcs, assistèrent à un magnifique festin; le drapeau musulman flottait à côté du drapeau de la république; le croissant figurait à côté du bonnet de la liberté; le Coran faisait le pendant des Droits de l'homme, seul évangile que reconnût le gouvernement d'alors, et encore ne craignait-il pas d'en fouler aux pieds les plus importants préceptes. Les Turcs furent assez insensibles à toutes ces choses; mais ce qui les frappa et fit sur eux une profonde et salutaire impression, ce furent le nombre, les manœuvres des troupes françaises, les évolutions de l'artillerie, l'ordre et la tenue qui régnaient dans tous les corps.

Un soin plus digne de Bonaparte fut la création de l'Institut d'Égypte, qu'il composa des savants dont il s'était entouré; il leur confia la mission d'étudier les monuments du pays et la configuration du sol. Dans cette réunion illustre figuraient Fourier, Costaz, Conté, Berthollet, Dolomieu, Vincent, Say, Lepère, Jomard, Monge, et beaucoup d'autres personnages dont les noms sont chers à la science. Monge présidait cet Institut; Bonaparte n'en était que le vice-président.

Trois mois s'étaient écoulés, pendant lesquels Bonaparte organisait la partie de l'Égypte qu'occupaient ses armées, et envoyait des expéditions dans la Haute-Égypte, lorsque soudain une révolte éclata au Caire. Le signal de l'insurrection fut donné aux Turcs du haut des minarets. En un moment les Français se virent attaqués partout, et le général Dupuis, commandant la place, fut tué d'un coup de lance. Le général en chef monta sur-le-champ à cheval, suivi seulement d'une trentaine de guides. Il se porta sur tous les points menacés, donna ses ordres, et parvint à contenir les révoltés. Cependant la populace, refoulée autour de la grande mosquée, s'y était barri-cadée dans des rues étroites; des mortiers, placés sur une hauteur, la foudroyèrent pendant deux jours. Le troisième jour tout rentra dans l'ordre; mais il en coûta la vie à un grand nombre de rebelles. Vers le même temps une tribu d'Arabes, qui avait massacré des Français, fut surprise et détruite. Les têtes coupées des hommes de cette tribu furent exposées, sur une place du Caire, aux regards de tout le peuple.

Le général en chef n'avait point renoncé au projet d'aller attaquer l'Inde britannique par la Perse : il lui tardait de déployer son génie sur les champs de bataille où avait combattu Alexandre. Pour s'ouvrir la porte de l'Asie, il fallait se rendre maître de la Syrie. C'est là que ses efforts vinrent échouer.

Bonaparte, suivi d'une escorte, partit pour l'isthme de Suez, afin de reconnaître la route et d'étudier le pro-blème du canal qui réunirait les deux mers. Il passa la mer Rouge à l'endroit voisin de la côte où cette mer est guéable à marée basse; là, s'étant écarté de la route, il courut les plus grands dangers, et faillit d'être englouti dans les flots comme Pharaon. Bonaparte se rendit en-suite aux sources appelées *Fontaines de Moïse*, qui sont situées près de la côte orientale, et un peu au-dessus de Suez. C'est par cette route que passent les caravanes de Tor et du mont Sinaï. Cette dernière montagne était à six jours de marche, et le général français ne put s'y rendre, bien qu'il en éprouvât le désir. Il se borna à envoyer aux moines schismatiques grecs, qui habitent le couvent Sinaï, une sorte de *firman* au moyen duquel ces religieux étáient déclarés exempts de tribut. Il le fit vraisemblablement à la sollicitation des moines de cet ordre, dont la maison mère existe au Caire; mais on peut croire qu'une pensée d'orgueil le porta à cette démarche, afin que les moines du Sinaï inscrivissent son nom parmi ceux de leurs protecteurs, à la suite des noms d'Ali, de Salah-Eddin et d'Ibrahim, si révérés des Orientaux.

Quelques jours après, Bonaparte, suivi cette fois de son armée, entrait en Syrie, par Gaza, après s'être emparé de la forteresse d'El-Arich. La Syrie était défendue par le féroce Djezzar-Pacha; elle allait avoir pour auxiliaires encore plus redoutables le génie anglais et la peste.

L'armée s'avançait lentement sur Jaffa, l'antique Joppé. Le 4 mars 1799, elle mit le siége devant cette ville, qui fut prise d'assaut le 6 mars. Au moment de l'attaque, la population chrétienne se réfugia dans les rangs français, portant pour emblème de fraternité et de paix un crucifix. Elle fut bien accueillie; mais on ne fit point de grâce à la garnison musulmane, et le massacre fut horrible. Un certain nombre d'Albanais et d'Arnautes furent épargnés par les aides-de-camp Beauharnais et Croisier, qui leur firent mettre bas les armes en leur promettant qu'ils auraient la vie sauve. Cette promesse, faite de bonne foi, ne pouvait être tenue que par l'armée française, et l'armée refusa de la ratifier. Souvent les privations que la guerre impose exaltent le cœur du soldat jusqu'à la férocité, et ce ne fut qu'un cri, parmi la troupe , pour que les prisonniers fussent mis à mort. Le nombre de ces malheureux , réunis aux prisonniers qu'on avait faits les jours précédents , s'élevait à environ deux mille.

Bonaparte assembla le conseil des généraux pour délibérer sur ce qu'il fallait faire. Sauverait-on les prisonniers? mais alors comment les nourrir , puisqu'il y avait à peine de quoi suffire aux besoins de l'armée ? Les renverrait-on libres? mais ces hommes sauvages allaient se jeter dans les montagnes , et, postés dans les défilés , faire expier aux Français leur générosité? Les embarquerait-on pour l'Égypte ou la Grèce? mais on n'avait aucun moyen de transport. Pendant trois jours, Bonaparte résista aux cris de la troupe et aux conseils des officiers; enfin , ne pouvant trouver aucun moyen de laisser la vie aux prisonniers , il donna à regret l'ordre, tant de fois réclamé, de les fusiller. Ce déplorable massacre fut exécuté; mais le sang de tant de malheureux cria justice et retomba sur l'armée; on ne tarda pas à le reconnaître.

Les Français poursuivirent leur marche jusqu'à Saint-Jean-d'Acre (Ptolémaïs); déjà la peste faisait dans leurs rangs de sinistres progrès; d'un autre côté, l'ennemi, retranché dans les montagnes , harcelait l'armée et lui tuait du monde. A Saint-Jean-d'Acre les difficultés redoublèrent. La ville , quoique mal fortifiée , était défendue par une garnison intrépide et surtout par l'Anglais Sidney-Smith , récemment évadé de la prison du Temple. Cet habile officier, bien secondé par l'émigré Phélippeaux , ancien camarade d'école de Bonaparte, mit en œuvre toutes les ressources de la science pour faire échouer l'entreprise des Français. Le siége dura soixante jours, pendant lesquels , faute d'artillerie et de munitions, on ne

5

parvint pas à réduire la place. Dans cet intervalle il y eut huit assauts et douze sorties. Si Bonaparte ne se fût point abusé sur la faiblesse de l'ennemi, et s'il eût réuni devant Saint-Jean-d'Acre les moyens de siége suffisants, on n'eût pas tardé à se rendre maître de la place. Cette faute sauva la ville, et contraignit l'armée française à se retirer en Égypte. Ainsi l'expédition de Syrie et les vastes plans de Bonaparte venaient d'échouer. La tentative faite sur Saint-Jean-d'Acre avait coûté trois mille hommes tués ou morts de la peste. « Les plus petites circonstances entraînent les « plus grands événements, a dit Napoléon à Sainte-Hé-« lène; si Saint-Jean-d'Acre fût tombé, *je changeais la* « *face du monde.* » Mais Dieu, qui dispose des événements selon les vues de sa providence, ne permit pas que Bonaparte surmontât cet obstacle, après avoir souffert qu'il vînt à bout de difficultés et de dangers d'un ordre bien supérieur. Il confondit les projets de cet homme, et pour châtier l'armée, et pour que Bonaparte, destiné à être en Europe l'instrument de ses desseins, ne se trouvât point à jamais engagé dans les affaires de l'Orient où son génie semblait l'emporter.

Ainsi se termina cette désastreuse expédition : elle n'eut pour résultat que de beaux faits d'armes tels que les combats de Nazareth et de Cana, et la bataille du mont Thabor, où vingt-cinq mille cavaliers et dix mille fantassins ennemis, vaincus et mis en fuite par quatre mille Français, furent refoulés au delà du Jourdain ou noyés dans le saint fleuve ! D'autres affaires glorieuses pour le drapeau français eurent lieu à Tyr, à Géhémi, au mont Carmel et sur quelques points de la Syrie; mais elles ne purent consoler le général en chef du premier revers qui affligeait sa renommée. L'armée, affaiblie par ses com-

bats , par les maladies et les souffrances de tout genre ,
opéra péniblement sa retraite par Césarée et Jaffa.

Dans un couvent d'Haïfa (1), petite ville voisine du
Carmel et de Saint-Jean-d'Acre, on avait établi un hôpital pour les pestiférés. Bonaparte s'y rendit un jour :
comme les malheureux qui se trouvaient atteints de la
peste étaient parvenus au dernier période de cette maladie, Bonaparte, quoi qu'on ait pu dire, passa rapidement
près de leur lit de mort, et ne s'arrêta point à toucher leur
corps : cet acte de témérité n'aurait pu avoir d'autre résultat que d'exposer une vie nécessaire au salut de l'armée ; il convient donc de le révoquer en doute, bien qu'il
ait été jusqu'à ce jour célébré par la peinture et la poésie.
L'inflexible histoire ne se nourrit pas de mensonges. Un
fait plus avéré fut la nécessité où se trouva l'armée d'a-
bandonner, à Jaffa, une partie des moribonds. Pour les
soustraire aux horreurs du sort que leur réservait l'ennemi , on eut la coupable pitié d'abréger leur vie par le
poison.

Cependant Bonaparte , à peine de retour au Caire, y
apprit qu'une escadre de cent voiles turques, après avoir
essayé d'attaquer Alexandrie, venait de débarquer sur la
côte d'Aboukir une armée considérable, forte en chevaux et en fantassins. Impatient de relever l'éclat de ses
armes, il se dirige à marches forcées sur les troupes ottomanes commandées par Mustapha, pacha de Romélie.

(1) Et non Jaffa, comme on l'imprime communément, à cause de la ressem-
blance des deux noms. L'hospice des pestiférés était établi dans un couvent
d'Haïfa, à quelque distance au sud de Saint-Jean-d'Acre. Jaffa, par où l'armée
dut également repasser en continuant sa retraite, est située beaucoup plus au
midi. Un hôpital de pestiférés y avait aussi été établi, et comme plusieurs des
malades laissés à Haïfa avaient été massacrés par les Turcs, on crut pouvoir
sans crime donner de l'opium à ceux qu'on était forcé d'abandonner à Jaffa.

Cette fois encore la discipline et la bravoure savante de l'armée française triomphèrent de la résistance intrépide, mais ignorante, des masses turques. L'ennemi, habilement refoulé de tous les points, fut écrasé par Murat et sa cavalerie. Foudroyé par la mitraille et sabré par les dragons, il ne lui resta d'autre voie de salut que de se précipiter dans la mer. Dix mille hommes y trouvèrent leur tombeau ; le reste fut taillé en pièces.

Mais l'expédition d'Égypte avait trompé les espérances de Bonaparte : depuis dix mois le général en chef était sans nouvelles de la France ; il lui tardait d'y reparaître et d'y jouer le rôle auquel son ambition l'appelait. Il abandonna l'armée que la France avait confiée à ses soins, et, sous prétexte d'aller en Europe réclamer pour elle des renforts, il la plaça sous le commandement du général Kléber ; puis, sans ordres et ne prenant conseil que de ce qu'il appelait son étoile, il s'embarqua la nuit, et seulement avec cinq cents hommes, sur deux frégates françaises.

Cette flottille avait à traverser une mer sillonnée de croiseurs anglais ; elle ne pouvait espérer de se soustraire à leurs attaques ; mais Bonaparte osa tenter le passage, et son espérance ne fut point trompée. La grande mission que Dieu lui avait réservée ne pouvait être retardée dans son accomplissement par la captivité des pontons. Le jour viendra, dans un prochain avenir, où la main qui maintenant le pousse vers le rivage de France, se retirera de lui, et alors encore il repassera deux fois la mer, mais ce sera deux fois pour l'exil.

CHAPITRE III.

Que la France était changée ! le jour où les soldats de l'armée d'Italie firent voile pour l'Égypte, ils étaient fiers de la patrie, ils la laissaient puissante et victorieuse ; deux ans venaient de s'écouler, et déjà l'anarchie dévorait ce beau pays, l'agiotage le ruinait, la corruption le déshonorait, l'Europe l'étreignait dans le cercle d'une coalition nouvelle. Tout avait conspiré pour sa déchéance : les lois, les mœurs, les hommes.

La Constitution n'était qu'un résumé des théories stériles de l'école révolutionnaire, auxquelles on avait mêlé çà et là quelques traditions inapplicables de la Grèce et de Rome. Le gouvernement directorial, livré à des gens vicieux ou incapables, n'inspirait que le mépris ; deux

chambres législatives, privées de direction et de chefs,
consumaient leur temps à de vaines passes oratoires;
l'administration languissait dégradée par les dilapidateurs qui en avaient le monopole; le pays était à la merci
des traitauts, l'armée en proie aux fournisseurs; nulle
trace de crédit public n'existait eucore, et rien n'attirait
les regards, sinon l'immoralité marchant tête levée, et
la corruption se faisant appeler du nom pompeux d'habileté politique.

Pour comble de maux, les départements du midi
étaient en proie à la guerre civile; mais, là, les partis en
étaient venus à se déshonorer comme les pouvoirs contre
lesquels ils se mettaient en rébellion : l'administration
spoliatrice et inique avait des ennemis formés à son
image, des contrebandiers vulgaires, des chauffeurs et
des bandits de grandes routes. Le pillage était organisé
à tous les degrés : en haut, on rançonnait la nation; au
dernier échelon, on arrêtait les diligences. Non, certes,
que le pays fût devenu un vaste cloaque où toutes les
misères et toutes les hontes se fussent réfugiées; ce tableau serait trop chargé, et les masses, il faut le dire à
leur louange, n'avaient point cessé d'être probes et honnêtes; mais le mal se produisait partout, et nulle part la
main du pouvoir n'était assez pure ou assez forte pour le
comprimer.

En face de cette impuissante anarchie, l'héroïque
Vendée, la patiente Bretagne entrevoyaient des chances
de salut pour leur cause; elles appelaient à leur aide
l'Anjou et le Maine, et ces provinces, enhardies par la
mort de Hoche et par la faiblesse du gouvernement,
voyaient fermenter dans leur sein les germes d'une nouvelle insurrection royaliste.

Au dehors, la situation ne présentait pas de moindres sujets d'inquiétude : Championnet, général sorti de l'armée de Sambre et Meuse, avait conquis le royaume de Naples et transformé ce pays en république parthénopéenne ; mais cette conquête échappait déjà à la France ; la bataille de Stockach nous avait fait perdre l'Allemagne ; les désastres de Magnano et de la Trébia nous enlevèrent l'Italie ; le farouche Suwarow, à la tête des Austro-Russes, avait vaincu à Novi l'armée des grandes Alpes, commandée par Joubert ; les Anglais et les Russes avaient envahi la Hollande, en dépit des efforts de Brune ; toutefois ils en furent repoussés, et nos frontières du nord se trouvèrent garanties, mais cet avantage eût été de peu de durée, et la république, livrée à ses dissensions intérieures, eût été la proie des armées confédérées, si la bataille de Zurich, gagnée par Masséna, n'avait point eu pour résultat de contenir Suwarow au pied des Alpes.

La république, un moment sauvée de l'invasion par cette victoire, ne fut pas rassurée, à l'intérieur, sur son avenir. Au milieu de l'immense décomposition sociale à laquelle présidait le Directoire, chacun se prenait à appeler de tous ses vœux un pouvoir fort et respecté, qui pût préserver la France de sa ruine et la sauver des théories dissolvantes auxquelles elle était exposée. L'opinion monarchique appelait de ses vœux le retour des Bourbons ; mais elle n'avait de racines profondes que dans l'ouest ; à Paris et dans le reste de la France, elle était obligée de dissimuler ses espérances : la tentative de Pichegru avait été plus funeste à ce parti que le champ de bataille de Quiberon. De leur côté, les Jacobins luttaient contre les républicains modérés, qu'ils taxaient de trahison ; ils rêvaient le retour du système de la Terreur, et si forte était la haine que leur inspirait le Directoire, que, pour le renverser, ils étaient disposés à s'allier avec toutes sortes d'auxiliaires, sauf à leur disputer, le lendemain du triomphe, quelques lambeaux de pouvoir. Cependant les Modérés reprochaient au Directoire son incurie, à la Constitution ses vices : ils demandaient ardemment que les intérèts et les droits de tous fussent enfin garantis et protégés. Mais en vain cherchait-on un homme qui pût réaliser tant d'espérances ; on n'en trouvait point, depuis que Bonaparte avait été, pour ainsi dire, déporté en Orient : Hoche venait de mourir ; Moreau, Bernadotte, Brune, Jourdan, Augereau n'étaient que des chefs militaires, capables de commander un jour de bataille, inhabiles à dominer les passions qui se développent au milieu des discordes civiles et même au sein de la paix ; Sièyes n'était qu'un idéologue discrédité ; Cambacérès, un homme sensuel, un régicide dénué d'énergie ; Carnot épouvantait par les souvenirs du Comité de Salut Public ; Barras représentait la corruption et le luxe ; Gohier et Moulins, deux républicains austères, n'avaient ni talent ni influence ; enfin, parmi les célébrités de tout ordre que la révolution avait fait surgir, nul n'apparaissait pour le salut du pays, hors celui dont on ne recevait aucune nouvelle, et qui, comme l'armée de Cambyse, semblait avoir été enseveli dans le désert.

Soudain on apprend que cet homme a débarqué sur les côtes de Provence, et que, d'ovations en ovations, il est entré à Paris : jamais événement n'eut une signification plus grande. Le jour même de son arrivée, l'audacieux général se rend au Directoire sans avoir pris la peine de se faire annoncer ; la garde du gouvernement, qui le reconnaît, le salue des cris plusieurs fois répétés de

vive Bonaparte! Ses explications aux directeurs sont
courtes. Il avait cru la France perdue, il arrivait pour
la sauver; il se réjouissait de ce que les exploits de ses
frères d'armes lui avaient épargné ce devoir. « Jamais,
ajouta-t-il en mettant la main sur la garde de son épée,
jamais il ne la tirerait que pour la défense de la république. » Le président le complimenta, et l'on s'em-
brassa de part et d'autre. Au fond, on se détestait et
l'on se craignait.

Retiré dans sa modeste habitation de la rue de la Victoire (1), Bonaparte en avait fait le rendez-vous de tous
les ambitieux et de tous les mécontents : là se pressaient
autour du général, impatients d'en finir avec le Directoire et ce qu'ils appelaient avec dédain le règne des
avocats, Lannes, Murat, Berthier, compagnons fidèles
de Bonaparte, et avec eux Augereau, Macdonald, Beur-
nonville, Leclerc, Marbot, Moreau lui-même, parmi les
militaires; dans l'ordre civil, Talleyrand, Rœderer,
Regnault de Saint-Jean-d'Angély, Cambacérès, Réal et
quelques autres non moins connus; Fouché, si déplora-
blement fameux par les massacres révolutionnaires de
Lyon, n'était point dans le secret du complot; mais,
comme il occupait les fonctions de ministre de la police,
les intrigues de Bonaparte et de ses amis ne lui avaient
point échappé : quoique son devoir fût de les neutraliser, il y prêta son concours, d'abord tacite, puis avéré.
D'ailleurs, dans le sein même du Directoire, on conspirait ouvertement contre la Constitution; Sièyes, en dépit de sa répugnance pour Bonaparte, sentiment que le
général lui rendait amplement, voulait s'entendre avec

____

(1) Elle s'appelait alors rue *Chantereine*.

lui, espérant bien demeurer seul au pouvoir; Roger-Ducos se laissait entraîner par Sièyes ; Gohier et Moulins demeuraient à l'écart, s'abusant sur la force dont ils pouvaient disposer, et manifestant une scrupuleuse fidélité à la république; Barras, avec l'insouciance de la corruption et la conscience du mépris qu'il inspirait, se laissait lâchement aller aux événements, sans songer à s'y soustraire ; on dit néanmoins qu'il aspirait à se faire nommer président de la république.

Madame Bonaparte et les sœurs du général secondaient, dans les salons de Paris, les projets des conspirateurs. Les frères de Bonaparte, Joseph, Lucien et Louis, participaient activement à ces menées. On cherchait à se concilier des adhésions dans les conseils des Anciens et dans celui des Cinq Cents : dans la première de ces chambres législatives le succès était assez facile, et la majorité se montrait fort disposée à un changement; dans l'autre les éléments révolutionnaires dominaient, et l'on avait à appréhender une lutte sérieuse.

Il est si difficile de renverser un gouvernement établi, que l'immense popularité de Bonaparte, jointe à l'empire qu'il exerçait sur l'armée et aux espérances de tous les hommes politiques de l'époque, ne suffisait pas pour substituer un nouvel ordre de choses à la Constitution de l'an III. Un acte de vigueur ordonné à propos contre Bonaparte et ses complices eût suffi pour confondre leurs projets; l'armée, quoique ébranlée par l'exemple de défections nombreuses, pouvait encore être rappelée à la discipline par Augereau ou Bernadotte; la légion de police était assez forte pour enlever, au milieu de la nuit, Bonaparte, ses frères et leurs principaux adhérents, et le lendemain Paris et les agitateurs, consternés, seraient rentrés dans l'ordre. Au lieu d'agir, la majorité du Directoire attendit et temporisa : cette inertie inconcevable fut mise à profit par les partisans de Bonaparte.

Un article de la Constitution permettait au conseil des Anciens de changer la résidence du corps législatif : les amis que Bonaparte comptait dans ce conseil obtinrent, le 18 brumaire an VIII (9 novembre 1799), un décret qui transférait les deux conseils à Saint-Cloud, et plaçait Bonaparte à la tête des troupes stationnées à Paris et dans la 17e division militaire. Ce premier pas isolait le corps législatif des défenseurs qu'il aurait pu trouver à Paris, et donnait à Bonaparte les instruments nécessaires pour étouffer toute opposition par la force des armes.

Bonaparte passe en revue trois mille soldats rangés en bataille dans le jardin national (les Tuileries), il leur lit le décret, et leur adresse cette courte harangue : « Soldats, l'armée s'est unie de cœur avec moi... Dans quel « état j'ai laissé la France, et dans quel état je l'ai re- « trouvée! je vous avais laissé la paix, et je retrouve la « guerre! je vous avais laissé des conquêtes, et l'ennemi « presse vos frontières ! j'ai laissé nos arsenaux garnis, « et je n'ai pas trouvé une seule arme! j'ai laissé les mil- « lions de l'Italie, et je retrouve partout des lois spolia- « trices et la misère! nos canons ont été vendus! le vol a « été érigé en système! les ressources de l'État épuisées!... « Où sont-ils, les braves, les cent mille camarades que « j'ai laissés couverts de lauriers? que sont-ils devenus?

« Cet état de choses ne peut durer; *avant trois mois* « *il nous mènerait au despotisme.* Nous voulons la répu- « blique, la république assise sur les bases de l'égalité, « de la morale, de la liberté civile et de la tolérance po- « litique. Avec une bonne administration, tous les indi-

« vidus oublieront les factions dont on les fit membres,
« et redeviendront Français. Il est temps enfin que l'on
« rende aux défenseurs de la patrie la confiance à la-
« quelle ils ont tant de droits ! A entendre quelques
« factieux, bientôt nous serions tous des ennemis de la
« république, nous qui l'avons affermie par nos travaux
« et notre courage ! Nous ne voulons pas de gens plus
« patriotes que les braves qui ont été mutilés au service
« de la république. »

Pendant que Bonaparte encourageait ainsi les troupes
à seconder ses espérances, le général Lefebvre, commandant de Paris, ignorait les événements. Surpris des mouvements militaires dont il est témoin, il se rend chez
Bonaparte, et lui demande avec aigreur l'explication de
sa conduite. « Général Lefebvre, lui dit Bonaparte, vous
êtes une des colonnes de la république, je veux la sauver
avec vous et la délivrer des avocats qui perdent notre
belle France. Prenez ce sabre dont je vous fais présent ;
je le portais à la bataille des Pyramides. » Et Lefebvre,
subitement changé, s'écrie : « Oui, je vais vous aider à
chasser les avocats. » Cependant Bonaparte n'était pas
sans inquiétudes : comme il passait sur la place de la Révolution, à l'endroit même où Louis XVI fut mis à mort,
et où s'élève aujourd'hui l'obélisque, il dit à son secrétaire : « Nous coucherons demain au Luxembourg, ou
nous périrons ici. » On était au 19 brumaire ; Bonaparte
se rendait alors à Saint-Cloud, où les deux conseils
étaient déjà installés.

Une révolution, destinée à changer la face de la France
et de l'Europe, s'accomplit alors ; mais, chose étrange,
elle se fait sans grandeur, sans dignité, à l'aide de ruses
mesquines et de paroles mensongères. C'est que, pour cette

révolution, il manquait un prétexte immédiat, et que Bonaparte, qui conspirait pour le seul intérêt de son ambition, était réduit à chercher de misérables subterfuges. Jamais, peut-être, il ne parut plus au-dessous de sa fortune : on ne demandait qu'à lui donner le pouvoir, et s'il ne l'acceptait point dans l'attitude d'un coupable, il semblait du moins le dérober avec une sorte de honte. Au lieu de prendre l'allure franche qui convenait à sa force et à sa gloire; au lieu de déclarer hautement qu'il avait osé assumer l'initiative du salut de la France, grande mission que personne ne voulait revendiquer, il feignit de croire à l'existence d'une conspiration contre la république; il demanda, à l'appui de cette supposition, dont la fausseté était notoire, l'adoption de certaines mesures exceptionnelles destinées, selon lui, à préserver du naufrage la liberté et l'égalité. Autant Bonaparte était grand à la tête d'une armée, autant le rôle de conspirateur rapetissait sa taille; et cependant, au milieu de l'anarchie directoriale, c'était avec raison qu'il se croyait suscité pour mettre un terme aux maux de la patrie.

La séance du conseil des Anciens s'ouvrit à une heure; Bonaparte s'y présenta, suivi de Berthier. Il lui tardait d'étouffer la vive agitation que ses projets avaient soulevée; aussi donna-t-il, avec le ton de la colère et la précipitation du soldat, quelques explications qui ne convainquirent et ne rassurèrent personne. Il parlait sans tenue et sans dignité, par phrases entrecoupées et ambiguës; peu habitué à la présence d'une grande assemblée, et plusieurs fois interrompu par des interpellations pressantes, il hésitait, se livrait à des redites fatigantes, et décourageait ses propres complices. Il accusa les directeurs Barras et Moulins d'avoir voulu le mettre à la tête d'une conspiration contre la liberté; il promit d'abdiquer le pouvoir dès que la république serait sauvée. Personne ne fut dupe de son langage; Bonaparte n'était plus le géant de Lodi et d'Arcole. Pour se soustraire aux reproches qui lui étaient adressés, il lui échappa de dire qu'il *était accompagné du Dieu de la guerre et du Dieu de la fortune* ; le président lui répliqua avec calme qu'il ne voyait rien sur quoi l'on pût délibérer, et l'invita à se renfermer dans des phrases moins vagues; mais Bonaparte, après avoir répété en balbutiant ses premières accusations, prit le parti de sortir de la salle et de se rendre au conseil des Cinq-Cents ; dès qu'il parut dans la cour, la troupe fit entendre mille cris de : « Vive Bonaparte! » et ces acclamations lui rendirent quelque présence d'esprit et quelque énergie (1).

Mais une résistance bien autrement vive attendait le général au conseil des Cinq-Cents : les députés, avertis de la révolution qui se préparait, s'étaient réunis à la hâte dans l'orangerie de Saint-Cloud, qu'on avait disposée pour les recevoir. Dès l'ouverture de la séance, les manifestations les plus hostiles à Bonaparte éclatèrent sans contrainte. « A bas les dictateurs ! point de dictature ! vive la Constitution ! la Constitution ou la mort !... » tels étaient les cris qui retentissaient dans la salle au milieu d'une confusion inexprimable. Lucien Bonaparte présidait, et s'opposait vainement à ce torrent de clameurs républicaines. Sur la motion d'un député nommé Grandmaison, on arrêta qu'il serait prêté serment à la Constitution de l'an III. Pendant qu'on prononçait la formule

______

(1) Le *Moniteur* raconte pompeusement cette scène, et met dans la bouche de Bonaparte un discours étudié : cette scène fut ainsi arrangée dans la nuit pour le public.

de ce serment sitôt oublié, et qu'on apprenait la démission
du directeur Barras, Bonaparte parut, suivi de quelques
grenadiers qui restèrent à l'entrée de la salle. Sa présence
fit éclater le plus violent tumulte. On entendit de tous les
bancs partir ces cris : « A bas le tyran ! à bas Cromwell !
à bas le dictateur ! » Bonaparte voulut hasarder quelques mots pour sa justification ; mais sa voix fut à l'instant couverte par les cris unanimes de « Vive la Répu-
« blique ! vive la Constitution ! hors la loi le dictateur ! »
et les députés s'empressèrent autour de lui, le repoussant
de la voix et du geste. On dit même, et ce bruit fut accré-
dité par Bonaparte, que des poignards furent tirés contre
lui ; mais cette circonstance a rencontré beaucoup de con-
tradicteurs. Cependant, à la vue de cette scène qu'il avait
provoquée, Bonaparte fut atterré ; il pâlit, chancela , et
tomba entre les bras de ses grenadiers accourus pour le
sauver. Les soldats l'entraînèrent hors de la salle.

Mais le départ du général ne calmait point le conseil des
Cinq-Cents, et l'on vit se succéder l'une après l'autre
les propositions les plus furieuses. Vainement Lucien
Bonaparte cherchait-il à rétablir l'ordre et à excuser la
démarche de son frère, il était interrompu à chaque
phrase par de vives clameurs ; on voulait l'obliger de
mettre aux voix le décret de *hors la loi* réclamé contre
le général. Ces mots redoutables, *hors la loi*, avaient
perdu Robespierre ; il suffisait de lancer un semblable
arrêt contre une tête, quelque haute qu'elle fût, pour
la faire tomber sans forme de procès. Aussi Lucien ré-
sistait-il avec énergie, donnant à son frère, par ces cou-
rageuses lenteurs , le temps de se remettre et de prendre
les dispositions nécessaires. A la fin, Lucien ne pouvant
prolonger cette lutte qu'il soutenait seul contre l'assem-

blée, déposa la toge et les insignes de la présidence, et sortit de la salle, escorté de quelques-soldats. Dès qu'il fut arrivé dans la cour, il monta à cheval et harangua la troupe, l'excitant à rentrer dans l'enceinte où siégeaient les représentants, et à les en chasser par la force. La troupe hésitait; mais Lucien, tirant son épée, s'écria : « Je jure de percer le sein de mon propre frère, si jamais il porte atteinte à la liberté ! » Cette scène produit son effet et lève tous les scrupules de l'armée : Murat, à la tête des grenadiers, s'élance dans la salle, et ordonne aux députés de sortir. A cette vue, les membres du conseil se dispersent épouvantés ; ils jettent loin d'eux leurs insignes, et se sauvent par les fenêtres. La révolution du 18 brumaire était terminée.[1]

A dix heures du soir, le plus grand calme régnait dans le palais de Saint-Cloud, où venaient de se passer tant de scènes tumultueuses. Tous les députés y étaient restés; on les voyait errant dans le salon, dans les corridors, dans les cours ; la plupart avaient l'air consterné, d'autres affectaient une satisfaction calculée. Aucun d'eux n'osait retourner à Paris, où d'ailleurs, par suite des ordres de Fouché et de Bonaparte, nul député n'aurait pu être reçu. Une heure après, Bonaparte adressait une proclamation au peuple, dans laquelle, avec autant d'habileté que d'hypocrisie, il essayait de justifier sa conduite.

Cependant le conseil des Anciens était assemblé pendant la nuit; on parvint à réunir trente membres du conseil des Cinq-Cents, et à leur faire tenir une séance dans le lieu même où la représentation nationale avait été vaincue par les grenadiers de Murat. Ce simulacre de légalité était nécessaire pour pallier, aux yeux du public, les événements de la journée. Sous l'empire de la trahison et de la peur, les deux conseils abolirent le Directoire, déclarèrent déchus de leurs mandats de députés ceux dont ils redoutaient les sentiments républicains, et décrétèrent que le pouvoir exécutif serait momentanément confié à trois consuls, savoir : Sièyes, Roger-Ducos et Bonaparte. Les consuls prêtèrent serment, et prirent immédiatement la route de Paris.

Un mois se passa à jeter les bases d'une constitution nouvelle, qui fut présentée le 22 frimaire, et acceptée par le peuple le 18 pluviôse; elle prit le nom de Constitution de l'an VIII. Elle établissait un gouvernement consulaire composé de Bonaparte, premier consul, nommé pour dix ans, et de deux autres consuls, qui furent dès lors Cambacérès et Lebrun. Elle fondait en outre un sénat conservateur, un corps législatif composé de trois cents députés, et un tribunat de cent membres. On adjoignit à ces trois corps, chargés d'attributions spéciales, un conseil d'État dont les membres étaient nommés par le premier consul; Bonaparte, qui avait présidé à la confection de cette loi fondamentale, s'était réservé la plupart des droits attribués à la souveraineté suprême. Par ses soins on prit toutes les précautions qui pouvaient mettre sa puissance à l'abri de toute contradiction parlementaire. Le sénat fut composé de ses principaux partisans; le corps législatif se recruta par un double système de candidature qui laissait le champ entièrement libre au pouvoir; son rôle consistait d'ailleurs à voter ou à refuser en silence et en secret les projets qui lui étaient soumis par le gouvernement; le tribunat avait seul conservé une ombre d'indépendance; mais on ne lui laissa ce privilége qu'un petit nombre d'années.

La France voyait avec satisfaction ces changements :
lasse des excès de l'anarchie, elle se jetait avec une confiance aveugle entre les bras du despotisme. Cette grande
nation a toujours eu pour habitude de se laisser aller à des
émotions exclusives. D'abord rien ne l'avait arrêtée dans
les voies de la licence ; revenue de ces excès, elle n'aspirait qu'au retour de l'ordre, et sacrifiait tout à ce nouveau besoin, plus tard elle allait faire de plus grands
sacrifices encore pour la gloire. Au moment où Bonaparte
chassa le Directoire, elle s'inquiéta peu de la violence
des moyens qu'il avait employés pour assurer sa puissance ; elle lui pardonna cette révolution prétorienne et
la représentation nationale jetée par les fenêtres de l'O-
rangerie ; elle aurait pardonné davantage au prix du
rétablissement du crédit, de la protection donnée à l'industrie, et du maintien de la tranquillité intérieure. Le
Directoire, d'ailleurs, avait fait peser sur elle le joug
qu'elle redoute davantage, celui de l'immoralité et de la
honte : sa chute ne pouvait entraîner aucun regret.

Bonaparte fut donc salué comme une garantie de salut.
Son premier soin fut d'organiser l'administration ; il y
appela les hommes les plus marquants, parmi lesquels
figuraient à dessein des émigrés et des régicides, voulant
prouver par cet alliage que, sous son gouvernement, les
partis devaient oublier le passé et s'unir dans la paix pour
le salut commun. Ensuite il rendit contre les hommes dont
l'opposition pouvait le plus gêner ses vues, un décret de
proscription qui porte la date du 26 brumaire, mais dont
les dispositions furent sensiblement adoucies. Quelques
jours après, il tourna ses regards vers les affaires du dehors. A cette époque, nous étions en guerre avec presque
toute l'Europe ; il importait de s'assurer quelques alliés.

Aussi Bonaparte songea-t-il à faire des ouvertures à l'Angleterre, afin de l'amener à mettre un terme aux hostilités; il écrivit au roi George III pour lui proposer la paix. Mais sa lettre, où la diplomatie parlait un langage assez noble, n'eut d'autre résultat que d'amener un échange de notes entre les deux cabinets; l'Angleterre refusa d'entrer en arrangements. Bonaparte, pour obtenir la paix, devait la conquérir par les armes.

L'un des premiers soins du premier consul fut de supprimer l'horrible fête du 21 janvier, instituée par la Convention pour célébrer chaque année le souvenir de de la mort de Louis XVI. Tel était encore l'épouvantable ascendant des régicides, que, pour se soustraire à leurs attaques, Bonaparte fut obligé d'agir indirectement dans cette circonstance, et d'ordonner que les seules fêtes nationales seraient désormais celles du 1er vendémiaire et du 14 juillet, voulant ainsi consacrer provisoirement le souvenir de la fondation de la république et de la fondation de la liberté, qu'il se préparait à détruire de ses propres mains. Déjà Bonaparte s'était rendu dans les prisons de Paris, et, en entrant dans celle du Temple, il avait mis en liberté les otages, sortes de victimes politiques que le Directoire y avait enfermées. Ces deux actes commençaient à lui concilier l'estime des royalistes.

Le 9 nivôse, les consuls décrétèrent de pompeuses obsèques pour honorer les restes du vénérable Pie VI, mort l'année précédente, à Valence en Dauphiné, à l'âge de quatre-vingt-deux ans. L'auguste vieillard, chassé de Rome par les armées républicaines, avait été d'abord confiné dans un couvent en Toscane, puis amené en France lorsque les Français évacuèrent l'Italie. Les respects et les sympathies du peuple le consolèrent des per-

sécutions ordonnées par le Directoire, et, dans ces jours
funestes où la religion était proscrite, la foi et la piété des
familles condamnèrent énergiquement l'impiété du pouvoir et les excès de la loi.

Quelques jours plus tard, le 27 nivôse, les consuls
rendirent, ou plutôt le premier consul rendit un arrêté
qui supprimait la liberté de la presse, sous le prétexte,
d'ailleurs fort juste, que les journaux de ce temps n'étaient
que des instruments entre les mains des ennemis de la
France. Cette mesure révolutionnaire, qui fut adoptée en haine de la révolution, ne devait durer que jusqu'à la paix ; mais Bonaparte se réservait de la prolonger
pendant toute la durée de son pouvoir. Le premier consul établit ensuite l'usage d'accorder aux soldats des
sabres et des fusils d'honneur ; c'était, dans ses vues, un
acheminement au rétablissement des ordres de chevalerie
militaire. Pour consoler les républicains de ces innovations, il fit, en grande pompe, installer dans l'ancien palais des rois le buste de Junius Brutus. Il ordonna ensuite
que, pendant dix jours, tous les drapeaux de la république resteraient voilés de crêpes noirs, en mémoire du
célèbre Washington, dont on venait d'apprendre la mort.
Une cérémonie funèbre fut, à cette occasion, célébrée à
l'hôtel des Invalides, qu'on appelait alors le temple de
Mars. M. de Fontanes prononça un discours académique
en l'honneur du héros américain, et l'on eut recours,
pour séduire le peuple, à tous les genres de charlatanisme. Ces vaines paroles endormirent les démocrates,
et peu de jours après, Bonaparte, suivi d'un grand cortége, et aux acclamations de la multitude, se rendit aux
Tuileries. Sur la façade de ce palais on lisait encore ces
mots, tracés en gros caractères : « Le 10 août 1792, —

« la royauté en France est abolie. — Elle ne se relèvera
« jamais. » Elle était déjà relevée, et Bonaparte fit effacer
l'inscription. Il traita de même les emblèmes républicains
et les bonnets rouges qu'on avait peints avec profusion
sur les murs (30 pluviôse an VIII). Bonaparte eut un moment de déplaisir : ce fut lorsque le tribunat, le seul corps
un peu populaire que la Constitution consulaire eût établi, se fut installé au palais Égalité (Palais-Royal), dans
le lieu de ses séances. Ce jour-là le tribun Duveyrier
se plut à rappeler que le palais où l'on siégeait avait été
le berceau de la révolution française, le foyer dans le sein
duquel Camille Desmoulins avait arboré le premier signe
de liberté. Il ajouta : « C'est le lieu où, si l'on parlait d'une
idole de quinze jours, on se rappellerait qu'une idole de
quinze siècles a été brisée en quelques heures. » Cette
phrase menaçante indisposa le premier consul, et donna
quelque crédit au tribunat parmi les hommes du parti
républicain. On ne tarda pas à y mettre ordre en limitant
avec prudence les attributions de cette assemblée.

Le 2 ventôse, le corps diplomatique fut présenté au
premier consul ; c'était là une coutume monarchique
qu'il essayait de faire revivre ; les mœurs s'y prêtaient.
La Constitution ne donnait pas à Bonaparte le droit de
faire grâce ; mais il se l'attribua et l'exerça immédiatement à l'égard de M. Defeu, émigré français, pris les
armes à la main, et alors incarcéré à Grenoble. Il consentit également à accueillir les démarches qui furent
faites en faveur de M. Louis de Frotté, un des chefs de
Chouans, qui venait d'être fait prisonnier ; mais, quand
l'ordre de grâce arriva, il était trop tard, et M. de
Frotté avait été fusillé. Quelques jours après il reçut en
audience le fameux Georges Cadoudal ; mais cette entre-

vue n'amena aucun résultat politique, ces deux hommes étant, chacun de son côté, demeurés inébranlables dans leurs projets.

Cependant les caisses publiques étaient vides ; à l'avénement du premier consul on n'avait pas trouvé dans le trésor douze cents francs pour payer un courrier. Grâce à la fermeté du premier consul et aux heureuses dispositions qu'il adopta, on rétablit un certain ordre dans les finances. Bonaparte était d'ailleurs dénué de fortune à ce point, qu'ayant donné en mariage au général Murat sa sœur Caroline, il ne lui accorda pour dot qu'une somme de trente mille francs. Une autre de ses sœurs, Élisa, avait épousé un simple officier nommé Bacciochi ; la dernière, Pauline, était mariée au général Leclerc. Toutes ces alliances étaient fort obscures. Bonaparte, pour se délasser de ses travaux, avait acheté la terre de la Malmaison, qui ne fut payée que plus tard. C'est sous les ombrages de cette villa qu'il se rendait à certains jours : madame Bonaparte faisait avec une grâce remarquable les honneurs de sa nouvelle demeure, et les jacobins ralliés y venaient avec les paysans devenus généraux, pour s'y façonner ensemble aux allures du monde. C'était comme une répétition de la prochaine cour. Au surplus, ce temps dura peu, et Bonaparte ne tarda pas à trouver la Malmaison trop petite : ce fut alors qu'il se fit assigner, pour résidence d'été, le château de Saint-Cloud et ses admirables dépendances.

Il fut plus heureux auprès de l'empereur de Russie qu'auprès du cabinet anglais. Après avoir réuni tous les Russes faits prisonniers en Suisse, il les fit habiller, équiper, et les renvoya sans condition à leur souverain. Paul Ier, touché d'un procédé aussi généreux, ordonna à ses troupes de rentrer en Russie, et se retira de la coalition formée contre la France. Il employa ensuite toute son influence pour ramener les autres puissances à ses sentiments. Bientôt la Suède, la Prusse, le Danemarck et la Saxe l'imitèrent. La France, déjà en paix avec l'Espagne, le Portugal, la république batave (la Hollande), et la Suisse, n'eut plus à combattre au dehors que l'Angleterre, la Bavière et l'Autriche. Au dedans, la Vendée et la Bretagne avaient relevé leur drapeau ; mais la mésintelligence des chefs et le découragement des paysans royalistes promettaient aux armées de la république de faciles mais douloureuses victoires. Brune, à la fois conseiller d'État et général, marcha, à la tête de soixante mille hommes, contre les départements de l'ouest. Comme Hoche, dont il n'avait d'ailleurs ni les talents ni la grandeur d'âme, il préféra la gloire du pacificateur à celle du guerrier ; et, assez fort pour combattre, il aima mieux concilier. MM. d'Autichamp, Vernon, La Chevalerie, Châtillon et de Bourmont déposèrent les armes et licencièrent leurs troupes, et la paix fut rendue aux deux rives de la Loire. Ce fut l'ouvrage de deux mois.

Délivré des inquiétudes que lui causait la renaissance des discordes civiles, Bonaparte dirigea tous ses efforts contre les ennemis du continent, sans cesse soulevés par l'Angleterre. L'armée du Rhin, placée sous les ordres de Moreau, fut portée à cent mille hommes ; Masséna, envoyé en Italie, y trouva à peine vingt-cinq mille soldats à demi nus, pâles, exténués par la fatigue et la faim ; après une lutte désespérée, mais héroïque, il se vit réduit à s'enfermer dans les murs de Gênes. Il y soutint un siége rendu affreux par les horreurs de la famine, et qui rappela la résistance des antiques Numantins. Les armées de l'Autriche avaient reconquis l'Italie, et Naples s'était soustrait à notre puissance. Pour comble de désastres, les flottes anglaises couvraient la Méditerranée, et, pendant qu'elles prodiguaient l'or, les armes et les vivres à nos ennemis, elles privaient de tout espoir de salut les débris de l'armée d'Égypte.

On a vu que Bonaparte, désenchanté de l'Orient et rappelé en France par son ambition, avait abandonné cette malheureuse armée aux efforts réunis de l'Angleterre et des armées ottomanes. Kléber, refoulant au fond du cœur les craintes que lui inspirait cette désertion, parla aux troupes le langage du dévouement et de la confiance ; mais déjà l'Égypte pesait à nos braves soldats, et ils appelaient de tous leurs vœux le terme de ce glorieux exil. En attendant, ils signalaient leur présence sur la terre d'Afrique par de grandes et inutiles victoires. Un jour ce fut Desaix qui, à la tête de quatre mille Français, mit en déroute, à Samalout, dans la Moyenne-Égypte, une armée de cinquante mille Turcs, Arabes ou mamelucks, commandés par Mourad-Bey ; vers le même temps Verdier, avec une poignée d'hommes, refoulait et dispersait à Damiette un corps considérable de janissaires ; un autre jour plus mémorable encore, Kléber, avec dix mille hommes, entouré par quatre-vingt mille mahométans, remportait la grande victoire d'Héliopolis (30 ventôse — 20 mars). Desaix revint en France : les Arabes, qui symbolisent tout dans leur langue poétique, l'avaient surnommé le *sultan juste*, tandis qu'ils appelaient Bonaparte kébir, c'est-à-dire le *sultan du feu* (1).

(1) Il faut d'ailleurs se défier des traditions qu'on recueille encore de nos jours, parmi les Arabes de cette contrée, sur Bonaparte et ses faits d'armes, considérablement exagérées par l'imagination orientale. Des voyageurs en qui

Mais bientôt une grande calamité frappa l'armée d'Égypte : le 25 prairial (14 juin), au moment où Kléber se promenait sur la terrasse de son palais, au Caire, il fut assassiné par un jeune Osmanlis, nommé Soleyman et natif d'Alep. Ce misérable fut condamné au supplice du pal, et subit sa peine, après avoir eu le poing droit brûlé. Kléber, que le fanatisme musulman avait enlevé à la France, était l'un des plus illustres capitaines que la révolution eût fait surgir. La beauté de sa taille, son esprit et ses talents militaires lui avaient assuré les respects et l'affection de l'armée. Cafarelli l'a dépeint en deux mots : « Voyez cet Hercule, disait-il ; son génie le dévore. »

Kléber eut pour successeur le général Menou, qui fut trop heureux d'obtenir, pour lui et ses troupes, une capitulation honorable à l'aide de laquelle les débris de cette aventureuse armée parvinrent à revoir la France.

Cependant Moreau, docile au plan et aux ordres de Bonaparte, avait, dès le 25 avril, passé le Rhin à Kehl, à Brisach et à Bâle. Il gagna successivement les batailles d'Eugen, de Hockach, de Mœskirch, de Biberach et de Memmingen. Le 3 messidor, il livra à l'ennemi le combat d'Oberhausen, où la France perdit un homme qui valait à lui seul plusieurs légions, Latour d'Auvergne, le premier grenadier de la république, qui mourut frappé d'un coup de lance, à la tête de la 46e demi-brigade. Pen-

nous avons foi, parce qu'ils ont vu sans prévention et avec un esprit de discernement assez rare, nous ont assuré que les Arabes, en parlant de *kébir* et du *grand sultan des Francs*, veulent surtout désigner Kléber, que sa haute taille et son courage héroïque désignaient le premier à leur admiration. C'est ainsi qu'ils s'obstinent à montrer le lieu où le sultan des Francs a été tué, et c'est la maison où Soleyman poignarda Kléber. Nous devons cette observation à M. Marin l'Évêque, qui a bien voulu nous mettre sur la voie de quelques rectifications assez importantes.

dant trois jours, en signe de deuil, les tambours furent
voilés d'un crêpe : le sabre d'honneur de Latour d'Auvergne fut déposé aux Invalides. Son cœur, renfermé
dans une petite boîte de plomb, fut donné à la 46° demi-
brigade et suspendu au drapeau. La place de Latour
d'Auvergne demeura vide ; à chaque appel de sa compagnie on rappelait son nom, et une voix répondait : *Mort
au champ d'honneur !* Un monument simple lui fut élevé
sur le lieu même où il avait cessé de vivre, et l'inscription portait que *cette tombe était placée sous la sauvegarde
des braves de tous les pays ;* les braves de tous les pays
l'ont respectée.

Latour d'Auvergne, l'un des membres de la famille de
Turenne, rappelait par ses mœurs les siècles antiques.
Il était modeste et austère, et ne vivait que de lait. Il
portait dans les camps un Tite-Live et un Horace, et se
délassait de ses fatigues par l'étude de l'histoire et des
sciences. On lui doit un livre sur les origines gauloises, et
il avait commencé un dictionnaire archéologique où il
comparait quarante-cinq langues anciennes et modernes.
La race de ces héros semble s'être éteinte.

Bonaparte était impatient de reparaître à la tête de ses
troupes. Une armée de réserve fut formée à Dijon comme
par enchantement, et le premier consul en prit le
commandement à Genève le 19 floréal. Le même jour,
Desaix, revenu d'Égypte, fut chargé de conduire aux
combats deux divisions. Les troupes autrichiennes et
les contingents des princes d'Italie fermaient tous les
débouchés des Alpes. Bonaparte, aussi aventureux
qu'Annibal, s'ouvre un chemin à travers les rochers
couverts de glace du Saint-Bernard. Une nombreuse
armée, un matériel immense, la cavalerie et l'artillerie

franchirent les ravins et les précipices. Pour traîner les
canons, on les détacha de leurs affûts, et on les coula dans
des troncs d'arbres creusés; les roues et les munitions de
guerre furent transportées à force de bras. Au sommet de
la montagne, l'armée fit une halte au couvent du Saint-
Bernard, où les religieux avaient préparé des vivres et
prodiguèrent à nos troupes tous les secours de la plus
généreuse charité. On était à plus de deux mille quatre
cents mètres au-dessus du niveau de la mer et sur la lisière
des neiges éternelles. Après une halte de quelques heures,
l'armée opéra sa descente du côté du Piémont : les pentes
étaient fort rapides et fort escarpées; on s'avisa de se
laisser glisser sur la glace, et cet expédient abrégea de
beaucoup les lenteurs de cette étrange route. Il fallait
traverser la ville de Bard, dont la citadelle, assiégée depuis
trois jours, fermait l'unique chemin ouvert aux Français.
Pour dérober sa marche aux Autrichiens, Bonaparte fit
tailler un chemin dans le rocher ; on enveloppa de foin et
de fumier les roues des canons et des caissons; on couvrit
les rues de paille, et l'armée réussit à traverser la ville au
milieu de la nuit à l'insu des troupes chargées de lui disputer le passage. Ce terrible défilé franchi, le fort de Bard
tomba au bout de dix jours au pouvoir des Français; déjà
Ivrée et sa citadelle s'étaient rendus, et dix mille hommes
de l'armée de Mélas avaient été culbutés sur les bords de
la Chiusella. Le 2 juin, Bonaparte entrait à Milan après
avoir traversé les vallées du Piémont et forcé les passages
de Sésia et de Tésin. Comme il entrait en libérateur dans
cette capitale, sa présence apprit aux populations que
l'armée française avait commencé les hostilités! Jusque-là
elles avaient, pour ainsi dire, ignoré les événements de
la guerre, et la marche du premier consul avait été plus

rapide que la nouvelle de ses triomphes. Le premier soin de Bonaparte fut de rétablir et d'organiser de nouveau la république cisalpine.

Cependant l'armée reçoit l'ordre de franchir le Pô ; elle se répand entre ce fleuve et l'Adda : Bergame et Crémone sont emportées ; Murat enlève de vive force le pont et la ville de Plaisance ; Lannes, digne lieutenant du premier consul, rachète par la victoire de Montebello la prise de Gênes, dont l'ennemi s'est enfin rendu maître, et où il ne trouve que des spectres affamés. Ces avantages en préparent d'autres. Mélas, généralissime autrichien, avait concentré ses troupes entre le Pô et le Tanaro ; par de savantes manœuvres il attira les Français dans les plaines voisines d'Alexandrie, entre la Bormida et le village de Marengo, et le 25 prairial (14 juin 1800) il reprit l'offensive. Son armée, forte de quarante mille hommes et étendue sur une ligne de deux lieues, déboucha par trois colonnes sur l'armée française, qui comptait à peine vingt mille combattants. Il était huit heures du matin. Le village de Marengo fut plusieurs fois pris et repris ; à la fin il resta au pouvoir de l'ennemi. Les colonnes autrichiennes s'avancèrent alors dans la plaine, manœuvrant sur les flancs de notre armée pour les envelopper et pour tourner nos positions. Quatre de nos divisions furent successivement repoussées ; l'armée française, accablée par le nombre et débordée sur ses ailes, perdait à chaque instant du terrain, et les généraux demandaient qu'on battît en retraite. Bonaparte parcourait les rangs, encourageant le soldat et affectant une confiance qu'il n'avait point : « Souvenez-vous, disait-il, que mon habitude est de coucher sur le champ de bataille. » Ces paroles soutenaient à peine le moral de l'armée. La bataille semblait perdue.

Mais l'ennemi, impatient d'envelopper nos troupes et d'obtenir une victoire décisive, avait commis la faute de trop étendre ses ailes : son centre était affaibli. Bonaparte juge l'instant favorable ; par ses ordres, le général Desaix, à la tête de la division placée en réserve, s'élance au pas de charge sur les batteries ennemies et réussit à couper la droite des Autrichiens. Cette manœuvre habile, exécutée avec audace, change l'issue de la bataille et rappelle la victoire sous nos drapeaux. La mort de Desaix redouble le courage des soldats de toute l'énergie qu'ajoute l'amour de la vengeance au désir de la gloire : de son côté, le jeune Kellermann porte sa cavalerie sur le flanc de la colonne autrichienne, la brise, la disperse et l'enveloppe tout entière ; dès cet instant la bataille est gagnée ; l'armée ennemie, prise à revers, recule à la hâte, et le nom de Marengo s'inscrit en lettres de feu et de sang dans nos fastes militaires. Cette grande bataille rendait à la France la Lombardie, le Piémont, la Ligurie et ses places fortes. Non moins heureux sur les bords du Danube, Moreau poursuivait la série de ses triomphes, et ses victoires, digne complément de celles de Bonaparte, préparent la paix de Lunéville, qui ne tarda pas à être conclue entre la France et l'Autriche, lorsque le canon de Hohenlinden eut fait trembler les remparts de Vienne.

Cependant le premier consul revenait à Paris, où l'attendait l'enthousiasme de la population. En passant à Lyon, son premier soin fut de relever les ruines de cette grande cité, dont la Convention avait voulu raser les édifices et effacer le souvenir. Bonaparte s'attachait par tous ces actes à réparer les traces de la tempête révolutionnaire, et la France, lasse de bouleversements et de misères, saluait de ses acclamations l'œuvre du jeune général. C'est vers cette époque que Louis XVIII, du fond de son exil, écrivit au premier consul les deux lettres suivantes :

Au général Bonaparte.

« Quelle que soit leur conduite apparente, des hommes
« tels que vous, Monsieur, n'inspirent jamais d'inquié-
« tudes ; vous avez accepté une place éminente, je vous
« en sais gré : mieux que personne, vous avez ce qu'il
« faut de force et de puissance pour faire le bonheur
« d'une grande nation ; sauvez la France de ses propres
« fureurs, et vous aurez rempli le vœu de mon cœur ;
« rendez-lui son roi, et les générations futures béniront
« votre mémoire. Vous serez trop nécessaire à l'État pour
« que je songe à acquitter, par des places importantes,
« la dette de mon aïeul et la mienne.

« Louis. »

« Depuis longtemps, général, vous devez savoir que
« mon estime vous est acquise ; si vous doutiez que je
« fusse susceptible de reconnaissance, marquez votre
« place, fixez le sort de vos amis. Quant à vos principes,
« je suis Français ; clément par caractère, je le serais
« encore par raison.
« Non, le vainqueur de Lodi, de Castiglione et d'Ar-
« cole, le conquérant de l'Italie, ne peut pas préférer à
« la gloire une vaine célébrité. Cependant vous perdez
« un temps précieux. Nous pouvons assurer la gloire de
« la France ; je dis nous, parce que j'aurais besoin de
« Bonaparte pour cela, et qu'il ne le pourrait pas sans
« moi.

« Général, l'Europe vous observe, la gloire attend, et
« je suis impatient de rendre la paix à mon pays.

« Louis »

Bonaparte remplissait le rôle de Cromwell; on lui pro-
posait celui de Monck, il refusa. Mais ce ne fut point
sans avoir résisté à des luttes intérieures et aux conseils
de Joséphine et d'Hortense Beauharnais : Joséphine, qui
appartenait par sa naissance à la noblesse, représentait
auprès de Bonaparte les espérances de l'émigration et
les vœux de la Vendée. Après de longues hésitations, le
premier consul répondit en ces termes au royal exilé :

Paris, 20 fructidor an VIII.

« J'ai reçu, Monsieur, votre lettre; je vous remercie
« des choses honnêtes que vous m'y dites; vous ne devez
« plus souhaiter votre retour en France : il vous faudrait
« marcher sur cent mille cadavres; sacrifiez votre intérêt
« au repos et au bonheur de la France, l'histoire vous en
« tiendra compte. Je ne suis pas insensible au malheur
« de votre famille; je contribuerai avec plaisir à l'adoucir
« et à la tranquillité de votre retraite. »

Dans une autre circonstance et pendant son consulat,
Bonaparte écrivit à Louis XVIII pour lui proposer de
renoncer en sa faveur au trône de ses ancêtres, lui faisant
les offres d'une principauté et d'un revenu considérable
pour lui et sa famille. Lorsque l'illustre exilé reçut cette
missive, il en conçut une indignation profonde; dans
son premier mouvement il fit une réponse qu'il détruisit
ensuite et qu'il remplaça par la lettre suivante :

« Je ne confonds pas monsieur Bonaparte avec ceux

« qui l'ont précédé; j'estime sa valeur et ses talents mi-
« litaires; je lui sais gré de quelques actes d'administra-
« tion, car le bien que l'on fera à mon peuple réjouira
« mon cœur.

« Mais il se trompe, s'il croit m'engager à renoncer à
« mes droits; non, certes, il les établirait lui-même,
« s'ils pouvaient être litigieux, par la démarche qu'il
« fait en ce moment.

« J'ignore les vues de Dieu sur moi et mon peuple;
« mais je connais les obligations qu'il m'a imposées;
« chrétien, j'en remplirai les devoirs jusqu'à mon der-
« nier soupir; fils de saint Louis, je saurai comme lui
« me respecter jusque dans les fers; successeur de Fran-
« çois Ier, je veux pouvoir dire avec lui : *Tout est perdu,
« fors l'honneur.*

« LOUIS. »

Bonaparte, à la réception de cette lettre si pleine de
dignité et de convenance, affecta une indifférence qui
n'était point sincère; il ne tarda pas d'ailleurs à prendre
sur le noble exilé une déplorable et sanglante revanche;
mais n'anticipons point sur les événements.

Le 3 nivôse, comme le premier consul se rendait à
l'Opéra et tournait l'angle de la rue Saint-Nicaise, une
explosion épouvantable se fit entendre; c'était un ton-
neau de poudre placé sur une charrette et que des assassins avaient fait éclater. La Providence déjoua leur
crime; par une circonstance futile, il arriva que la voiture du premier consul avait dépassé de quelques pas le
lieu de l'explosion, lorsque la machine infernale fit
sauter quelques maisons du quartier. Bonaparte dormait
lorsque la détonation se fit entendre et imprima à sa voiture une oscillation rapide; brusquement réveillé, il se

crut dans une ville prise d'assaut, et s'écria : « Nous sommes minés! » Puis il ordonna à son cocher de poursuivre sa route; comme il arrivait dans la salle du théâtre, la nouvelle de l'événement avait déjà circulé, et le public immense qui s'y trouvait rassemblé manifesta par un chaleureux enthousiasme son mépris pour les assassins et sa vive sympathie pour le premier consul.

Rien n'était perdu pour Bonaparte de ce qui pouvait favoriser son ambition ; il sentait que les complots dirigés contre sa personne fortifiaient pour lui l'assentiment du peuple, et lui donnaient de nouveaux titres à ce pouvoir qu'on lui disputait d'une manière si odieuse.

L'attentat du 3 nivôse avait coûté la vie à près de cinquante personnes; il excita dans Paris et dans la France une horreur universelle. D'abord Bonaparte s'en prit à la faction des Jacobins; sans écouter les représentations du ministre de la police, qui lui dénonçait le parti contraire comme le véritable auteur du crime, il en fit peser la responsabilité sur les républicains. Impatient d'en finir avec les hommes de ce parti, il fit rendre un sénatus-consulte par lequel cent trente individus, au nombre desquels se trouvaient quatre anciens membres de la Convention nationale, furent condamnés sans enquête à la déportation. Ces hommes n'avaient point participé au crime; mais la justice qui les frappa ne tomba pas à faux. Bonaparte l'avait dit lui-même : « Si on ne les condamne point pour l'attentat du 3 nivôse, on les condamne pour le 2 septembre et pour le 31 mai. » Quelques jours plus tard, les véritables chefs du complot furent découverts; c'étaient des agents de la contre-révolution et de l'Angleterre; ils furent à leur tour suppliciés, et les républicains déportés ne subirent pas moins leur peine.

L'instinct de Bonaparte ne l'avait point d'ailleurs entièrement trompé en lui révélant la haine des Jacobins
contre sa personne et les projets que ce sentiment pouvait
enfanter. Il est certain qu'un petit nombre de démago-
gues, voués à leur exaltation, tramaient en secret la mort
du premier consul. Comme il fallait à tout prix les épou-
vanter en faisant un exemple sévère, on accueillit avec
empressement des révélations émanées de source équivoque, et qui signalaient un complot républicain. Fouché, qui dirigeait la police et cherchait à se rendre
nécessaire, parvint à donner un corps à cette ombre de
conspiration : ses agents tendirent des piéges, se livrèrent même à des provocations, et l'on finit par mettre la
main sur un petit nombre de républicains, qu'on accusa
d'avoir voulu assassiner Bonaparte au foyer de l'Opéra.
Rien de moins prouvé que ce crime; mais il fallait à tout
prix des coupables, afin de servir les plans de Fouché et
l'ambition du premier consul. Parmi les accusés se trouvaient deux Corses, l'ex-conventionnel Arena et le sculp-
teur Ceracchi. Ils portaient à Bonaparte cette haine dont
les âmes corses ont seules le secret, et Bonaparte les re_
doutait et les détestait. Après trois jours de débats très-
animés, Arena, Ceracchi, le peintre Topino-Lebrun et
Demerville, ancien employé des Comités de Salut Pu-
-blic, furent déclarés coupables, condamnés à mort et
exécutés. L'opinion n'a voulu voir en eux que les victimes
d'une machination ténébreuse.

Vers le même temps, Bonaparte érigea la Toscane en
royaume d'Étrurie; c'était un premier essai de restauration monarchique ; toutefois, comme s'il eût voulu affai-
blir encore chez les peuples le respect des grandes races,
il confia ce trône à don Louis Ier, prince bourbon de la

maison d'Espagne, homme incapable et qui ne pouvait
que déconsidérer la royauté dont il était revêtu. Bonaparte fit venir le nouveau roi à Paris, et le peuple put à
loisir comparer ce prince décrépit et sans forces au vainqueur de Lodi et de Marengo. Le premier consul savait
bien que tout l'avantage de cette comparaison serait pour
lui; ainsi disposait-il d'avance les esprits à voir s'élever
près de l'arbre renversé des Capétiens le tronc nouveau
d'une quatrième dynastie.

Après la paix de Lunéville, il ne restait plus à la France
d'autre ennemi que la Turquie et l'Angleterre. L'Italie
septentrionale jusqu'à l'Adige était soumise aux Français;
le royaume de Naples subissait nos garnisons, et le souverain pontife donnait des gages à la république en inter-
disant l'accès de ses ports au commerce anglais..On a vu
plus haut par quelle générosité calculée Bonaparte avait
réussi à se concilier l'empereur de Russie. Déjà même les
flottes russes étaient près de se réunir aux autres marines
de la mer Baltique contre l'Angleterre, lorsqu'une escadre danoise fut surprise par l'amiral Nelson et incendiée
dans la rade de Copenhague. Quelques jours après,
l'Europe apprit avec effroi que Paul Ier avait péri à la suite
d'une conspiration dont le crime est encore un impéné-
trable secret. Cet événement plaça sur le trône de Russie
le jeune Alexandre, fils de Paul, qu'animait un sentiment profond de jalousie contre la France. L'alliance fut
rompue.

Le consulat est l'ère de la restauration sociale en France.
Une pensée d'ordre et de régénération présidait à tous les
actes de Bonaparte. Déjà il avait rouvert les portes de la
France aux proscrits de toutes les causes, et parmi eux
au général Lafayette, à Malouet, à Cazalès. Il avait rendu

à la liberté des émigrés naufragés et renfermés dans les
cachots de Ham. Sa grandeur protégeait même ses ennemis, et les vaisseaux hambourgeois furent, par ses ordres, frappés d'embargo, par cela seul que le sénat de
Hambourg avait livré aux Anglais deux Irlandais proscrits. Tronchet, l'un des défenseurs de Louis XVI, reçut
un poste dans la magistrature ; une statue fut érigée en
l'honneur de saint Vincent de Paul ; l'école Polytechnique
fut réorganisée ; les cendres de Turenne furent portées
aux Invalides ; tous les débris du grand monde d'autrefois, les noms les plus illustres et les plus divers, furent
conviés aux cercles des Tuileries, présidés par madame
Bonaparte, et recommencèrent tant bien que mal une
société nouvelle. L'ancien régime reparut en quelque sorte
avec ses plaisirs et ses frivolités populaires : les mœurs
obéissaient comme les lois à la pensée du premier consul.

Alors fut accomplie à son tour la plus grande réparation que les orages révolutionnaires eussent rendue
nécessaire à la France.

Depuis les lois votées par l'Assemblée Constituante, la
religion avait été persécutée par tous les gouvernements
qui s'étaient succédé en France ; nous avions vu les af-
freuses bacchanales connues sous le nom de Fêtes de la
Raison et de la Nature. Le fameux décret de la Convention
Nationale qui avait *proclamé* l'existence de l'Être suprême
et l'immortalité de l'âme, n'avait fait que substituer dans
nos codes le déisme à l'athéisme ; les temples n'en étaient
pas moins fermés et les prêtres proscrits. Le directeur La-
reveillère-Lépeaux imagina, pour faire un pas de plus, une
secte de théophilanthropes, dont les membres rendaient
un culte à l'Être suprême ; mais cette tentative n'avait
abouti qu'à couvrir ses auteurs de ridicule. La France

était donc sans culte public ; ce n'est pas qu'elle fût complétement délaissée sous ce rapport : des apôtres courageux bravaient les cachots et la mort. A la faveur de pieux
déguisements, ils trouvaient encore le moyen de porter
dans quelques familles les consolations de la religion ;
dans des appartements isolés, dans des greniers, dans
des souterrains, quelques fidèles, qui gardaient le secret
de ces généreuses révoltes contre la loi, se rassemblaient
autour d'un autel élevé à la hâte ; alors des prêtres dévoués célébraient les saints mystères, et la prière montait
encore vers Dieu sur cette terre de France abreuvée du
sang de tant de martyrs. Cet état de proscription eut un
terme ; Bonaparte, pour consommer la restauration politique dont il préparait les bases, avait besoin d'une
restauration religieuse. Le moment paraissait favorable.
Le pape Pie VI, vieillard vénérable, mort dans l'exil à
Valence, avait été remplacé par l'ancien évêque d'Imola,
le cardinal Chiaramonti, qui avait pris le nom de Pie VII.

Le premier consul ouvrit des négociations avec le nouveau pontife, et Rome tressaillit d'espoir en voyant la
France se tourner vers la croix.

Dès le 26 messidor an ix, un concordat avait été signé
avec le saint-siége. Le 18 germinal an x, ce pacte reçut
la sanction des pouvoirs législatifs, et fut proclamé loi de
l'État ; son premier effet fut de rétablir l'exercice du
culte et de déterminer les rapports de la république avec
l'Église. Cette loi renfermait de graves lacunes, et le
souverain pontife fut dans la nécessité de faire des concessions pénibles qui lui furent, pour ainsi dire, arrachées par la crainte de voir la France persister dans le
déplorable état d'où le concordat pouvait la retirer. Rome
se trouvait aux prises avec un parti encore puissant en

France, et fort disposé à perpétuer le schisme constitutionnel, pour peu que le souverain pontife se montrât
trop exigeant. Il fallait donc accorder, autant que le permettaient les canons de l'Église catholique, tout ce que
réclamait le premier consul. Au surplus, Bonaparte n'était
point libre lui-même de céder du terrain. Les générations qui peuplaient la France étaient encore imbues si
profondément des maximes du xviiie siècle, et de la
désolante incrédulité que la philosophie avait mise en
honneur, qu'elles se refusaient à renouer des rapports
que la persécution avait violemment interrompus. La
jeunesse, formée depuis quinze ans dans les camps ou
dans les saturnales révolutionnaires, n'avait reçu aucun
enseignement qui lui rappelât le culte de ses pères, et lui
fît sentir le besoin de reprendre le chemin du temple si
longtemps oublié. Tous les éléments révolutionnaires sur
lesquels Bonaparte avait assis son pouvoir, et qu'il ne se
trouvait point en mesure de comprimer, se réveillèrent
donc avec énergie lorsqu'il fut question de rendre à Dieu
les hommages qu'on lui avait si longtemps disputés.
Pour donner une idée du délire de cette époque et de
l'incroyable puissance qu'exerçait l'athéisme, il suffira
de rappeler qu'un membre de l'Institut, Bernardin de
Saint-Pierre, ayant osé, en pleine séance, présenter
Dieu comme l'auteur de je ne sais quelle harmonie naturelle dont il signalait les avantages, fut accueilli par
une explosion de murmures et par de violentes menaces;
on lui demanda s'il avait vu Dieu, comment Dieu était
fait. Il fallait donc à Bonaparte beaucoup de hardiesse
et de courage pour entreprendre de réhabiliter, dans
les lois et dans les mœurs dépravées, une religion que
toutes ces tentatives criminelles en avaient pour ainsi

dire chassée; sa vie même fut plus d'une fois menacée
par les énergumènes qui l'accusaient de fanatisme, et
qui se révoltaient contre la seule idée du rétablissement
du culte; il dut mettre en œuvre toute la force de cette
volonté qu'on ne pouvait braver impunément, pour contraindre la plupart de ses généraux et de ses compagnons d'armes à le suivre à la cérémonie qui eut lieu à
l'église de Notre-Dame pour inaugurer ce grand événement. Augereau et Lannes ne cédèrent, pour ainsi dire,
que devant la menace d'un conseil de guerre. Il faut reconnaître d'ailleurs que ces sentiments hostiles n'étaient
point partagés par l'unanimité de la population; dans
cette vieille ville de Paris il se trouvait, en dehors des
pouvoirs publics, de l'armée et de la foule délirante, un
peuple d'élite qui avait conservé pieusement dans son
cœur les souvenirs et le respect des saints mystères;
ceux-là applaudirent à Bonaparte lorsqu'il eut la conso-
lante pensée de relever les autels. Mais ce fut surtout
dans le reste de la France, au sein de ces provinces que
les excès de l'impiété avaient épouvantées sans les corrompre, que la reconnaissance fut sincère et profonde;
les peuples s'unissaient aux ministres du Seigneur pour
appeler la bénédiction de Dieu sur la tête de l'homme
que, dans son langage figuré, le clergé comparait à
Cyrus.

Si le parti philosophique fut consterné en apprenant
que la France était enfin réconciliée avec l'Église, il sut
gré au gouvernement d'avoir fait ses réserves contre
Rome en promulguant, sous le titre de loi organique des
cultes, une série de dispositions qui atténuaient de beaucoup la joie des chrétiens et l'indépendance du clergé. On
fit revivre avec soin, dans ces articles organiques, toutes

les traditions des anciens parlements et toutes les entraves
que l'ancienne monarchie, avant et depuis Louis XIV,
avait opposées au développement de l'Église de France,
sous prétexte d'assurer sa liberté.

Ni le pape ni les évêques ne furent consultés pour l'a-
doption de ces mesures, au nombre desquelles il s'en
trouve une qui interdit aux évêques le droit de corres-
pondre entre eux et de se concerter, une autre qui
subordonne à l'autorisation du gouvernement la publi-
cation et l'exécution de tout acte de la cour de Rome,
d'autres enfin qui créent pour les ecclésiastiques un délit
spécial, l'*abus*, et qui, soit défiance, soit prévention,
restreignent, limitent, dénaturent même d'une manière
grave les concessions faites à l'Église par la convention
du 26 messidor an ix, conclue entre le premier consul
et le pape, et revêtue de la sanction légale par les pouvoirs législatifs. Le pape protesta contre ces dispositions
prises en dehors de son consentement dans des matières
ecclésiastiques; mais le gouvernement maintint, sauf
quelques modifications, la loi organique du 18 germinal
an x, actuellement encore invoquée et appliquée comme
loi de l'État.

Le concordat fut inauguré à Notre-Dame le jour de
Pâques, au bruit de l'artillerie et au son mille fois répété
de ces cloches que la révolution avait fait taire pendant
dix ans. Le premier consul, à l'occasion de cette cérémonie, affecta de s'entourer d'un cortége presque royal;
ses voitures furent les anciens carrosses du roi, et l'orateur
désigné pour monter dans la chaire fut ce même archevêque qui avait prononcé à Reims le serment du sacre
devant Louis XVI.

Le jour même de cette mémorable solennité, l'Angle-

terre, se trouvant enfin réduite à ses propres ressources,
signa à Amiens le célèbre traité de paix qui fut de si
courte durée, mais qui sembla ouvrir pour la France et
pour l'Europe une ère brillante de prospérité et de repos.
La république française avait dès lors pris place dans la
grande famille des puissances; elle le devait au génie de
son chef.

Le premier consul continua ses efforts, si heureusement commencés pour relever pierre à pierre l'édifice
social; les derniers des chefs royalistes vendéens et bre-
tons s'étaient soumis ou avaient quitté la France. Le
premier consul fit abolir les lois sanguinaires qui avaient
été portées contre l'émigration; la plupart de ceux d'entre
les nobles qui avaient quitté le territoire, pour se soustraire aux fureurs de la guillotine, obtinrent la permission de rentrer, et ceux de leurs biens dont on n'avait
point encore disposé leur furent rendus. Cette nouvelle réparation, dont se trouvèrent exclus les princes de
l'ancienne famille royale et un petit nombre d'hommes
qui s'étaient plus particulièrement compromis dans les
guerres civiles, porta les plus heureux fruits pour la tranquillité et l'ordre. Le premier consul s'occupa ensuite de
faire coordonner les lois que les assemblées nationales
avaient rendues pour régler l'état des personnes, les droits
de la propriété et les obligations civiles; ces lois, qui furent revisées et refondues en conseil d'État sous la présidence de Bonaparte, furent rassemblées dans un même
code qui porta plus tard le nom de Napoléon; elles constituèrent l'ensemble le plus complet des dispositions légales
qui aient jamais formé la base du droit régulier d'un peuple; c'est ce même code qui, sauf quelques modifications,
régit aujourd'hui la France; il porte encore l'empreinte

de l'époque où il fut promulgué : c'est une pensée de matérialiste qui respire dans ses dispositions ; c'est une pensée révolutionnaire qui, dans cette même loi, a si gravement altéré les deux premières bases de la société : la propriété et la famille.

Bonaparte envoya, sous les ordres du général Leclerc, son beau-frère, l'armée d'Allemagne, victorieuse à Hohenlinden, faire la guerre aux nègres qui s'étaient révoltés dans notre colonie de Saint-Domingue ; mais cette nouvelle entreprise ne fut point heureuse, et la république d'Haïti, plus secondée dans cette lutte par l'influence maligne de son climat que par le courage de ses habitants, rendit inutiles les efforts de la mère patrie. La fièvre jaune fit périr notre armée, et l'on ne gagna à cette expédition que la prise du vieux chef mulâtre Toussaint-Louverture : cet homme, qui de la condition de gardeur de bestiaux s'était élevé au rang suprême et tenait Saint-Domingue sous son joug de fer, fut enfermé dans une prison d'État, et mourut, par l'effet du chagrin et du climat, quelques mois après son arrivée en France. Sur cinquante mille hommes qui avaient pris part à cette désastreuse campagne, il en survécut deux mille cinq cents valides et six mille malades, dont les deux tiers moururent en revenant en France. Au nombre des morts se trouva le général Leclerc, commandant de l'armée.

Ce fut pour la France une grande perte que celle de l'élite de ses troupes, ainsi décimées loin de la mère patrie et par une mort sans gloire. Bonaparte, en ordonnant la guerre de Saint-Domingue et en la confiant à un général dont l'unique mérite était d'appartenir à sa famille, fit preuve d'une coupable insouciance ou d'une folle présomption. Mais tant d'espérances s'étaient ralliées à lui, que l'opinion publique, si facile à décevoir, se montra peu émue des funestes résultats de cette expédition. Le bruit de nos triomphes sur le continent empêchait de parvenir jusqu'à nous les plaintes et les soupirs des compagnons de Moreau et de Latour d'Auvergne; la France se consolait d'ailleurs d'avoir perdu une colonie lointaine en ajoutant à son territoire la république Cisalpine (ancien royaume du Piémont), qui forma au delà des Alpes six nouveaux départements; elle s'était en outre agrandie de l'île d'Elbe, et avait occupé les principautés de Parme et de Plaisance. Mais plus elle se montrait puissante sur le continent, plus elle soulevait contre elle la jalousie et les inquiétudes de l'Angleterre. Cette dernière nation ayant refusé, malgré les stipulations du traité d'Amiens, de rendre Malte à la France, la guerre fut de nouveau déclarée, et d'immenses préparatifs furent faits pour porter le théâtre des hostilités dans le cœur même de la Grande-Bretagne.

Le 22 mai 1803, un statut des consuls prescrivit d'arrêter tous les Anglais commerçant ou voyageant en France, et de les constituer prisonniers de guerre. L'histoire des nations civilisées n'offre point d'exemple d'une semblable atteinte portée au droit des gens; ce fut l'acte d'une tyrannie sauvage, d'autant plus odieux, que peu de jours auparavant les Anglais résidants à Paris avaient été l'objet des prévenances du gouvernement français. Bonaparte, pour justifier cette violence, allégua que l'Angleterre avait capturé sur les mers les vaisseaux de commerce appartenants aux particuliers, pendant qu'il naviguaient sur la foi du traité d'Amiens. Sans doute c'était là aussi un attentat contre le droit des nations, mais l'honneur de la France ne lui permettait pas d'exercer des représailles.

Quelques jours après, Mortier envahit le Hanovre, et un traité d'alliance défensive fut signé, le 27 septembre, entre la France et la Suisse. L'Espagne et le Portugal consentirent à demeurer neutres, et la Russie fit offrir sa médiation, qui fut refusée par l'Angleterre.

La puissance de Bonaparte se fortifiait tous les jours; il n'y avait pas encore deux ans qu'il avait été investi du consulat, lorsqu'un sénatus-consulte prorogea de dix ans entre ses mains cette magistrature populaire. « La fortune a souri à la république, répondit-il au message du sénat, mais la fortune est inconstante; eh! combien d'hommes qu'elle avait comblés de sa faveur ont vécu trop de quelques années! L'intérêt de ma gloire et celui de mon bonheur sembleraient avoir marqué le terme de ma vie publique au moment où la paix du monde est proclamée. Mais vous jugez que je dois au peuple un nouveau sacrifice : je le ferai si le bien du peuple me commande ce que votre suffrage autorise. »

Deux mois plus tard, aux termes d'un décret du sénat, Bonaparte fut proclamé consul à vie; ce sénatus-consulte avait été soumis à la sanction du peuple : sur 3,557,885 votants, 3,368,259 s'étaient prononcés pour l'affirmative. « La vie d'un citoyen est à la patrie, répondit le premier consul au président du sénat; le peuple français veut que la mienne tout entière lui soit consacrée ; j'obéis à sa volonté. La liberté, l'égalité, la prospérite de la France seront assurées... Le meilleur des peuples sera le plus heureux... Content alors d'avoir été appelé par l'ordre de celui de qui tout émane à ramener sur la terre l'ordre et l'égalité, j'entendrai sonner la dernière heure sans regret. »

Par ce même décret, qui porte la date du 16 thermidor

an x, le sénat complaisant apportait de graves modifications aux lois organiques de la France. Bonaparte, premier consul à vie, fut investi des droits les plus exorbitants; le tribunat fut réduit à cent membres, le corps
législatif à deux cent cinquante - huit, le peuple n'intervenait plus dans les affaires; de sa souveraineté, inaugurée
au 14 juillet 1789, il ne lui restait plus qu'un lambeau,
et ce dernier débris même lui fut arraché.

Des écharpes, des fusils, des sabres d'honneur avaient
été réservés dans l'armée aux actes éclatants de bravoure.
Ce mode de récompense ne suffisait plus à l'instinct monarchique de Bonaparte; un ordre de chevalerie fut proposé: c'était l'institution fameuse de la Légion d'honneur,
le germe d'une nouvelle noblesse. Cette autre usurpation, tentée contre les principes républicains, fut prématurée; elle souleva de graves mécontentements, et
Bonaparte, qui savait au besoin attendre, différa d'un
petit nombre d'années le moment où il en tirerait parti.

Les États soumis à ses lois dépassaient de beaucoup
par leur étendue la vieille France de Louis XIV. Bornés
au nord par le Rhin, ils s'appuyaient au midi sur les
États du pape et la Toscane. La Lombardie formait une
république italienne, vassale de la république française,
et Bonaparte en avait été proclamé président par une
consulta convoquée à Lyon. Le royaume d'Étrurie était
un grand fief qui rendait hommage au premier consul.
Sur la frontière de l'est, la Suisse avait gardé le dépôt
de son indépendance nationale; elle portait ombrage à
Bonaparte; par ses ordres, une armée de trente mille
hommes, commandée par le général Ney, entra dans ce
pays, et lui imposa, sans éprouver la moindre opposition,
un nouvel acte fédératif qui rattachait sa fortune au gou-

vernement français. Le premier consul se déclara médiateur de la confédération suisse.

Cependant la rupture avec la Grande-Bretagne portait ses fruits. Depuis l'embouchure de l'Elbe, sur les confins du Danemark, jusqu'au détroit de Sicile et au port de Tarente, Bonaparte avait fermé le rivage aux Anglais; par ses ordres on s'occupa avec une prodigieuse activité de préparer une descente sur les côtes de la Grande-Bretagne. Le point de départ de cette expédition fut la ville de Boulogne; toute la face de la France que baigne la Manche et la mer du Nord se trouva hérissée d'artillerie et couverte de légions. L'Angleterre, de son côté, émue jusqu'au cœur par le sentiment du danger, couvrait la mer de ses vaisseaux et se levait tout entière pour combattre la France dans une nouvelle bataille de Hastings. Afin de prévenir les tentatives que l'Angleterre ne manquerait pas de faire du côté de la Vendée, Bonaparte eut la courageuse pensée de se confier au patriotisme des Vendéens : des hommes qui avaient survécu aux immolations de Quiberon et aux massacres de Nantes, il forma une légion, qui répondit par sa loyauté et son dévouement à la confiance du premier consul. Ces événements remplirent l'année 1803 et les premiers mois de l'année suivante.

Une conspiration s'était formée contre les jours du premier consul; elle avait été ourdie en Angleterre et avait à sa tête l'ancien chouan Georges Cadoudal, homme intrépide et dévoué en aveugle aux opinions royalistes. Cette tentative fut découverte par la police. Cadoudal fut arrêté avec ses principaux complices, au nombre desquels on trouva moyen d'impliquer Moreau et Pichegru. Peu de jours après, ce dernier fut trouvé mort dans sa

prison; on accusa le premier consul de l'avoir fait étran-
gler; l'histoire ne parviendra jamais à éclaircir les ténè-
bres de cette mort, et la seule justification qu'on puisse
alléguer en faveur de Bonaparte, c'est qu'il n'avait pas
besoin de ce crime, la trahison de Pichegru était manifeste. On dit que le premier consul essaya de déterminer
la cour de justice à prononcer la condamnation de Moreau, promettant de lui faire grâce. « Eh ! qui nous la
donnera, à nous, notre grâce? » répondit un des courageux magistrats dont il avait fait sonder les intentions.
Les accusés se défendirent avec énergie; il parut évident
que, si le complot était réel, la police de Bonaparte avait
fait beaucoup pour lui donner une grande extension,
afin de concilier au premier consul une plus grande
somme de popularité. Georges Cadoudal fit preuve d'une
fermeté inébranlable; mais l'opinion publique se montra
surtout favorablement disposée pour Moreau; on sentait
que Bonaporte voulait à tout prix se débarrasser d'un rival dont la gloire lui faisait ombrage. Le peuple de Paris
attendait donc avec une vive anxiété l'arrêt qui allait
intervenir. Moreau fut déclaré coupable d'avoir écouté
des propositions de complot, et condamné à deux ans de
prison, que Bonaparte convertit à deux années d'exil.
Vingt autres accusés, et parmi eux Georges Cadoudal,
furent condamnés à mort; mais déjà une tête plus illustre
avait servi de marchepied à l'ambition de Bonaparte.

Le premier consul, au milieu des embûches que dres-
sait contre lui l'Angleterre, n'entendait parler que de
conspirations; cette situation habituait son esprit à de
farouches pensées; il attendait un instant propice pour
rendre à ses ennemis sang pour sang; d'un autre côté,
avant de monter sur le trône, objet de ses vœux, il

voulait donner un gage terrible aux républicains et
placer entre lui et les Bourbons l'abîme infranchissable
d'une tombe. Ayant appris que l'héritier de la race des
Condé, le duc d'Enghien, résidait à Ettenheim, dans le
grand-duché de Bade, au milieu d'un cercle d'émigrés,
et des rapports de police lui annonçant qu'un prince français était l'âme des projets dirigés contre sa personne, il
conçut la résolution funeste de frapper un coup qui
portât l'épouvante dans la cour de Londres, et consolât,
en les rassurant, les assassins de Louis XVI. En conséquence, il donna l'ordre d'enlever le duc d'Enghien sur
le territoire étranger. Cet infortuné prince, quoi qu'on
ait pu dire, n'entretenait aucune intelligence avec les
conspirateurs de Paris et de Londres; il n'aspirait qu'à
prendre les armes loyalement dans une nouvelle guerre,
et à sortir du repos auquel la paix l'avait condamné. Sa
prétendue complicité avec Georges fut imaginée plus
tard par Bonaparte, en proie aux remords et redoutant
la justice des siècles. Le duc d'Enghien avait l'âme trop
noble pour s'associer à un assassinat. Au moment où Bonaparte faisait son plan pour assurer l'enlèvement du duc
d'Enghien, le conseiller d'État Réal, chargé de la police,
entra dans son cabinet : « Eh quoi! lui dit le premier
consul, vous ne me dites point que le duc d'Enghien est
à quatre lieues de ma frontière, organisant des complots
militaires... Suis-je donc un chien qu'on peut assommer
dans la rue?... tandis que mes meurtriers seront des êtres
sacrés! On m'attaque au corps, je rendrai guerre pour
guerre! » Il ajouta : « Je saurai punir leurs complots; la
tête du coupable m'en fera justice. »

Le second consul Cambacérès, le même qui dans le
procès de Louis XVI avait voté la mort du roi, prit alors

la parole, et demanda que le duc d'Enghien fût traité avec moins de rigueur. Pour toute réponse, Bonaparte le mesura des yeux, et lui adressa cette apostrophe amère : « Vous êtes devenu bien avare du sang des Bourbons. »

Après une conférence à laquelle étaient présents les trois consuls, le grand juge, Talleyrand et Fouché, le premier consul donna l'ordre d'enlever le duc d'Enghien. Ce fut le général Ordener qui reçut la mission de se rendre sur le Rhin, et d'y donner à la gendarmerie les ordres nécessaires pour l'arrestation du prince. Le malheureux duc, mal protégé par le droit des gens, fut arrêté dans la nuit du 15 mars. On le transféra dans la citadelle de Strasbourg, puis à Vincennes, où il arriva le 20 mars, à sept heures du soir : le concierge du fort avait déjà reçu l'ordre de faire creuser une fosse. Le prince était mourant de faim et de froid. A peine avait-il pris une nourriture grossière et s'était-il couché, que ses gardes le firent lever et le traînèrent, au milieu de la nuit, devant un conseil de guerre. Le jugement, *rédigé d'avance*, et dont on ne se donna point la peine de remplir les blancs, énonçait six chefs d'accusation pour la forme. Après avoir subi quelques interpellations dures et dérisoires, le prince fut déclaré coupable sur tous les points, et condamné à mort. Ainsi l'avait prescrit Bonaparte. Vainement l'héritier des Condé demanda-t-il une audience du premier consul ; elle lui fut refusée. Aucun témoin ne fut entendu, aucune preuve ne fut éclaircie. Comme il était cinq heures, les soldats s'emparèrent du prince et le firent descendre à l'étage inférieur. « Me conduirait-on dans un cachot ! » s'écria le duc en tressaillant à la seule pensée de cet outrage. On le conduisait dans les fossés de

Vincennes, où il devait être fusillé... Comme un brouillard épais ne permettait pas de le distinguer, on attacha une lanterne sur son cœur! Le duc d'Enghien, résigné à son sort, recommanda son âme à Dieu, et tomba percé de plusieurs balles. Le général Murat avait présidé à ce meurtre. Lorsqu'au point du jour la capitale apprit en même temps le jugement et le supplice de l'héritier des Condé, elle fut saisie d'une morne stupeur. Le nom du premier consul et celui de la victime étaient répétés tout bas au milieu d'une horreur mêlée d'épouvante. On avait honte pour Bonaparte d'un événement qui flétrissait sa gloire ; on se demandait où s'arrêterait cette tyrannie inaugurée par un lâche assassinat.

Cette tyrannie avait à passer par de nouveaux degrés avant d'atteindre son terme extrême ; si le meurtre du duc d'Enghien n'avait inspiré que la pitié ou l'effroi ; si, selon l'expression d'un des courtisans de Bonaparte, cet événement avait été *plus qu'un crime, une faute,* les dangers que la conspiration de Cadoudal avait fait courir au premier consul étaient habilement exploités par les partisans de ce dernier ; on insinuait à toutes les classes de la société, au peuple, à l'armée, à la magistrature, à tous les corps constitués, que la France était exposée à une ruine prochaine; qu'il suffisait du poignard d'un assassin pour la replonger dans les misères de l'anarchie ; qu'un pouvoir électif plaçait sans cesse une nation de quarante millions d'âmes à la merci du délire d'un obscur fanatique; que le seul gage de stabilité et d'avenir devait être l'hérédité royale; que la république n'était qu'un accident historique, une situation transitoire dont il fallait au plus tôt sortir, si on voulait consolider les principes de la révolution de 1789 sans en renouveler les ca-

lamités et les horreurs. Le *Moniteur* était plein d'adresses
émanées des régiments, des tribunaux et des assemblées
municipales, et qui toutes suppliaient le premier consul
de ne point hésiter davantage à accepter l'hérédité du
pouvoir suprème, et à sauver la France en se déclarant
le chef d'une quatrième dynastie. Il faut le dire, d'ailleurs, ces manœuvres, bien qu'elles fussent dictées par
une servilité complaisante, n'en correspondaient pas
moins à des besoins sentis; aussi les corps législatifs ne
voulurent-ils pas rester en arrière de ce mouvement. Dans
les premiers jours du mois de floréal an xii (30 avril
1804), le citoyen Curée, membre du tribunat, présenta
à ce corps la proposition de nommer empereur le premier
consul, et de fixer l'hérédité dans sa famille; ce fut à qui
monterait à la tribune pour appuyer cette grande motion : un seul homme osa élever une dernière protestation en faveur de la liberté républicaine : ce fut le régicide Carnot, qui avait été, au Comité de Salut Public,
le complice de Robespierre et de Couthon. Aussi hardi que
ces hommes que Tacite appelle les derniers des Romains,
il vota contre le rétablissement de la monarchie, en pro-
nonçant ces paroles, qui furent comme le dernier soupir
de la république : « La liberté fut-elle donc montrée à
l'homme pour qu'il ne pût jamais en jouir? fut-elle sans
cesse offerte à ses vœux comme un fruit auquel il ne peut
porter la main sans être frappé de mort? »

Peu de jours après, le corps législatif s'associa au vœu
du tribunat; le sénat le ratifia à son tour, et rendit,
le 28 floréal an xii, un sénatus-consulte organique qui
« confiait le gouvernement de la république à Napoléon
« Bonaparte, empereur héréditaire. » L'œuvre de l'ambition de cet homme était enfin consommée.

CHAPITRE IV.

AVÉNEMENT A L'EMPIRE. — SACRE. — CAMPAGNE D'AUTRICHE, DE PRUSSE
ET DE POLOGNE. — PAIX DE TILSITT.

« Tout ce qui peut contribuer au bien de la patrie est
essentiellement lié à mon bonheur ; j'accepte le titre que
vous croyez utile à la gloire de la nation. Je soumets à
la sanction du peuple la loi de l'hérédité ; j'espère que
la France ne se repentira jamais des honneurs dont elle
environnera ma famille. Dans tous les cas, mon esprit
ne sera plus avec ma postérité, le jour où elle cesserait
de mériter l'estime et la confiance de la grande nation. »

Ainsi parla Napoléon lorsque le président du sénat,
Cambacérès, lui présenta à Saint-Cloud le sénatus-consulte du 28 floréal. Voici par quelles autres paroles
Louis XVIII, du fond de son exil, protesta contre le
même décret :

« En prenant le titre d'empereur, en voulant le rendre
« héréditaire dans sa famille, Bonaparte vient de mettre
« le sceau à son usurpation. Le nouvel acte d'une ré-
« volution où tout, dans l'origine, a été nul, ne peut
« sans doute infirmer mes droits ; mais, comptable de ma
« conduite à tous les souverains, dont les droits ne sont
« pas moins lésés que les miens, et dont les trônes sont
« tous ébranlés par les principes dangereux que le sénat
« de Paris a osé mettre en avant ; comptable à la France,
« à ma famille, à mon propre honneur, je croirais tra-
« hir la cause commune en gardant le silence en cette
« occasion. Je déclare donc (après avoir au besoin re-
« nouvelé mes protestations contre tous les actes illégaux
« qui, depuis l'ouverture des états généraux de France,
« ont amené la crise effrayante dans laquelle se trouvent
« la France et l'Europe), je déclare, en présence de tous
« les souverains, que, loin de reconnaître le titre impé-
« rial que Bonaparte vient de se faire déférer par un corps
« qui n'a pas même d'existence légale (le sénat), je pro-
« teste contre ce titre et contre tous les actes subséquents
« auxquels il pourrait donner lieu. »

A peine une quatrième dynastie était-elle sur le pavois,
qu'aussitôt des décombres de la république s'élève,
comme par enchantement, une cour splendide, avec son
connétable, son grand électeur, son archi-chancelier,
son archi-trésorier, ses chambellans, ses écuyers et ses
pages. Le titre de maréchal de l'empire est conféré à dix-
huit généraux issus de la révolution ; ce sont Berthier,
Murat, Moncey, Jourdan, Masséna, Augereau, Bernadotte, Soult, Brune, Lannes, Mortier, Ney, Davout,
Bessières, Kellermann, Lefebvre, Pérignon et Sérurier ;
les évèques saluent par de nombreux mandements l'avé-

nement à l'empire, et peut-être le bonheur qu'ils ressentent en voyant le nouvel ordre de choses garantir la paix à la religion leur fait-il trop perdre de vue que *le nouveau Cyrus, le nouveau Mathathias, le nouveau Josaphat*, n'a voulu se servir de l'autel, comme de la tombe sanglante du duc d'Enghien, que pour en faire une base plus sûre à sa puissance.

Cependant l'empereur signale par un acte de clémence le premier moment de son règne. Georges Cadoudal attendait la mort avec ses complices, au nombre de vingt, parmi lesquels on comptait Armand de Polignac, le marquis de Rivière, Bouvet de Lozier, le général Lajolais, Russilion, Rochelle, Gailliard et Charles d'Hozier. L'impératrice Joséphine joignit ses larmes à celles de madame de Polignac: « Je puis pardonner à votre mari, dit Napoléon, car c'est à ma vie qu'on en voulait. » La grâce d'Armand de Polignac fut prononcée. Madame Murat se chargea de celle de M. de Rivière, et l'obtint. Le général Rapp, aide-de-camp de Napoléon, alla à Saint-Cloud solliciter celle de Russilion; il réussit comme madame Murat. L'empereur remit encore leur peine à cinq autres; ainsi huit des conjurés échappèrent à l'échafaud. Georges, n'ayant pas voulu demander sa grâce, périt avec douze autres conjurés. Napoléon commua la détention prononcée contre Moreau en un exil aux États-Unis.

Une loi de l'an x avait créé l'ordre de la Légion d'honneur: Napoléon, qui se souciait peu désormais de froisser les susceptibilités révolutionnaires, songea enfin à distribuer solennellement les croix et les cordons de cette nouvelle chevalerie. Comme par un défi jeté aux idées de 1789, l'empereur choisit l'anniversaire de la prise

de la Bastille pour inaugurer cette institution monarchique. La fête eut lieu sous le dôme des Invalides. Pour
la première fois depuis leur avénement au trône, l'empereur Napoléon et l'impératrice Joséphine se montrèrent au peuple, à la tête d'un cortége déjà digne des
Césars. Un des premiers soins de l'empereur avait été de
rétablir toutes les formules d'étiquette de l'ancienne cour
des Bourbons.

Napoléon partit ensuite pour Aix-la-Chapelle; cette
vieille résidence de Charlemagne, qui n'était plus pour
l'Europe moderne que le chef-lieu du département de la
Roër, retrouva pour quelques heures son antique splendeur et son importance historique. Napoléon y reçut
pour la première fois l'ambassadeur de l'empereur d'Autriche; c'était comme la reconnaissance de ce fait, que
l'empire français, sous la dynastie de Bonaparte comme
sous celle de Charles le Grand, était devenu l'empire
d'Occident, le Saint-Empire. Bientôt tous les gouvernements catholiques saluèrent à leur tour Napoléon du titre
impérial.

Le 10 frimaire (1er décembre), le sénat présenta à Napoléon le plébiscite qui reconnaissait l'hérédité de la dignité impériale dans sa famille. Soixante mille registres
avaient été ouverts dans les départements : leur dépouil-
lement constata trois millions cinq cent vingt-un mille
votes en faveur de l'empire, et seulement deux mille cinq
cent soixante-dix-neuf suffrages négatifs. « Je monte au
trône, dit Napoléon au sénat, au trône où m'ont appelé
les vœux unanimes du sénat, du peuple et de l'armée,
le cœur plein du sentiment des grandes destinées de ce
peuple que, du milieu des camps, j'ai le premier salué du nom de grand. Depuis mon adolescence, mes

pensées tout entières lui sont dévolues... *Mes descendants
conserveront longtemps ce trône.* •

Napoléon, ayant sans cesse devant les yeux l'exemple
de ce même Charlemagne, dont nous venons de prononcer le nom, voulut, comme lui, mais sans imiter sa munificence pour l'Église, ajouter à ses droits impériaux la
consécration du souverain pontife. Dès son avénement à
l'empire, il avait fait présent au pape Pie VII du brick
le Saint-Pierre; quelques mois plus tard il demanda
au saint-père de venir à Paris, comme autrefois le pape
Étienne, oindre de l'huile sainte la tête du fondateur
d'une nouvelle dynastie. Le pape hésita longtemps; mais
n'écoutant que les intérêts de l'Église en souffrance, il
consentit enfin à se rendre au vœu de l'empereur; il traversa donc la France, où la présence d'un souverain
pontife était, depuis le moyen âge, un spectacle inaccoutumé : les peuples s'étonnèrent de l'involontaire respect dont les saisissait la vue de ce pauvre vieillard, débile de corps, courbé sous les années, et que le monde
catholique saluait du nom de vicaire de Jésus-Christ.

L'empereur se rendit à Fontainebleau pour y recevoir
lui-même le pape. Pie VII, à son arrivée à Paris, occupa
un logement aux Tuileries; par suite d'une attention
délicate de Napoléon, la chambre qu'occupa Sa Sainteté
était distribuée et meublée absolument de la même manière que celle qu'elle occupait à Rome, au Monte-Cavallo, sa résidence habituelle.

Pie VII avait la figure empreinte du double caractère
de la noblesse et de la bonté; on remarqua, pendant son
séjour à Paris, qu'il parlait peu, mais toujours avec
dignité : indulgent pour les autres, il usait pour lui,
selon la coutume des saints, d'une rigueur extrême; il

dinait seul et ne buvait que de l'eau. Dans les intervalles que ses occupations laissaient libres, il visitait les églises et les monuments publics, et partout sur son passage il trouvait une multitude nombreuse agenouillée pour recevoir ses bénédictions. On remarqua surtout qu'à l'exemple de notre divin maître, qui a prononcé cette parole : « Laissez venir à moi les petits enfants, » le pieux successeur de saint Pierre se plaisait à bénir et à caresser les enfants que leurs mères venaient lui présenter, ou qu'il distinguait lui-même dans la foule. Il était vêtu d'une soutane blanche et sans ornements. Comme il visitait l'imprimerie royale, le directeur de ce vaste établissement lui fit hommage d'un volume qu'il venait de faire imprimer en sa présence. Ce même jour, il se trouva dans la foule un jeune homme du peuple qui s'obstina à garder son chapeau sur la tête devant le saint père ; les spectateurs, indignés, se préparaient à faire justice de cette insolence ; mais Pie VII retint ce mouvement spontané, et, s'approchant de celui dont l'obstination causait ce scandale, il lui dit d'un ton paternel : « Découvrez-vous, jeune homme, pour que je vous donne ma bénédiction ; la bénédiction d'un vieillard n'a jamais porté malheur à personne. » Et celui à qui s'adressaient ces paroles, vaincu par tant de charité, s'inclina avec respect.

Le 11 frimaire an XIII, sous les voûtes de la vieille cathédrale de Paris, étincelante de feux et d'or, eut lieu la cérémonie imposante du sacre. Dès neuf heures du matin, le pape sortit des Tuileries dans une voiture à huit chevaux, surmontée d'une tiare et des attributs de la papauté, pour se rendre à l'église Notre-Dame. Une heure après, l'empereur et l'impératrice suivirent la

même route : le couple impérial occupait une voiture
éclatante d'or et de peintures précieuses , conduite par
huit chevaux de couleur isabelle et richement caparaçonnés. Napoléon et Joséphine étaient revêtus d'ornements
magnifiques et qui rappelaient le costume pittoresque du
moyen âge. Le manteau du sacre était de velours cra-
moisi, parsemé d'abeilles d'or, doublé de satin blanc et
d'hermine. Jamais , aux jours même des splendeurs de
Louis XIV et de François Ier, les yeux n'avaient été éblouis
par une si grande pompe et par un si prodigieux amas
d'or et de pierreries. Le nombre des spectateurs s'élevait
à près de cinq cent mille, tant sur le passage du cortége
que dans la cathédrale et sur le faite des toits. Le temps,
qui avait été nébuleux toute la matinée, s'éclaircit tout à
coup au moment où l'empereur parut sur le parvis de
Notre-Dame , et la foule crut reconnaître à ce signe un
présage favorable. L'empereur et le peuple avaient déjà
cru remarquer qu'un beau soleil avait coutume d'éclairer
les fêtes données en l'honneur de Napoléon, et il attachait à cette circonstance une idée superstitieuse. Le pape
sacra Napoléon et Joséphine en présence des princes de
la maison impériale, des membres du sacré collége, des
prélats français, de tous les ordres de l'État, du corps
diplomatique et d'une députation de la république italienne. Après avoir fait la triple onction , il adressa au
Ciel l'oraison suivante : « Dieu tout-puissant, qui avez
« établi Azaël pour gouverner la Syrie, et Jehu roi d'Is-
« raël , en leur manifestant vos volontés par l'organe
« du prophète Élie ; qui avez également répandu l'onc-
« tion sainte des rois sur la tête de Saül et de David par
« le ministère du prophète Samuel, répandez par mes
« mains les trésors de vos grâces et de vos bénédictions

« sur votre serviteur Napoléon, que, malgré notre indi-
« gnité personnelle, nous consacrons aujourd'hui empe-
« reur en votre nom. »

Prenant alors la couronne des mains du saint-père , Napoléon la posa sur sa tête, comme s'il voulait, par cette action, jeter un défi au sacerdoce et indiquer qu'il ne tenait son pouvoir que de lui-même, et non de Rome. Un moment après, l'impératrice s'étant mise à genoux devant lui, l'empereur la couronna de ses propres mains. Cette cérémonie du sacre frappa vivement les esprits : la multitude et l'armée demeurèrent saisies d'admiration au spectacle de ces pompes, dont, depuis Louis le Grand , la France avait perdu le souvenir. Les incrédules, et ils étaient nombreux, eurent cependant quelque peine à re-tenir leurs moqueries en présence des pieuses manifesta-tions de l'Église ; ils souriaient au spectacle de la mule et au passage du porte-croix de Sa Sainteté ; et pourtant, de toutes les grandeurs de ce jour, l'humble croix est de-meurée seule debout dans le monde.

Le lendemain, une grande solennité militaire, la dis-tribution des aigles, réunit l'armée au Champ-de-Mars. Peu de jours après , le pape quitta Paris sans avoir rien pu obtenir pour l'Église de ce qu'il avait eu le droit d'attendre de la reconnaissance de Napoléon.

L'empereur poursuivait à pas de géant le terme où son ambition voulait atteindre. Ce n'était déjà plus assez pour lui de la couronne impériale de France ; la couronne des anciens rois lombards, qu'avait également portée Charlemagne, dut à son tour ceindre son front. Le 17 mars 1805, de nouveaux députés de la république ita-lienne, ayant passé les monts, vinrent offrir à Napoléon le titre de roi d'Italie.

« Depuis le moment — répondit l'empereur, sur son trône, dans tout l'appareil de la puissance suprême — où nous parvînmes pour la première fois dans vos contrées, nous avons toujours eu la pensée de créer indépendante et libre la nation italienne. Nous avons poursuivi ce grand projet au milieu de l'incertitude des événements.

« Nous formâmes d'abord les peuples de la rive droite du Pô en république Cispadane, et ceux de la rive gauche en république Transpadane. Depuis, de plus heureuses circonstances nous permirent de réunir ces États et d'en former la république Cisalpine.

« Au milieu des soins de toute espèce qui nous occupaient alors, nos peuples d'Italie furent touchés de l'intérêt que nous portâmes à tout ce qui pouvait assurer leur prospérité et leur bonheur ; et lorsque, quelques années après, nous apprîmes, au bord du Nil, que notre ouvrage était renversé, nous fûmes sensible aux malheurs auxquels vous étiez en proie. Grâce à l'invincible courage de nos armées, nous parvînmes dans Milan lorsque nos peuples d'Italie nous croyaient encore sur les bords de la mer Rouge.

« Notre première volonté, encore tout couvert du sang et de la poussière des batailles, fut la réorganisation de la patrie italienne...

« La séparation des couronnes de France et d'Italie, qui peut être utile pour assurer l'indépendance de vos descendants, serait dans ce moment funeste à votre existence et à votre tranquillité. Je la garderai, cette couronne, mais seulement tout le temps que vos intérêts l'exigeront... »

Napoléon partit pour Milan avec l'impératrice, et re-

vit avec elle le champ de bataille de Marengo, sur lequel
il passa en revue une armée de trente mille hommes; il
avait revêtu ce jour-là le vieil uniforme consulaire usé et
troué qu'il portait dans cette mémorable action. Le 8 mai,
il fit à Milan une entrée solennelle; le 26 eut lieu le
second couronnement, et Napoléon fut sacré roi d'Italie
par le cardinal Caprara. Comme à Paris, il se couronna
lui-même, et s'écria en prenant la couronne de fer sur
l'autel : « Dieu me la donne, gare à qui la touche! » Le
prince Eugène de Beauharnais, fils de Joséphine, fut
déclaré vice-roi d'Italie.

Le 4 juin suivant, la république Ligurienne (l'ancien
territoire de Gênes) fut réunie à l'empire français, et
forma les trois départements de Gênes, de Montenotte et
des Apennins. Un mois après, les États de Parme furent
également incorporés à la France, et la république de
Lucques forma l'apanage d'Élisa Bonaparte, sœur de
l'empereur et femme de Pascal Bacciochi, simple capitaine corse. Ce dernier reçut toutefois les titres de prince
de Piombino et d'Altesse Sérénissime.

Ainsi l'empereur en était venu à réunir sous sa domination l'immense territoire des anciennes Gaules cisalpine et transalpine. L'Europe continentale, justement
effrayée de ces envahissements successifs qui révélaient
une tendance à la domination universelle, ne pouvait
tarder davantage à se lever à la voix de l'Angleterre,
pour y opposer une digue; une nouvelle coalition se
forma contre la France. Le ministre Pitt détermina la
Suède, la Russie et l'Autriche à se réunir sous le drapeau
de la haine commune.

L'empereur était de retour en France; il se rendit au
camp de Boulogne, où se trouvait rassemblée la grande

armée d'Angleterre. Le port de Boulogne contenait, à lui seul, neuf cents bâtiments de guerre ; depuis deux ans les côtes de la Manche étaient couvertes de nos vaisseaux ; et la flotte se préparait chaque jour par de nouvelles escarmouches navales à la mission que l'empereur lui avait assignée, celle d'attaquer la Grande-Bretagne jusque dans son propre sein, et de renouveler la merveilleuse expédition de Guillaume de Normandie.

Divers présages, que Napoléon acceptait avec empressement, semblaient annoncer le succès de la descente : en creusant la terre pour élever la tente de l'empereur, les ouvriers avaient découvert une hâche d'armes romaine ; plus loin, à Ambleteuse, on trouva des médailles de Guillaume le Conquérant ; un autre jour enfin, près de la tour de César, on voyait apparaître, en fouillant le sol, les ruines d'un camp romain, et l'armée saluait avec enthousiasme cette espérance de victoire.

Mais déjà une carrière non moins digne de l'armée française et de son capitaine s'est ouverte pour eux. Voilà que les légions de l'empereur d'Autriche ont passé l'Inn et envahi le territoire allié de l'électeur de Bavière.

Pendant que quatre-vingt-dix mille hommes, aux ordres de l'archiduc Ferdinand et du général Mack, envahissaient ainsi l'électorat, trente mille autres, commandés par l'archiduc Jean, prenaient position dans le Tyrol, et cent mille combattants marchaient sur l'Adige, sous la conduite de l'archiduc Charles ; deux armées russes accouraient à marches forcées des steppes de la Lithuanie et de la Pologne pour se joindre à la grande armée autrichienne. Cette troisième coalition était prévue ; Napoléon avait reconnu la politique de Pitt et la longue persévérance de l'Angleterre : de sa barraque du camp de

Boulogne, il dicta à ses secrétaires le plan d'une nouvelle campagne en Allemagne , et régla le départ de tous les corps d'armée depuis le Hanovre et la Hollande jusqu'aux Pyrénées et aux Alpes ; il prescrivit d'avance l'ordre des marches, leur durée , les points de campement , les lieux où l'ennemi devait être attiré , refoulé et vaincu ; puis , avec la rapidité de l'aigle , qu'il avait pris pour emblème de son empire , il transporta de Boulogne sur le Rhin l'armée d'Angleterre , qui avait pris le nom de *grande armée*. Le 27 septembre l'empereur était à Strasbourg ; déjà le prince Murat , son beau-frère , et le marcehal Launes avaient passé le Rhin et opéré le mouvement à l'aide duquel l'empereur cherchait à faire croire au général Mack que nous voulions pénétrer en Souabe par les défilés de la forêt Noire , et gagner la tète des eaux du Danube pour agir sur la rive droite : en même temps , et d'un autre côté , Ney marchait sur Stuttgard ; Soult , sur Heilborn, et Davout , sur Œttingen , au delà du Necker ; les autres corps suivaient la direction qui leur avait été assignée , et Masséna défendait l'Italie contre l'archiduc Charles. Le général Mack, trompé par les habiles conceptions de l'empereur , concentrait toutes ses forces autour de la ville d'Ulm : le 6 et le 7 octobre, cent mille hommes de l'armée française avaient franchi le Danube et occupé une partie de la Bavière. Le 9, Napoléon entrait à Augsbourg ; le 12, à la suite de plusieurs combats glorieux , il s'emparait de Munich , et chassait les Autrichiens de l'électorat ; le 20, trente mille hommes , commandés par Mack et enfermés dans la ville d'Ulm , se rendaient aux Français sans même oser les combattre. Le 26, l'armée passe l'Iser ; le 27, elle franchit l'Inn à son tour ; le 28, elle entre à Braunau ; le 30, à Salzbourg , elle remporte

successivement les combats de Merbach et de Lawbach ,
s'empare de Lintz, passe la Frann, écrase l'ennemi sous
les murs d'Ebersberg : on voudrait en vain suivre ses
opérations , dont la promptitude égale la multiplicité ;
chaque jour est signalé par un combat , et chaque combat
est une victoire. Tout le Tyrol est conquis sur les Allemands le 9 novembre. Le 11 , l'avant-garde des Russes
est battue ; le 13 , l'armée française entre dans Vienne ;
le 15 , elle est à Presbourg , le 19 , à Brünn et dans toute
la Moravie. Ce jour-là, montrant à ses généraux les
grandes plaines d'Austerlitz, qui s'étendaient sous leurs
regards , Napoléon leur avait dit : « Étudiez ce champ de
bataille ; dans huit jours nous y verrons l'ennemi. »

Cependant les Autrichiens et les Russes, bien supérieurs en nombre aux soldats de Napoléon , occupaient
des retranchements formidables , qu'il eût été inhabile
d'attaquer de front ; l'empereur, par une adroite manœuvre, feint de se replier vers le nord ; ses ennemis se hâtent
de lui couper la retraite ; mais c'était là que Napoléon les
attendait. Déjà l'empereur de Russie , plein de confiance
dans le succès de la bataille qui se préparait , lui avait
envoyé un de ses aides-de-camp comme pour éviter
l'effusion du sang au prix de conditions pacifiques ; ces
étranges stipulations imposaient à la France la nécessité
de renoncer à ses conquêtes du Rhin et de l'Italie. Accepter
une pareille honte, c'eût été pour Napoléon s'avouer
vaincu avant la bataille , et il n'avait pas accoutumé ses
ennemis à des actes de pusillanimité ; cependant il feint
de dissimuler et répond à l'envoyé d'Alexandre avec une
modestie qui trompe l'aide-de-camp et lui fait croire à la
prochaine défaite de l'armée française. Ce jeune homme
s'empresse de rapporter à son maître des espérances que

l'événement doit tromper. La veille de la bataille, pendant que les Russes tournent imprudemment les positions de l'armée française, comme pour prévenir toute évasion de sa part, Napoléon dicte une proclamation qui promet d'avance la victoire à ses troupes. Le soir étant venu, par une froide nuit d'hiver, il visite les bivouacs de son armée ; mais les soldats allument des fanaux de paille sur son passage, et leurs acclamations annoncent de loin à l'ennemi la confiance qu'ils ont dans leur courage et dans le génie de leur capitaine. Enfin, le 11 frimaire an xiv (2 décembre 1805), le soleil perce d'épais nuages et éclaire les trois armées rangées en bataille. « Soldats, dit Napoléon en passant devant le front de bandière de plusieurs régiments, il faut finir cette campagne par un coup de tonnerre, » et le combat s'engage sur toute la ligne aux cris de : « Vive l'empereur ! » Les maréchaux Soult, Lannes, Davout exécutent à la tête de leurs soldats intrépides les manœuvres que Napoléon a prescrites, et qui doivent assurer la victoire. Après deux heures d'une résistance opiniâtre, Kutusoff et les Russes sont chassés des hauteurs de Pratzen et abandonnent la formidable artillerie qui en défendait les approches. L'armée française occupe le centre et la gauche de l'ennemi ; partout le succès répond à son courage ; l'aile droite des armées coalisées est prisonnière ou détruite ; vainement la cavalerie de la garde impériale russe se dévoue-t-elle pour un dernier effort et disperse-t-elle deux de nos bataillons les plus braves de l'armée ; la cavalerie de la garde impériale française, sous la conduite de Rapp, se précipite sur elle avec l'impétuosité d'un torrent : en un moment, canons, artillerie, étendards, tout tombe en notre pouvoir, et Rapp, sur son cheval couvert de blessures, tout

sanglant, le sabre brisé, vient annoncer à Napoléon que
l'ennemi est partout en fuite. Ce fut pour l'armée aus-
tro-russe une retraite plus meurtrière encore que la bataille ; ses malheureuses troupes s'éloignaient en désordre,
sur un terrain couvert de cadavres, entre des ravins où
l'artillerie française les écrasait ; leur destruction s'ac-
complissait sans qu'il fût en leur pouvoir de la retarder
d'une heure : drapeaux, bagages, artillerie, elles abandonnaient tout aux soldats de Napoléon, et pour comble
d'horreur, quinze mille Russes, fuyant sur un lac glacé
(le lac de Ménitz), rompaient la glace sous leur poids et
disparaissaient engloutis sous les eaux. Pendant toute la
nuit on entendit leurs gémissements, sans qu'il fût possible de les secourir. La grande bataille d'Austerlitz avait
dignement signalé le premier anniversaire du couronnement de Napoléon. Deux jours après, l'empereur d'Allemagne vint le saluer dans l'humble tente que le vainqueur
occupait depuis deux mois. Napoléon consentit à lui accorder la paix, et l'empereur de Russie fut trop heureux
d'obtenir un armistice et de se retirer dans ses États
avec les débris de ses troupes.

On a justement reproché à Napoléon cette courtoisie
intempestive qui épargnait le plus formidable de ses rivaux. Sans cette générosité irréfléchie, la France eût pu
imposer à l'empereur de Russie, à Austerlitz, une paix
qu'il fallut plus tard acheter par de douloureux sacrifices. Le lendemain de la victoire, Napoléon rendit plusieurs décrets solennels, qui témoignaient de sa reconnaissance pour la grande-armée ; entre autres dispositions,
il adopta les enfants des soldats qui avaient péri, ordonna
qu'ils seraient élevés et établis à ses frais, et leur permit
de joindre à leur nom celui de Napoléon.

La paix qui intervint, et dont l'empereur des Français
avait dicté les conditions, agrandit encore l'empire de
plusieurs possessions importantes : l'ancien territoire de
Venise, la Dalmatie et l'Albanie furent réunis au royaume
d'Italie. Les pays d'Anspach, de Clèves et de Berg formèrent l'apanage du prince Murat ; la principauté de
Neuchâtel récompensa les services de Berthier. La Bavière eut un souverain ; le duc de Wurtemberg prit à
son tour le titre de roi ; et ces deux nouveaux monarques, avec le margrave de Bade, accrurent le nombre
des vassaux de Napoléon. Ce traité fut signé à Presbourg
le 26 décembre ; le lendemain 27, un décret de Napoléon
annonça à l'Europe que la maison royale de Naples avait
cessé de régner, et, à la suite d'une courte campagne, ce
royaume fut conquis par l'armée française et donné par
l'empereur à Joseph, l'aîné de ses frères. Sur ces entrefaites, Eugène de Beauharnais, vice-roi d'Italie et héritier
présomptif de ce royaume, épousa la princesse royale de
Bavière. Cette mémorable campagne, qui venait de s'accomplir en deux mois, avait ressuscité le vieil empire
d'Occident et asservi à la puissance de Napoléon la plus
grande monarchie qui se fût élevée depuis la mort de
Charlemagne. Mais la fortune nous fut contraire sur les
mers : dix-huit vaisseaux français et quinze vaisseaux
espagnols, commandés par les amiraux Villeneuve et
Gravina, rencontrèrent la flotte anglaise près du cap de
Trafalgar. L'amiral Nelson, sous les ordres duquel elle
était placée, ne se laissa point intimider par le nombre
de ses adversaires ; il engagea un combat formidable, à
la suite duquel les deux flottes combinées de France et
d'Espagne furent détruites. Cette bataille coûta la vie
aux trois amiraux, et la France dut renoncer, pour de

bien longues années, à disputer à l'Angleterre la domination de l'Océan.

L'année 1806 vit rétablir le calendrier grégorien et
abolir les dénominations que la république avait substi-
tuées aux jours et aux mois de l'année. L'empereur revint
triomphant à Paris; l'admiration du sénat et du peuple
lui décerna le nom de *Grand*. Les canons conquis dans
la campagne d'Austerlitz furent fondus pour élever à la
gloire de la grande-armée la colonne impériale de la place
Vendôme. La basilique de Sainte-Geneviève fut rendue au
culte catholique; celle de Saint-Denis fut consacrée à la
sépulture des empereurs; et à la place des ossements de
nos rois, que la fureur du peuple avait jetés au vent,
Napoléon fit ériger trois autels expiatoires, honneur funèbre rendu à nos trois dynasties. D'autres décrets in-
stituèrent les prix décennaux, magnifique récompense
promise tous les dix ans à la littérature et aux arts. De
nouveaux codes furent promulgués, de nouvelles principautés furent distribuées en fiefs aux sœurs et aux lieutenants de Napoléon, et enfin, pour assurer sa domination en Allemagne, l'empereur organisa les principautés
et les royaumes secondaires de cette contrée en une vaste
association, offensive et défensive, qu'il plaça sous la
tutelle de la France, et dont il se déclara le chef, en
ajoutant à ce titre celui de protecteur de la Confédération
du Rhin. Ainsi reparut cette fameuse ligue du Rhin, si
habilement opposée par Mazarin à l'Autriche; cette œuvre
de Napoléon avait été silencieusement élaborée à l'insu
des ministres de Prusse, d'Autriche et de Russie. Le
1er août 1806, quinze princes du midi et de l'ouest de
l'Allemagne signifièrent à la diète de Ratisbonne que le
Saint-Empire avait cessé d'exister : ce furent les rois de

Bavière et de Wurtemberg, l'électeur archi-chancelier, l'électeur de Bade, le duc de Berg et de Clèves, le landgrave de Hesse-Darmstadt, les princes de Nassau-Vsingen et Nassau-Weilbourg, les princes de Hohenzollern-Hechingen et Hohenzollern-Sigmaringen; les princes de Salm-Salm et de Salm-Kirbourg, le prince d'Isinbourg-Birstein, le duc d'Arenberg, le prince de Lichtenstein et le comte de La Leyen.

Trente-neuf articles composent l'acte de confédération. Séparés à perpétuité de l'empire germanique, chacun des rois et des princes confédérés renoncera à ceux de ses titres qui expriment des rapports quelconques avec ledit empire. Indépendants de toute puissance étrangère à la confédération, les princes ne pourront prendre du service que dans les États confédérés ou alliés à la confédération. Les intérêts communs des États confédérés seront traités dans une diète qui siégera à Francfort-sur-le-Mein, diète divisée en deux colléges, celui des rois et celui des princes. Mais de toutes ces dispositions la plus remarquable est l'article 35, portant qu'il y aura entre l'empire français et les États confédérés du Rhin, collectivement et séparément, une alliance en vertu de laquelle toute guerre continentale, que l'une des parties contractantes aurait à soutenir, deviendra immédiatement commune à toutes les autres. Désormais le midi de l'Allemagne n'est plus en grande partie qu'un vaste contingent militaire de Napoléon et une portion du système fédératif français. Maître de la rive droite du Rhin, le *Protecteur* a pour garant du dévouement des protégés leur intérêt même; car la France seule pourra conserver à ces États ce qu'elle leur a donné; 53,000 hommes, fournis par eux, seront l'avant-garde permanente de l'armée française.

Il ne manquait plus qu'une seule formalité : François II l'accomplit en renonçant à la dignité et aux prérogatives d'empereur électif d'Allemagne ; il dépose ce titre que trois siècles ont respecté dans sa maison , mille six ans après le couronnement de Charlemagne par Léon III. Ce fut un grand jour pour la France que celui où l'empereur , venant ouvrir, le 2 mars 1806, la session législative, résuma ainsi les événements qui s'étaient passés : « Depuis votre dernière session , la plus
« grande partie de l'Europe s'est coalisée avec l'Angle-
« terre ; mes armées n'ont cessé de vaincre que lorsque
« je leur ai ordonné de ne plus combattre. La maison de
« Naples a perdu la couronne sans retour ; la presqu'île
« de l'Italie tout entière fait partie du grand empire ; j'ai
« garanti comme chef suprême les souverains et les con-
« stitutions qui en gouvernent les différentes parties ; la
« Russie ne doit le retour des débris de son armée qu'au
« bienfait de la capitulation que je lui ai accordée ; maî-
« tre de renverser le trône impérial d'Autriche , je l'ai
« raffermi... Les hautes destinées de ma couronne ne
« dépendent pas des sentiments et des dispositions des
« cours étrangères... Je désire la paix avec l'Angle-
« terre... »

Le 8 mars, la Prusse avait signé un traité qui reconnaissait la paix de Presbourg aux conditions que Napoléon avait faites à l'Europe ; mais ce n'était là qu'une concession arrachée par la crainte : le même jour , l'empereur adopta la princesse Stéphanie , nièce de Joséphine, et la donna pour épouse à l'héritier du grand-duc de Bade, mêlant ainsi le sang de sa nouvelle dynastie à celui des vieilles maisons souveraines ; le 30 mars , il rétablit en quelque sorte la féodalité en érigeant en fiefs impériaux, sous le titre de duchés, les provinces de Dalmatie, d'Istrie, de Frioul, de Cadorre, de Bellune, de Conégliano, de Trévise, de Feltre, de Bassano, de Vicence, de Padoue et de Rovigo. Un mois plus tard il fonda l'Université impériale, et le cardinal Fesch, oncle de Napoléon, fut nommé, avec l'agrément du Saint-Siége, coadjuteur et successeur de l'électeur archi-chancelier d'Allemagne. Le 9 juin suivant, à la suggestion de l'empereur, les États de Hollande envoyèrent à Paris une ambassade extraordinaire; elle vint demander à l'empereur, pour roi de Hollande, le prince Louis Bonaparte, frère de Napoléon et mari d'Hortense de Beauharnais. Déjà le maréchal Bernadotte et Talleyrand de Périgord, ministre des relations extérieures, avaient reçu la souveraineté, l'un de la principauté de Ponte-Corvo, l'autre de celle de Bénévent; et Napoléon avait signifié sa volonté à l'Europe en ces termes : « Les duchés de Bénévent et de Ponte-« Corvo étaient un sujet de litige entre le roi de Naples et « la cour de Rome, nous avons cru convenable de mettre « un terme à ces difficultés en érigeant ces duchés en « fiefs immédiats de notre empire. » Ainsi l'usurpation marchait tête haute, et ne se donnait plus la peine de colorer, par les apparences du droit, les abus de la force.

Au milieu de ces vastes déplacements de couronnes, et dans les rares intervalles que lui laissaient les soucis de la guerre, Napoléon poursuivait à l'intérieur des réformes pacifiques; il couvrait son vaste empire de grandes routes et de canaux; il organisait les haras, ajoutait une chaire de belles-lettres à l'école Polytechnique, une chaire d'économie rurale à l'école d'Alfort; il supprimait les maisons de jeu, et réglait par un décret l'état civil des Juifs habitants de l'empire : il semble qu'au fond de l'âme il rêvât le rôle de Cyrus, et ce ne fut pas sans orgueil qu'il vit le sanhédrin des Israélites se réunir à Paris, et proclamer comme devant s'accomplir le terme des épreuves imposées à ce peuple ; ce n'était là qu'une vaine fiction, une espérance dont personne n'était dupe ; et Napoléon, le premier, se préparait d'autant moins à relever le temple de Jérusalem, que son décret sur les Juifs renfermait contre ce peuple des dispositions dures et arbitraires, comme celle qui lui interdisait le commerce, et lui enjoignait de ne prendre pour noms patronymiques aucun des noms mentionnés dans l'Ancien Testament.

Guillanme Pitt, le plus implacable ennemi de Napoléon, était mort le 23 janvier 1806, après avoir dirigé pendant vingt-trois ans les conseils de la Grande-Bretagne. Orateur éminent, ministre habile et astucieux, il consacra ses immenses talents, sa fourberie, son influence, à soutenir une lutte acharnée et formidable contre la révolution française et Napoléon. Aucun de ces grands principes que les hommes vénèrent ne le dirigea dans cette politique. Il ne voulait que plonger l'Europe dans le chaos de la guerre continentale, espérant ainsi user les ressources et l'industrie de toutes les nations au profit de la Grande-Bretagne. Sa mort inopinée laissa l'Europe dans l'incertitude et l'Angleterre dans les angoisses. Son dernier soupir fut le cri de l'homme qui avait tout sacrifié à l'Angleterre, même l'humanité et l'honneur, et qui ignorait encore si ces sacrifices seraient fructueux : « O mon pays ! » s'écria-t-il en prévoyant le triomphe de son rival, le célèbre Fox, ami de la France. Mais Fox mourut lui-même au bout de six mois, et la politique de la guerre, léguée par Pitt au peuple anglais, ne fut point interrompue.

Cependant la Prusse en était à regretter la déchéance à laquelle l'avaient réduite les succès de Napoléon. Son roi, prince pacifique et timide, se résignait à cette paix désastreuse en attendant des temps meilleurs ; mais cette sage lenteur soulevait autour de lui des mécontentements et des murmures. Il s'était formé à Berlin un parti dont la reine Louise était l'âme, et qui réclamait la guerre à grands cris. La jeune reine, dans tout l'éclat de sa beauté, parcourait à cheval, en costume militaire, les rues de Berlin, et appelait aux armes les sujets de son époux. A cet exemple, à ces excitations, une fièvre chevaleresque anima la Prusse tout entière. Les vieux soldats de Frédéric et la jeune noblesse prussienne furent épris d'un fol enthousiasme et s'armèrent pour secouer le joug de la France. Leurs bataillons ne formaient d'ailleurs que la grande avant-garde de la Russie.

Napoléon, selon sa coutume, ne laissa pas à ses ennemis le temps d'attaquer. Dès les premiers jours d'octobre il passa le Rhin à la tête de sa grande-armée. Le 10, le combat de Saalfeld ouvrit dignement la campagne ; c'est dans cette affaire que le prince Louis de Prusse, l'un des auteurs de la guerre, fut tué par un soldat français.

Le lendemain, l'armée française couronnait les hauteurs qui dominent le plateau d'Iéna ; l'armée prussienne avait pris à la hâte ses positions ; la reine Louise, suivie de l'élite de la jeunesse de Berlin, parcourait les rangs à cheval et vêtue en Amazone ; elle portait un casque en acier poli, une cuirasse luisante d'or et une tunique d'étoffe d'argent ; partout sur ses pas les vétérans de Frédéric inclinaient les drapeaux, qu'elle avait brodés de ses mains royales. L'empereur, de son côté, prenait, dans le silence de la réflexion, toutes les dispositions qui pouvaient décider de la victoire. Quand il eut donné ses ordres , il dit à ses soldats : « Le corps qui se laisserait percer se « déshonorerait ; ne redoutez pas cette célèbre cavalerie, « opposez-lui des carrés fermes et la baïonnette. Soldats, « quand on ne craint pas la mort, on la fait entrer dans « les rangs ennemis. » Cette courte harangue excite au . plus haut degré l'enthousiasme de l'armée , et de toutes parts on s'écrie : « En avant ! en avant ! — Qu'y a-t-il? « reprend Napoléon avec un visage impassible et sévère ; « c'est sans doute un conscrit de la dernière levée qui ose « donner ces ordres ; qu'il attende d'avoir commandé « dans trente batailles rangées. » Puis il donne le signal de l'attaque, et nos régiments se jettent sur l'ennemi, le dispersent, tournent ses positions et le chassent devant eux, la baïonnette dans les reins. Vers une heure la bataille était gagnée , l'armée prussienne fuyait de toutes parts , la jeune reine et son état-major se dérobaient à grand'peine à la poursuite de notre cavalerie. Dès le soir les autorités de Berlin annonçaient au peuple de cette ville les événements de la journée , et les résumaient en ce peu de lignes : « Notre armée a été entièrement dé- « truite à Iéna ; le roi est sauvé. » L'armée française avait tué ou pris cinquante mille hommes ; trois cents bouches à feu, six cents drapeaux et tous les magasins de l'ennemi étaient tombés en son pouvoir. Ainsi fut lavé dans le sang des armées prussiennes le honteux outrage que les généraux de Louis XV avaient subi à Rosbach La colonne que Frédéric II avait élevée pour éterniser cette déplorable defaite fut enlevée par les ordres de Napoléon , et transportée à Paris.

Napoléon entra sans résistance à Weimar. Quelques jours après il campait à Berlin avec sa garde. Un de ses premiers soins fut de visiter le tombeau de Frédéric. Lorsqu'il fut arrivé près du monument funèbre, il enleva l'épée et les insignes de ce célèbre monarque, et s'écria : « Je les enverrai aux Invalides ; mes vieux soldats de la guerre de Hanovre accueilleront avec un respect religieux tout ce qui appartient à l'un des premiers capitaines dont l'histoire conservera le souvenir. » Dépouiller un peuple des trophées de sa gloire ou de ses monuments historiques, c'est donner un funeste exemple qui doit peser plus tard sur les auteurs du sacrilége. Le peuple qui agit ainsi envers les autres doit se promettre de n'être jamais vaincu lui-même. Et qui pourrait compter ainsi avec la fortune?

Napoléon avait établi son quartier impérial à Postdam ; Spandau s'était rendu aux Français ; le maréchal Ney bloquait Magdebourg ; le maréchal Soult poursuivait l'ennemi au delà de l'Elbe ; Bernadotte occupait Brandebourg, et Murat complétait par de brillants faits d'armes les avantages obtenus à Iéna. Napoléon se signala alors par un acte de clémence qui dut paraître bien étrange à l'ombre de l'implacable Frédéric. Le prince de Laatzfeld, gouverneur civil de Berlin, était connu pour avoir été l'un des plus ardents provocateurs de la guerre. Pendant qu'il venait offrir ses hommages à Napoléon victorieux, l'empereur lisait une lettre de lui qu'on avait interceptée, et qui informait en secret l'ennemi de toutes les dispositions de l'armée française. C'était violer la capitulation, et ce crime, d'après les lois militaires, mérite la mort. La princesse de Laatzfeld accourut tout en larmes se jeter aux pieds de l'empereur, et protester de l'innocence de son mari. Pour toute réponse, Napoléon lui montra la lettre du prince. La princesse la lut et tomba évanouie ; quand elle rouvrit les yeux, Napoléon lui dit : « Madame, cette lettre est la seule preuve qui existe contre votre mari, jetez-la au feu. » La princesse ne se fit pas répéter l'ordre, et sauva les jours du coupable.

« Soldats, dit l'empereur à son armée, vous avez jus-
« tifié mon attente et répondu dignement à la confiance
« du peuple français. Vous avez supporté les privations
« et les fatigues avec autant de courage que vous avez
« montré d'intrépidité et de sang-froid au milieu des
« combats. Vous êtes les dignes défenseurs de ma cou-
« ronne et de la gloire d'un grand peuple ; tant que vous
« serez animés de cet esprit, rien ne pourra vous ré-
« sister. La cavalerie a rivalisé avec l'infanterie et l'ar-
« tillerie...

« Une des premières puissances de l'Europe, qui osa
« naguère nous proposer une honteuse capitulation, est
« anéantie. Les forêts, les défilés de la Franconie, la
« Saale, l'Elbe, que nos pères n'eussent pas traversés en
« sept ans, nous les avons traversés en sept jours, et
« livré dans l'intervalle quatre combats et une grande
« bataille. Nous avons précédé à Postdam et à Berlin la
« renommée de nos victoires... Toutes les provinces de
« la monarchie prussienne jusqu'à l'Oder sont en notre
« pouvoir...

« Soldats, les Russes se vantent de venir à nous ; nous
« marcherons à leur rencontre, nous leur épargnerons
« la moitié du chemin ; ils retrouveront Austerlitz au
« milieu de la Prusse. Une nation qui a aussitôt oublié
« la générosité dont nous avons usé envers elle après cette
« bataille où son empereur, sa cour, les débris de son
« armée n'ont dû leur salut qu'à la capitulation que nous

« leur avons accordée, est une nation qui ne saurait
« lutter avec succès contre nous ..

   « Soldats, je ne puis mieux exprimer les sentiments que
« j'ai pour vous, qu'en vous disant que je vous porte dans
« mon cœur l'amour que vous me montrez tous les jours. »

Ces paroles annonçaient de nouveaux efforts et de nouveaux triomphes, et l'armée française se montra digne du
langage de son chef. Murat, Mortier, Davout, Lasalle et
Bernadotte poursuivirent leur route victorieuse. Le
maréchal Soult contribua puissamment à la prise de
Lubeck, qui fut enlevé à la suite d'un combat sanglant.
Le 7 novembre, ce lieutenant de Napoléon et avec lui
Bernadotte complétèrent à Ratkan la destruction de l'armée prussienne. Seize mille hommes s'étaient rendus à
Murat le 28 octobre ; un pareil nombre de combattants,
commandés par vingt généraux et formant les débris de
cent soixante-dix bataillons, capitulèrent à Magdebourg,
et subirent les conditions que leur dicta le maréchal Ney.
La nouvelle de ce grave événement fut apportée en toute
hâte à Berlin par le baron de Saint-Aignan, aide-de-
camp du prince de Neuchâtel. Quelques heures après,
Napoléon érigeait la Saxe en royaume, et frappait d'une
contribution de cent soixante millions la malheureuse
Prusse et ses alliés.

Il lui restait à envahir la Silésie et la Pologne prussienne ; le roi fugitif s'était retranché derrière la Vistule,
et y attendait l'armée impériale de Russie ; celle-ci s'avançait lentement et comme sans se douter des malheurs du
peuple qu'elle venait secourir ; Jérome Bonaparte profita
de ces retards pour se rendre maître de Glogau, capitale
de la Haute-Silésie, et le corps d'armée de Davout entra
vainqueur à Posen.

Mais déjà Napoléon avait lancé sur l'Angleterre le célèbre décret de Berlin, qui déclarait les Iles-Britanni-
ques en état de blocus et interdisait à l'Europe tout commerce avec l'Angleterre. Ce décret remua le monde ; il
renfermait en lui le germe de la déchéance de Napoléon.
Pour en assurer l'exécution fidèle, il fallait sacrifier à la
politique d'un seul homme les intérêts commerciaux de
l'empire français et de l'Europe, et l'accomplissement
d'une telle pensée était une chimère impossible à réaliser.
Forcée de se soustraire à cette mesure de mort, l'Angleterre n'avait d'autre ressource que de perpétuer la guerre
sur le continent, et de susciter à Napoléon un peuple
ennemi partout où il se trouvait un peuple en état de
combattre.

Les forces russes montaient à cent soixante mille
hommes ; mais de nouveaux renforts votés par le sénat
permettaient à l'armée de Napoléon de garder l'offensive.
Un seul combat d'avant-garde chassa le généralissime
russe Beningsen de Varsovie, et l'armée française occupa
cette ville capitale de la Pologne. Là, au moins, elle
trouva de puissants auxiliaires : l'amour de la patrie et
le sentiment national, retrempés par de longs malheurs.
Le général polonais Dembrowski, qui depuis longtemps
servait dans l'armée française, avait adressé à ses compa-
triotes des proclamations qui les firent accourir de tous
côtés. Dans un grand nombre de villes, les Polonais s'insurgèrent et désarmèrent les garnisons prussiennes. On
se disait qu'à Berlin l'empereur avait laissé entrevoir,
quoique d'une manière évasive, le rétablissement de la
nationalité polonaise : « La France, avait-il dit aux députés du duché de Posen, n'a jamais reconnu le partage
de la Pologne ; il faut que tous les Polonais s'unissent et

prouvent au monde qu'un même esprit anime toute leur
nation. « Ces paroles, transmises aux Polonais, avaient
suffi pour faire lever dans ce pays une armée de quarante
mille hommes, qui se rangea sous les drapeaux de l'empereur.

Cependant, malgré le bon accueil que l'on faisait à nos
soldats, les sables et les boues produisirent sur eux une
impression fâcheuse; ils ne signalèrent pas moins leur
courage aux combats de Gzarnawoo, de Golymin et de
Pulstuck. Mais il fallait acheter chèrement chacun de
ces avantages; l'acharnement de la guerre donnait une
sombre couleur à cette lutte, tandis que la boue, le
dégel, la pluie désespéraient notre armée, et ne lui
permettaient pas de recueillir le fruit de ses sacrifices.
L'empereur avait pris ses quartiers d'hiver, les Russes
tentèrent de le surprendre. Un moment déconcertée,
l'armée française sut néanmoins faire face à l'ennemi.

Le 8 février 1807, elle soutint le choc de l'armée russe,
sous les murs de Preussich-Eylau; ce fut une journée
sanglante et qui donna à l'Angleterre l'espérance de voir
un jour la victoire infidèle à Napoléon. On combattait
sur un vaste champ de bataille formé de marais boueux
et de ravins couverts de neige. Les Russes occupaient
des positions inabordables et défendues par l'artillerie
autant que par les difficultés du terrain; mais l'armée
française, jetée à quatre cents lieues de Paris et séparée
du Rhin par des contrées ennemies, était placée dans la
nécessité de vaincre ou de perdre en une seule journée le
fruit de cinq mois de victoires. On se battit de part et
d'autre avec une fureur désespérée; trois cents bouches
à feu, de chaque côté, vomirent la mort pendant douze
heures : les maréchaux Davout, Soult, Ney et Augereau

soutinrent les efforts de l'ennemi, mais ne réussirent
point à gagner du terrain ; le 24ᵉ régiment de ligne,
commandé par Sémélé, fut anéanti ; Augereau tomba
blessé d'une balle ; d'Hautpoul périt en chargeant à la
tête des cuirassiers ; et pour comble de misère, une
neige épaisse, tombant sur les deux armées, les força de
combattre et de s'égorger au hasard. Il se fit, tant que
dura le jour, un affreux carnage ; mais la nuit suspendit
la mêlée. Napoléon assembla ses généraux et tint conseil ;
on résolut d'abandonner le lendemain le champ de bataille ; mais, lorsque le jour fut venu, il se trouva que
les Russes eux-mêmes avaient battu en retraite, laissant
sur le terrain leurs blessés et leurs morts : c'est ainsi que
l'affaire d'Eylau fut inscrite au nombre de nos victoires ;
mais personne ne s'y trompa, et lorsque la nouvelle de
cet affreux massacre parvint à Paris, tous les cœurs furent
glacés de tristesse, et l'on commença à charger de malédictions l'auteur de la guerre. Napoléon parcourut le
champ de bataille, et fit porter des secours aux blessés
des deux nations ; mais le nombre de ces malheureux était
si grand, que deux jours après le combat beaucoup attendaient encore leur tour et poussaient, abandonnés sur
la neige, de lamentables gémissements. L'armée française, hors d'état de poursuivre l'ennemi, et paralysée
par la saison, reprit ses cantonnements d'hiver : le quartier impérial fut porté d'Eylau à Osterode. L'armée s'appuyait sur la Vistule et sur Varsovie : son repos fut
d'ailleurs de courte durée, et signalé par des combats
glorieux chaque fois que l'ennemi osa la menacer. Une
diversion utile à la France, et qui fut ménagée par les
envoyés de Napoléon, fut la double guerre que déclarèrent alors à la Russie les deux empires de Turquie et de

Perse. L'honneur de cette diversion appartint surtout au général Sébastiani, compatriote de l'empereur.

Cependant le retour d'une température moins contraire avait permis à l'empereur de reprendre ses opérations. Pendant que la capitulation de Dantzick complétait l'abaissement de la monarchie prussienne, l'armée russe commençait un mouvement offensif et préludait à ses attaques par les combats de Spanden, de Vormditleu, de Wolfsdorff et de Glottau. Sur tous ces points elle fut repoussée avec perte. Sur ces entrefaites, Mortier envahissait la Poméranie. Cependant, le 10 juin, l'armée française se dirigea sur Heilsberg, et enleva les divers camps de l'ennemi sur tous les points. L'armée russe opposa une résistance meurtrière, et nous tua beaucoup de monde : le lendemain on s'attendait à un engagement plus sérieux encore ; mais l'ennemi abandonna les positions qu'il avait fortifiées depuis quatre mois. Le 12 au matin, les Français entrèrent à Heilsberg, et les divers corps de l'armée se mirent en marche dans différentes directions pour déborder l'ennemi et lui couper la retraite sur Kœnigsberg. Le 13, Murat se porta sur cette ville avec sa cavalerie ; les maréchaux Soult, Lannes, Mortier et Ney, manœuvrèrent dans le même sens, et tous ensemble, dociles aux ordres de l'empereur, se concentrèrent vers Friedland. Le 14, l'armée russe, reprenant l'offensive, déboucha hardiment sur le pont de cette ville, et le canon retentit dès trois heures du matin : « C'est un jour de « bonheur, dit Napoléon ; c'est l'anniversaire de Ma- « rengo ! »

Différentes actions eurent lieu. L'ennemi fut contenu et ne put dépasser le village de Posthenem. Il réussit cependant à déployer toute son armée. Sa gauche s'appuyait sur Friedland, et sa droite se déployait jusqu'à une lieue et demie de cette ville. L'empereur, après avoir reconnu la position, ordonna au maréchal Ney de se rendre maître de Friedland par une brusque attaque. L'intrépide lieutenant de Napoléon exécuta ce mouvement avec ardeur : la division Dupont, l'un des corps placés sous ses ordres, marcha sur la garde impériale russe, la culbuta et en fit un affreux carnage. L'ennemi épuisa ses réserves pour défendre la ville, mais elle fut emportée et jonchée de cadavres. Lannes, qui commandait le centre, et Mortier, qui couvrait la droite, se montrèrent dignes de leur passé et de leur chef. A onze heures du soir on se battait encore ; enfin l'armée russe, battue sur tous les points, abandonna un champ de bataille couvert de morts. En dix jours elle avait eu soixante mille hommes tués, blessés ou faits prisonniers : elle avait perdu son artillerie et ses magasins sur une ligne de quarante lieues ; la campagne était terminée et la paix conquise. « Soldats, dit

« l'empereur à ses compagnons d'armes, l'ennemi s'est

« aperçu trop tard que notre repos était celui du lion…

« Des bords de la Vistule nous sommes arrivés sur ceux

« du Niémen avec la rapidité de l'aigle. Vous célébrâtes à

« Austerlitz l'anniversaire du couronnement ; vous avez

« cette année dignement célébré celui de la bataille de

« Marengo… Vous avez été dignes de vous et de moi ;

« vous rentrerez en France couverts de vos lauriers, et

« après avoir obtenu une paix glorieuse. »

L'armée française avait atteint les frontières de la Russie ; Kœnigsberg était tombé en son pouvoir ; partout l'ennemi découragé fuyait et jetait les armes. Il était temps de suspendre sa marche. La paix fut conclue à Tilsitt, entre l'empereur du nord et l'empereur du midi. Le 25 juin,

ces deux puissants souverains eurent une entrevue sur un
large radeau établi sur le Niémen, et, après s'être solennellement embrassés, posèrent les bases de la pacification
de l'Europe. Napoléon dicta les articles du traité ; la
victoire lui en donnait le droit. Il consentit à rendre au
roi de Prusse une grande partie de ses États ; mais ce
monarque dut reconnaître la confédération du Rhin et
céder au vainqueur tous les domaines de la Prusse situés
entre le Rhin et l'Elbe ; il lui fallut en outre donner Dantzick à la France et renoncer à toute souveraineté sur les
provinces polonaises attachées à la Prusse depuis le trop
célèbre démembrement de 1793 ; les portions allemandes
enlevées à son royaume composèrent un royaume de
Westphalie, qui fut donné à Jérôme Bonaparte, le plus
jeune des frères de Napoléon ; les autres, jointes à ce qui
restait de la vieille Pologne, formèrent un État souverain
qui prit le nom de grand-duché de Varsovie, et fut placé
sous la puissance du nouveau roi de Saxe : la Hollande
reçut des agrandissements, et tous les princes que Napoléon avait élevés au trône furent reconnus pour légitimes.
Ce traité, connu sous le nom de paix de Tilsitt, porte la
date du 12 juillet. Quelque avantageux qu'il parût pour
la fortune de Napoléon, des esprits sérieux y ont vu
l'occasion d'adresser à sa politique des reproches mé-
rités. Il ne s'agit point d'accuser l'empereur de ses man-
ques de procédés envers la reine de Prusse ; les intérêts
des États doivent être pesés dans une balance moins sen-
timentale, et si Napoléon faillit aux convenances envers
une princesse malheureuse, ce dont nous le blâmons
justement, nous croyons cependant qu'il se serait montré
par trop chevaleresque en négligeant pour la belle Louise
Wilhelmine de Prusse les graves intérêts du peuple fran-

çais. Sa faute fut d'humilier la Prusse, de l'outrager, et cependant de la laisser encore assez forte pour lui susciter plus tard de redoutables embarras. Il fallait ou lui pardonner, ce qui eût été peut-être bien généreux, ou la rayer de la carte en saisissant cette occasion de mettre pour longtemps l'Autriche et l'Allemagne dans ses intérêts; par-dessus tout, puisqu'il le pouvait, puisqu'il était le maître, il fallait faire revivre la Pologne, la reconstituer sur ses grandes bases, au lieu de se contenter de la création d'un grand-duché de Varsovie, sorte de résurrection avortée qui ne satisfit point la Pologne et ne rassura guère les puissances copartageantes.

Quoi qu'il en soit, le 27 juillet 1807, soixante coups de canon annonçaient à la capitale de la France que l'empereur était de retour. Quelques jours plus tard, au bruit des acclamations des peuples et du désespoir de l'Angleterre, il ouvrait la session législative et parlait en ces termes aux députés de l'empire : «... De nouvelles « guerres, de nouveaux triomphes, de nouveaux traités « de paix ont changé la face de l'Europe politique... « Dans tout ce que j'ai fait, j'ai eu uniquement en vue « le bonheur de mes peuples, plus cher à mes yeux que « ma propre gloire... Français!... je me suis senti fier « d'être le premier parmi vous... Vous êtes un bon et « grand peuple!... »

Vaines déclarations que les événements devaient si promptement démentir! Peu de jours après avoir prononcé ces paroles, Napoléon fit abolir le tribunat par un sénatus-consulte. L'ombre même de la liberté lui était devenue insupportable. Si quelque chose égala l'audace de l'empereur, ce fut la basse servilité avec laquelle le tribunat remercia l'empereur d'avoir aboli la représentation populaire. Ces législateurs déchus de leur mandat et dépouillés de leur toge ne trouvèrent de paroles que pour bénir la main qui les frappait. Ainsi parvenait-on à rendre croyable ce que Tacite nous a transmis du sénat de Caligula et de Domitien ; ainsi chaque victoire de Napoléon était un pas de plus vers le pouvoir despotique. Un mois ne s'était pas écoulé depuis la suppression du tribunat, qu'un décret impérial établissait la censure des livres : quelques jours après, l'indépendance de l'ordre judiciaire fut abolie; la France n'avait plus d'autre garantie et d'autre sauvegarde que la volonté d'un homme.

CHAPITRE V.

Ce roi d'Assyrie dont la puissance s'était élevée si haut et que le souffle de Dieu abaissa au-dessous de l'homme, est le symbole certain de la chute réservée à l'orgueil des victorieux et des princes du monde. Le Seigneur, qui avait pris Napoléon par la main et l'avait ramené de la terre des Pharaons pour le faire servir d'instrument au salut de la France, abandonna à lui-même ce soldat de fortune lorsque, par ses usurpations et ses attentats, il eut lassé la divine miséricorde. De quelque gloire qu'il plaise à Dieu d'environner un homme, ce privilégié n'est que cendre et poussière, et tout honneur qu'il se rend à lui-même est un cri de révolte contre le Ciel.

Napoléon, en dictant la paix de Tilsitt, avait dépassé de bien loin tout ce que l'imagination aventureuse d'un conquérant peut se promettre. La veille encore, pauvre enfant élevé aux frais de l'État, humble officier perdu dans une obscure garnison, aujourd'hui il se trouvait parvenu au comble des grandeurs et de la gloire. Après avoir chargé sa tête de la double couronne de Charlemagne, il avait fait, comme en se jouant, sept nouveaux rois, et de son épée il avait découpé une partie de l'Europe en fiefs de l'empire. Les souverains de l'Allemagne lui servaient de courtisans, les antiques Bourbons d'Espagne se réfugiaient sous sa tutelle, le successeur de Pierre le Grand et de Catherine la Grande implorait sa générosité et sollicitait humblement la paix. Au dedans de l'empire, les merveilles opérées étaient plus étonnantes encore. Ce peuple, dont les convulsions avaient ébranlé le sol et réduit en poudre l'édifice de quatorze siècles; qui, dans son effroyable délire, avait jeté en défi à l'Europe plusieurs têtes royales et cent mille cadavres monarchiques, se soumettait désormais en silence ou tendait volontairement ses mains aux chaînes; un million d'hommes et plusieurs milliers de canons étaient rangés sur les frontières du vaste empire, n'attendant qu'un signal du maître pour envoyer sur les nations la servitude ou le deuil.

Quand ces choses eurent été accomplies, quand Napoléon se vit monté au faîte imprévu de sa puissance, il fut saisi d'un vertige moral : on remarqua dans ses facultés un changement étrange, et qui montre ce qu'il y a d'aberration dans la vanité humaine; le rêve de la monarchie universelle entra dans son cœur, et il ne put concevoir sans s'indigner qu'on osât lui opposer le moindre obstacle. Toute volonté contraire à la sienne fut réputée coupable, toute existence qui parut borner son horizon dut être détruite. Le moindre vestige de vérité ou de droit lui sembla un point d'appui à la révolte ; la liberté la plus inoffensive fut déclarée crime de lèse - majesté. La France cessa d'être en dehors de lui, elle lui parut incorporée en sa personne ; il ne vit dans le formidable empire soumis à ses lois qu'un nouvel instrument pour accroître sa domination ; dans sa grande armée, qu'une force dévouée nécessairement à sa gloire ; dans la population, une réserve destinée à lui fournir des coupes réglées de conscrits. Lui-même, se sentant ainsi obéi et admiré, et ayant reçu en sacrifice de si nombreuses victimes humaines, sembla se croire d'une nature supérieure à la nôtre ; il regretta de n'être plus au siècle où les monarques de la terre se plaçaient au rang des dieux : « Je ne suis pas né à temps, disait-il à l'un de ses con-« seillers, à M. de Fontanes ; voyez Alexandre, il a pu « se dire fils de Jupiter sans être contredit ; moi je trouve « dans mon siècle un prêtre (le pape) plus puissant que « moi, car il règne sur les esprits, et je ne règne que sur « la matière. » Il faisait allusion par ces paroles à ses démêlés avec le chef de l'Église, et c'est ici le lieu de donner quelques détails sur ces graves différends.

Lorsque Pie VII eut sacré Napoléon, il crut devoir réclamer, au nom de l'Église, des réparations et des immunités auxquelles, après tant de concessions arrachées par la force, le saint-siége lui semblait avoir droit de prétendre. Il adressa à l'empereur un mémoire qui contenait un exposé de ses demandes, et qui renfermait également des représentations sur le dangereux esprit qui avait présidé à la confection des différentes lois civiles, particulièrement de celles qui autorisaient le divorce ou qui étaient en opposition avec les lois ecclésiastiques ; d'autres réclamations portaient sur la nécessité de restituer les provinces enlevées au patrimoine de saint Pierre, et dont le pape, n'étant, comme il le disait lui même, que le tuteur et l'administrateur, ne pouvait pas consacrer la spoliation. Ce mémoire du souverain pontife se terminait ainsi :

« Plaise au Ciel que, pour votre gloire et notre conso-
« lation complète, on puisse écrire de vous ce que nous
« trouvons écrit dans les monuments de l'Église, d'un de
« nos prédécesseurs, Étienne IV, et de Louis le Pieux,
« fils de Charlemagne, qui avait reçu de lui la couronne
« impériale.

« Le Seigneur daignait accorder à ce pontife tant de
« protection, qu'il obtint tout ce qu'il demanda à ce
« prince, au point que ce pieux monarque, dans son
« amour pour Étienne IV, entre autres dons qu'il lui
« offrit, fit présent à l'apôtre saint Pierre d'un manoir
« (*curtem*) provenant de ses propres biens, situé sur la
« frontière des Gaules, et commanda de constater par
« un acte authentique cette donation perpétuelle. »

L'empereur répondit aux demandes du pape par un mémoire respectueux dans la forme, mais qui exprimait sur le fond de la question un refus péremptoire, motivé sur la situation que les grands événements opérés depuis dix ans avaient faite à l'Église et à la France. Voici quelques passages de ce mémoire. Heureux l'empereur, si les sentiments qu'il exprime n'avaient jamais été effacés dans son âme par l'ambition et l'orgueil !

« L'empereur a toujours pensé qu'il était utile à la re-
« ligion que le souverain pontife de Rome fût respecté,

« non-seulement comme chef de l'Église catholique, mais
« encore comme souverain indépendant. Dans tous les
« temps l'empereur regardera comme un devoir de ga-
« rantir les États du saint-père, et de lui procurer, dans
« les guerres qui pourront encore à l'avenir diviser les
« États chrétiens, une tranquillité entière et assurée. Le
« siècle qui vient de finir et celui qui l'a précédé ont été
« funestes à la puissance temporelle du saint-siége ; la
« puissance spirituelle a reçu encore de plus fâcheuses
« atteintes. Dieu a permis qu'un grand nombre de peu-
« ples osât avec succès rompre les liens de l'obéissance,
« et parmi ceux qui n'ont pas été séparés, plusieurs ont
« écouté avidement les maximes qui tendaient à détruire
« tout sentiment de religion et à ébranler même les prin-
« cipes de la morale humaine. Le désordre allait crois-
« sant, et tous les genres de mécréance étaient en hon-
« neur, lorsque Dieu, pour accomplir ses desseins, a
« suscité l'empereur. Il a d'abord, par le crédit de son
« exemple, arrêté le torrent des opinions dominantes ; il
« a fait éclater hautement sa reconnaissance envers *Dieu,*
« *l'auteur de ses victoires,* et à peine a-t-il été investi du
« suprème pouvoir, qu'il a ouvert les temples, relevé les
« autels ; par ses soins, trente millions de catholiques sont
« revenus à l'obéissance envers le chef visible de l'Église
« de Jésus-Christ. »

L'empereur rendait ensuite grâces à Dieu d'avoir été
choisi pour opérer un tel bien : il était loin de croire qu'il
ne restât rien à faire pour guérir les plaies de l'Église ;
mais il déclarait qu'il n'était plus en son pouvoir de détacher de son empire la ville et le territoire d'Avignon
et les nouvelles provinces réunies au royaume d'Italie ;
ce qui était vrai pour le département de Vaucluse, dont

la restitution au saint-siége ne se fût point peut-être
accomplie sans une révolution nouvelle, ne l'était pas
pour les faibles districts italiens justement revendiqués
par le pape, et dont la concession n'eût amené aucune
résistance sérieuse. Quoi qu'il en soit, l'empereur voulut
rédiger lui-même l'un des passages qui terminent le mémoire, et voici ce que M. de Talleyrand écrivit sous la
dictée de Napoléon :

« Si Dieu nous accorde la durée de la vie commune
« des hommes, nous espérons trouver des 'circonstances
« où il nous sera permis de consolider et d'étendre le
« domaine du saint-père, et déjà aujourd'hui nous pou-
« vons et voulons lui prêter une main secourable, l'ai-
« der à sortir du chaos et des embarras où l'ont en-
« traîné les crises de la guerre passée, et par là donner
« au monde une preuve de notre vénération pour le
« saint-père, de notre protection pour la capitale de la
« chrétienté, et enfin du désir constant qui nous anime
« de voir *notre religion* ne le céder à aucune autre pour
« la pompe de ses cérémonies, l'éclat de ses temples et
« tout ce qui peut imposer aux nations ; nous avons
« chargé le cardinal grand-aumônier, notre oncle, d'expli-
« quer au saint-père nos intentions et ce que nous vou-
« lons faire. »

L'événement ne tarda pas à démentir ce que ces paroles avaient de consolant pour le souverain pontife ; mais
Napoléon ne voulait point s'engager violemment dans la
route qu'avait suivie, huit siècles plus tôt, l'empereur
Henri IV, et au terme de laquelle il avait rencontré un
abîme ; comme il convoitait la domination exclusive de
l'Italie et la souveraineté de Rome, il voulait amener le
pape à reconnaître en lui un seigneur suzerain à qui Char-

lemagne aurait transmis, sur les États de saint Pierre, les droits des anciens exarques de Ravenne. Dans son rêve de monarchie universelle, il songeait à faire de Paris une capitale du monde, siége des deux grandes souverainetés, temporelle et spirituelle, et qui fût devenue la résidence du chef politique des hommes et du vicaire de Jésus-Christ, réduit dès lors, au point de vue de la puissance séculière, à n'être qu'un grand évêque, pasteur des âmes. Il osa même faire pressentir le pape sur ce qu'il penserait d'un projet qui assignerait de nouveau aux souverains pontifes la ville d'Avignon pour résidence, et leur attribuerait en outre à Paris un palais papal et un quartier privilégié ; il espérait obtenir ces étranges concessions de la faiblesse du vieillard ; mais Pie VII lui fit répondre : « On a répandu qu'on pourrait « nous retenir en France ; eh bien ! qu'on nous enlève la « liberté, tout est prévu. Avant de partir de Rome, nous « avons signé une abdication régulière, valable, si nous « sommes jeté en prison ; l'acte est hors de la portée du « pouvoir des Français ; le cardinal Pignatelli en est dépositaire à Palerme, et quand on aura signifié les « projets qu'on médite, il ne vous restera plus entre les « mains qu'un moine misérable qui s'appellera Barnabé « Chiaramonti. » Le soir même, les ordres de départ furent mis sous les yeux de l'empereur.

Le retour de Pie VII dans ses États fut de nouveau signalé, en France, par les hommages des populations avides de saluer le vicaire de Jésus-Christ. Voici dans quels termes le saint-père raconta lui-même un incident de ce voyage : « A Châlons-sur-Saône, nous allions sortir « d'une maison que nous avions habitée pendant quelques « jours ; nous partions pour Lyon ; il nous fut impossible

« de traverser la foule ; plus de deux mille femmes , en-
« fants , vieillards, garçons, nous séparaient de la voiture
« qu'on n'avait jamais pu faire avancer. Deux *dragons*
« (gendarmes à cheval), chargés de nous escorter , nous
« conduisirent à pied jusqu'à notre voiture, en nous
« faisant marcher entre leurs chevaux bien serrés. Les
« dragons paraissaient se féliciter de leur manœuvre et
« fiers d'avoir plus d'invention que le peuple. Arrivé à
« la voiture , à moitié étouffé, nous allions nous y élancer
« avec le plus d'adresse et de dextérité possible, car
« c'était une bataille où il fallait employer la malice,
« lorsqu'une jeune fille , qui à elle seule eut plus d'esprit
« que nous et les dragons , se glissa sous les jambes des
« chevaux , saisit notre pied pour le baiser , et ne voulait
« pas le rendre, parce qu'elle avait à le passer à sa mère,
« qui arrivait par le même chemin. Prêt à perdre l'équi-
« libre, nous appuyâmes nos deux mains sur un des dra-
« gons , celui dont la figure n'était pas la plus sainte , en
« le priant de nous soutenir. Nous lui disions : « *Signor*
« *dragone,* ayez pitié de nous. » Voilà que le bon soldat
« (fions-nous donc à la mine), au lieu de prendre part à
« notre peine, s'empara à son tour de nos mains pour les
« baiser à plusieurs reprises. Ainsi , entre la jeune fille et
« le soldat nous fûmes comme suspendu (1)... »

Mais si le pape gardait en son cœur le souvenir de
ce pieux enthousiasme, Napoléon levait peu à peu le
masque dont son ambition s'était couverte.

L'un de ses frères , Jérôme Bonaparte , venait d'épouser, contre le gré de l'empereur, mademoiselle Patterson,
fille d'un riche négociant américain. Ce mariage avait

____

(1) *Histoire de Pie VII*, par M. le chevalier Artaud de Montor.

reçu la sanction religieuse ; Napoléon entreprit de le faire casser, alléguant, entre autres prétextes, qu'il avait été contracté sans le consentement des parents et avec une protestante. L'indissolubilité du mariage est un dogme de l'Église, et Pie VII, nonobstant son désir sincère de ménager l'empereur, ne pouvait *séparer ce que Dieu avait uni*. Le pape examina sérieusement tous les motifs d'annulation que Napoléon mettait en avant, et prouva sans peine, la doctrine des conciles à la main, qu'aucun d'eux n'entraînait l'invalidité du mariage de Jérôme. Son refus blessa l'empereur, qui d'ailleurs passa outre et fit casser le mariage de son frère par application de la loi civile, qui admettait alors le divorce. Il manifesta ensuite son ressentiment, en soumettant le clergé du royaume d'Italie à des règlements que le pouvoir séculier ne peut établir sans l'approbation du saint-siége. Cette usurpation en faisait prévoir d'autres ; toutefois elle ne donna lieu de la part du pape qu'à une protestation à laquelle l'empereur répondit sans se mettre beaucoup en peine du droit. Sa lettre contenait, d'ailleurs, l'expression de sentiments pieux et le tableau des faveurs et des immunités qu'il avait accordées au clergé du royaume d'Italie, particulièrement aux diocèses de Milan et de Brescia ; enfin, il consentait à ce que les innovations qu'il avait introduites fussent discutées dans les formes régulières.

Cependant les moindres prétextes amenaient entre le gouvernement pontifical et le cardinal Fesch, oncle et ambassadeur de Napoléon, un échange de notes dans la rédaction desquelles perçait l'irritation de l'empereur. Il lui fallait à tout prix des raisons de se croire offensé, afin de pouvoir prendre les mesures d'envahissement et d'oppression qu'il méditait au fond de l'âme. Voilà ce

qu'écrivait à M. de Talleyrand le cardinal Consalvi, l'un
de ceux qui avaient le plus contribué à la conclusion du
concordat. « De faux espions sans nombre sont payés
« pour faire leurs relations ; toute la ville de Rome, tout
« l'État pontifical est en proie à leurs calomnies. Le pa-
« lais apostolique est assiégé par eux comme un château
« fort. On se demande partout : Où sont-ils, les temps
« heureux et pacifiques dans lesquels éclataient de toutes
« parts la bonne foi, la confiance réciproque, l'union
« étroite des deux gouvernements ? »

C'était alors la période militaire d'Austerlitz ; l'empereur, pour assurer ses opérations au midi, fit occuper
par ses troupes la ville d'Ancône. Le pape protesta contre
cette invasion à main armée ; mais quand sa lettre arriva
à l'empereur, le 23 novembre 1805, Napoléon préparait,
par ses étonnantes conceptions militaires, la glorieuse
paix de Presbourg. Le 26 décembre, enflé par ses victoires, il répondit au pape et osa lui adresser des reproches et des conseils non moins irrespectueux ; c'était la
logique de la force. « Je me suis considéré, disait-il en-
« suite, comme le protecteur du saint-siége, et, à ce
« titre, j'ai occupé Ancône. Je me suis considéré, *ainsi*
« *que mes prédécesseurs de la deuxième et troisième race*,
« commé fils aîné de l'Église, comme ayant seul l'épée
« pour la protéger et la mettre à l'abri d'être souillée par
« les Grecs et les musulmans. Je protégerai constamment
« le saint-siége, malgré les fausses démarches, l'ingrati-
« tude et les mauvaises dispositions des hommes qui se
« sont démasqués pendant ces trois mois. Ils me croyaient
« perdu : Dieu a fait éclater, par les succès dont il a fa-
« vorisé mes armes, la protection qu'il a accordée à ma
« cause. Je serai l'ami de Votre Sainteté toutes les fois

« qu'elle ne consultera que son cœur et les vrais amis de
« la religion. Je le répète, si Votre Sainteté veut renvoyer
« mon ministre, elle est libre d'accueillir de préférence
« et les Anglais et le calife de Constantinople, etc. »

Le pape répliqua avec la simplicité admirable de la
vertu et du droit; il se montra le digne vicaire de celui
qui a dit : « Je suis doux et humble de cœur. » Sa lettre
se terminait ainsi : « Cette liberté de langage sera pour
« Votre Majesté une arrhe (un gage) de notre confiance
« en vous. Si l'état de tribulation auquel Dieu nous a
« réservé dans notre douloureux pontificat devait arriver
« à son comble; si nous devions nous voir ravir une
« chose si précieuse pour nous, l'amitié et la bienveillance
« de Votre Majesté; le prêtre de Jésus-Christ, qui a la
« vérité dans le cœur et sur les lèvres, supportera tout
« avec résignation et sans crainte; de la tribulation elle-
« même il recevra le reconfort de la constance... » Cette
réponse si digne et si courageuse ne fit qu'ajouter aux
emportements de l'empereur. Dans la réponse qu'il
adressa au pape, il ne prit pas la peine de dissimuler
son projet de réduire le souverain pontife au rôle de
vassal... « Toute l'Italie, mandait-il, sera soumise à ma
« loi. Je ne toucherai en rien à l'indépendance du saint-
« siége... Mais nos conditions doivent être que Votre
« Sainteté aura pour moi, dans le temporel, les mêmes
« égards que je lui porte pour le spirituel... *Votre Sain-
« teté est souveraine de Rome, mais j'en suis l'empereur;*
« tous mes ennemis doivent être les siens. Il n'est donc
« pas convenable qu'aucun agent du roi de Sardaigne,
« aucun Anglais, Russe ni Suédois réside à Rome ou dans
« vos États, ni qu'aucun bâtiment appartenant à ces
« puissances entre dans vos ports... » Suivaient des ré-

proches amers, et dans lesquels l'empereur osait blâmer Rome du peu de soin qu'elle apportait aux affaires de la chrétienté et au *salut des âmes.*

Le pape ne pouvait renoncer aux droits du saint-siége et se courber sous la suzeraineté du nouveau Barbe-rousse, de cet homme qui, à l'imitation du fameux persécuteur de l'Église, écrivait au successeur de saint Pierre : « Je suis votre maître. » Le pape refusa donc avec une sainte énergie de reconnaître la souveraineté temporelle de Napoléon et de chasser de Rome les ambassadeurs des ennemis de la France ; aussi écrivit-il à l'empereur : « Nous, vicaire de ce Verbe éternel, qui
« n'est pas le Dieu de la dissension, mais le Dieu de la
« concorde, qui est venu au monde pour en chasser les
« inimitiés et pour évangéliser la paix, tant à ceux qui
« sont éloignés qu'à ceux qui sont voisins (paroles de
« l'Apôtre), en quelle manière pouvons-nous dévier de
« l'enseignement de notre divin instituteur? Comment
« contredire la mission à laquelle nous avons été des-
« tiné! » Plus loin le pape ajoutait : « Sire, levons le
« voile ! Vous dites que vous ne toucherez pas à l'indé-
« pendance de l'Église; vous dites que nous sommes le
« souverain de Rome, vous dites dans le même moment
« que toute l'Italie sera soumise à votre loi... Mais si
« vous entendez que Rome, comme faisant partie de
« l'Italie, soit sous votre loi, le domaine temporel de
« l'Église sera réduit à une condition absolument *lige*
« et *servile*, la souveraineté et l'indépendance du saint-
« siége seront détruites. Et pouvons-nous nous taire?
« Pouvons-nous, par un silence qui nous rendrait cou-
« pable de prévarication dans notre office devant Dieu,
« nous accablerait d'opprobre devant toute la postérité,

« dissimuler l'annonce de mesures de cette nature? »

Le royaume de Naples avait été donné en fief à Joseph Bonaparte; le pape refusait de reconnaître ce nouveau roi, et l'irritation de l'empereur s'en accroissait.

Le système continental ne pesait pas encore sur le continent, que Napoléon eut la pensée de fermer aux Anglais les ports de l'État pontifical et de faire occuper par ses troupes toutes les forteresses du saint-siége. « Vous êtes « les plus forts, lui fit répondre Pie VII... Vous serez, « quand vous le voudrez, les maîtres de nos États... « Dans ce moment même nous feignons d'ignorer que « vous faites fabriquer au milieu de Rome des poudres « de guerre pour le siége de Gaëte, et des brûlots à « quelques milles de notre capitale. Nous ne serons jamais « assez peu sage pour entreprendre de vous résister; mais « n'exigez pas notre autorisation expresse!... Sa Majesté « peut, quand elle le voudra, exécuter ses menaces et « nous enlever ce que nous possédons. Nous sommes ré- « signé à tout, et prêt, si elle le veut, à nous retirer dans « un couvent ou dans les *catacombes de Rome,* à l'exemple « des premiers successeurs de saint Pierre. » Le pape faisait allusion aux lettres écrites par Gregoire II à Léon l'Isaurien (1).

______

(1) *Histoire de Pie VII,* par M. Artaud de Montor. — Nous saisissons avec empressement l'occasion de dire tout le bien que nous pensons de cet intéressant ouvrage. M. Artaud de Montor a écrit sous l'inspiration d'une foi sincère; toujours impartial, c'est à un sentiment de justice et non à de timides ménagements qu'il doit cette impartialité dont nous lui faisons un mérite. Il a été sur les lieux; chargé d'une mission diplomatique à Rome, dans les pénibles circonstances qui ont précédé l'exil de Pie VII, il a eu le bonheur d'être honoré de la confiance de ce vénérable pontife. C'est donc aux sources mêmes qu'il a puisé, et son livre est indispensable à quiconque veut étudier sérieusement l'histoire des démêlés au récit desquels nous avons consacré quelques pages.

Le saint-père réclama quelques mois plus tard contre le décret de Berlin (système continental). Le prince Eugène, vice-roi d'Italie, fut chargé de lui écrire à cette occasion, et s'acquitta de cette tàche avec déférence. La vice-reine d'Italie ayant mis au monde une princesse, le pape adressa des félicitations à l'empereur. Napoléon y fut peu sensible, et le 22 juillet 1807 il écrivit au vice-roi pour se plaindre des sentiments que les violences de sa politique soulevaient à Rome ; il lui disait à cette occasion : « ... Que veut faire Pie VII en me dénonçant « à la chrétienté ? mettre mon trône en interdit, m'ex- « communier ? Pense-t-il alors que les armes tomberont « des mains de mes soldats(1)?.. Peut-être le temps n'est- « il pas loin , si l'on veut continuer à troubler les affaires « de mes États, où je ne reconnaîtrai le pape que comme « évèque de Rome, comme égal et au même rang que les « évèques de mes États. Je ne craindrai pas de réunir « les Églises gallicane, italienne, allemande, polonaise « dans un concile, *pour faire mes affaires sans pape...* « Je n'autorise plus qu'une seule lettre de vous à Sa Sain- « teté, pour lui faire connaître que je ne puis consentir à « ce que les évèques italiens aillent chercher leur insti- « tution à Rome. »

L'année suivante, l'empereur prescrivit à ses troupes d'occuper Rome, et ses ordres furent exécutés le 2 février 1808. Le pape signifia aux autorités françaises que, tant que Rome serait ainsi militairement envahie, il se considèrerait comme prisonnier et ne prendrait part à aucune négociation : dès lors il cessa ses promenades et ne sortit point du palais de Monte-Cavallo. Mais les épreuves

(1) Elles ne devaient pas tarder à tomber de ces mains glacées dans les steppes de Russie.

se succédaient; un piquet de soldats français enleva le
gouverneur de Rome, monsignor Cavalchini : les provinces d'Urbin, d'Ancône, de Macerata et de Camerino,
furent réunies au royaume d'Italie : le pro-secrétaire
d'État Gabrielli, ayant protesté, fut arrêté, et monsignor
Barberi, fiscal général, eut le même sort : pareille persécution arriva à monsignor Rigauti, secrétaire de *la
consulte*. Le pape, ayant assemblé en consistoire les cardinaux qui se trouvaient à Rome, prononça devant eux
la célèbre allocution *Nova vulnera*, dans laquelle il
exposa le tableau des souffrances que lui infligeait l'empereur, et protesta avec fermeté contre de tels attentats.
Napoléon ne devait pas s'arrêter dans la voie de l'usurpation; il fut sourd aux plaintes du pontife et aux réclamations de l'Europe chrétienne. Mais avant de raconter
comment il mit le comble à ses sacriléges violences, les
nécessités de cette histoire nous font un devoir de revenir en arrière et de mentionner les événements qui suivirent la paix de Tilsitt.

On a vu que le continent avait fléchi sous la main de
Napoléon. A l'exception de l'Angleterre et de Gustave IV,
roi de Suède, prince opiniâtre et sans intelligence dans ses
haines, tous les rois s'étaient inclinés sous la puissance
de ce conquérant. L'empereur Alexandre lui-même était
rejeté sur l'Asie, et Londres, mis au ban de l'Europe,
demeurait vide d'ambassadeurs. Paris, enflé de la gloire
de son maître, devint à son tour le rendez-vous des souverains, des princes, des ministres et des illustrations des
contrées les plus lointaines. Napoléon, par de fréquentes
alliances nuptiales, mêlait le sang de sa famille à celui
des vieilles maisons régnantes. L'épée du grand Frédéric,
arrachée à la tombe de Postdam, était apportée à Paris

en même temps que l'épée de François Ier, restituée par
l'Espagne. Le lion de Saint-Marc, les chevaux de Corin-
the, les dépouilles opimes de toutes les capitales et de
toutes les nations chargeaient nos monuments et déco-
raient nos musées. Des travaux gigantesques étaient exécutés en France et en Italie ; de nouveaux codes étaient
promulgués ; les îles Ioniennes, la république de Raguse,
le grand-duché de Berg, la Toscane, étaient réunis au
grand empire.

Cependant le maréchal Brune continuait les opérations
qui avaient été commencées contre le roi de Suède, chassait ce prince de Stralsund et soumettait au joug de la
France tout le littoral de la mer Baltique ; l'Angleterre,
de son côté, épuisait ses efforts contre la puissance de
Napoléon, mais ses armes avaient moins de succès que sa
politique. Une de ses flottes tenta contre les Dardanelles
un coup de main que l'ambassadeur Sébastiani fit échouer.
Une de ses armées s'éteignit sans secours en Égypte ; elle
envoya devant Buénos-Ayres un corps de dix mille
hommes qui ne réussit qu'à subir une honteuse capitulation, à perdre Montevideo et toute la côte de Rio-de-la-
Plata. Elle fut plus heureuse du côté du Danemark :
comme elle exigeait de ce royaume une alliance défensive
et offensive, et réclamait pour première garantie la remise
de la flotte danoise, elle entreprit de vaincre la résistance
du prince royal, et jeta douze mille hommes dans la forteresse de Fréderishoberg aux portes de Copenhague.
Le 18 août 1807, elle signifia au gouverneur de cette capitale que, si ses propositions n'étaient point acceptées,
elle subirait les horreurs d'un siége, et le 2 septembre,
à sept heures du soir, Copenhague, persistant dans son
refus, fut bombardé par les Anglais ; trois cents maisons

furent réduites en cendres. Cet attentat, commis contre la foi des nations, livra à l'Angleterre la flotte danoise ; mais le roi de Danemark se plaça sous la protection de Napoléon et adhéra au système continental. Une autre expédition ne tarda pas à troubler la paix du midi. Le Portugal, que sa position topographique avait presque rendu étranger au mouvement du reste de l'Europe, con- servait encore ses anciennes liaisons avec l'Angleterre, et contrariait le système continental ; un décret de Na- poléon, inséré au *Moniteur,* annonça à l'empire que la maison de Bragance avait cessé de régner ; c'est ainsi qu'autrefois le Vieux de la Montagne dictait ses arrêts contre les têtes couronnées. Pour exécuter la sentence rendue par Napoléon, une armée de vingt-sept mille hommes traversa le territoire espagnol et envahit le Por- tugal jusqu'à Lisbonne. Elle était à vingt lieues de cette capitale, que le prince régent et le gouvernement por- tugais ignoraient encore son approche. A la lecture du *Moniteur* qui prononçait la déchéance de sa famille, et à la nouvelle de la marche des Français, le prince Jean s'embarqua précipitamment pour le Brésil, et défendit à ses généraux et à son peuple une résistance inutile. Cette conquête du Portugal, qui valut plus tard à Junot le titre de duc d'Abrantès, fut l'affaire de quelques se- maines. Nous ne tarderons pas à la voir échapper en moins de temps encore aux aigles de Napoléon. Mais des événements d'un ordre plus grave allaient se passer dans la Péninsule.

L'Espagne était gouvernée par Manuel Godoï. Cet homme, de basse extraction, était parvenu, grâce à l'intrigue et à la faveur de la reine, aux plus hautes di- gnités du royaume : habile, souple en même temps que dévoré d'une ambition sans limites, il tenait sous sa dépendance le vieux roi Charles IV et la reine Louise : partisan des idées philosophiques, il avait attiré sur lui la répulsion du clergé et les malédictions du peuple. Les mécontents se ralliaient autour du prince des Asturies, jeune, violent, faible et dissimulé. La confusion et l'anarchie régnaient dans le gouvernement par suite des querelles sans cesse renaissantes au sein de la famille royale. Pour se soutenir contre ses ennemis, Godoï, qu'on appelait aussi le prince de la Paix, mendiait des appuis au dehors et vendait les intérêts et la gloire de l'Espagne tantôt à la France, tantôt à l'Angleterre, selon que la victoire paraissait favoriser l'une de ces puissances. Le vieux Charles IV, quoique du sang des Bourbons, était d'ailleurs l'allié le plus fidèle que l'empereur pût compter en Europe ; la marine espagnole avait été détruite pour nous à Trafalgar, et des armées pleines de dévouement et d'enthousiasme avaient quitté les beaux climats de Grenade et de Cordoue pour aller combattre et mourir sans murmure dans les marais glacés de la Pologne et sous les drapeaux de Napoléon. Si la politique eût sagement conseillé l'empereur, il eût cultivé avec soin l'amitié de l'Espagne et se fût contenté de se servir de cette contrée comme d'un arsenal ou d'un réservoir d'hommes : son ambition en ordonna autrement. Il ne vit en Espagne qu'une couronne de plus à prendre et un peuple de plus à ranger au nombre de ses vassaux. Aussi ne songea-t-il qu'à susciter des intrigues au sein du pays et à profiter des fautes de tous les partis. Le 19 février 1808, à la suite d'un mouvement insurrectionnel, le prince des Asturies contraignit son père d'abdiquer en sa faveur ; Godoï, menacé par l'émeute, eut un œil crevé et faillit perdre la vie ; mais Murat marchait sur Madrid. La trahison avait fait tomber au pouvoir des Français les citadelles dè Pampelune, de Barcelone, de Figuières et de Saint-Sébastien. A peine le beau-frère de Napoléon fut-il entré dans Madrid, que Charles IV protesta en secret contre l'abdication qui lui avait été arrachée par la force. Le général français proposa au père et au fils, armés l'un contre l'autre, de s'en rapporter à l'arbitrage de Napoléon, et les deux princes consentirent de se rendre à Bayonne. L'empereur, qui avait prévu le succès de ses intrigues, se trouvait dans cette ville depuis le 15 avril. La famille royale d'Espagne y étant arrivée successivement, le prince des Asturies se présenta sous le titre de Ferdinand VII, que Napoléon refusa de lui reconnaître ; sa politique lui faisait un devoir de ne point sanctionner le succès d'une révolte. L'empereur eut avec le roi et son fils de nombreuses conférences, pendant lesquelles il réussit à capter leur confiance ; le résultat de ces entretiens fut de déterminer Ferdinand à renoncer à la couronne en faveur de son père, et ce dernier, à céder à Napoléon tous ses droits sur l'Espagne et sur les deux Amériques. Ce fut là le triomphe de la violence et de l'hypocrisie : l'empereur n'avait réussi à amener les princes espagnols à ces concessions qu'en leur promettant en secret, à l'un et à l'autre, de leur rendre la couronne : dès qu'il se vit nanti des deux abdications, il donna un libre champ à sa fourberie et à son orgueil, et envoya Charles IV et son fils languir prisonniers sur divers points de son empire, à Compiègne et à Valençay. L'histoire n'offre point d'exemple d'une si étrange et si lâche perfidie, d'une si criminelle déloyauté. Mais la trahison, pour être entièrement consommée, ne devait pas

s'arrêter à ces premiers actes. Napoléon y mit le sceau en
donnant la couronne d'Espagne, ainsi spoliée, à son frère
Joseph Bonaparte, déjà roi de Naples. Ce dernier royaume
fut donné à Murat, qui ne tarda pas à en prendre possession.

Mais le peuple d'Espagne, ce grand peuple qui a chassé
les Maures et qui porte dans son cœur les plus nobles
sentiments de la vieille chevalerie, ne pouvait se résigner
humblement à l'excès d'abaissement et d'opprobre que
son gouvernement avait subi ; il courut aux armes comme
Pélage, et pendant que l'Europe tout entière, de la Néva
au Tage, de la Baltique à la mer Noire, tremblait au
moindre signe de Napoléon, l'Espagne abandonnée à elle-
même, sans roi et sans armée, osa se lever et jeter le gant
au formidable empereur. A peine la trahison fut-elle connue dans la Péninsule, que les populations poussèrent
un cri de vengeance ; elles jurèrent de ne déposer les
armes que lorsque Ferdinand serait libre. Une junte suprème insurrectionnelle fut établie à Cadix, et communiqua l'impulsion de la résistance à d'autres juntes qui
s'organisèrent dans toutes les provinces : il se forma des
guérillas qui se répandirent dans les bois et les montagnes,
dressèrent des embûches à nos troupes et s'élancèrent de
leurs hauteurs inaccessibles sur les détachements isolés.

Le 2 mai, Madrid se souleva inopinément, et plus de
cinq cents Français furent égorgés dans les rues : Murat,
que ce mouvement avait surpris, fit mitrailler le peuple
et fusiller dans le lieu le plus fréquenté de la capitale
plusieurs centaines d'habitants, parmi lesquels se trouvaient des femmes. Cette répression sanglante était une
grave faute et ne pouvait qu'ajouter à l'irritation des
esprits : le sang amena du sang ; les autres villes s'insur-

gèrent, et, de représailles en représailles, la guerre prit un caractère de férocité digne des siècles de barbarie. Les Espagnols nous égorgeaient en haine de la servitude, et parce que l'audace, la violence et les sacriléges de nos soldats avaient soulevé tout ce que leur âme renfermait de colère; les Français vengeaient avec uné impitoyable énergie leurs frères massacrés.

Cependant la résistance fut organisée; les juntes provinciales firent des efforts désespérés; nos troupes occupaient la Catalogne, l'Aragon, la Navarre; sur tous les points elles firent face à l'ennemi. Moncey, dans le royaume de Valence, illustra nos drapeaux par de nouvelles victoires. Ces succès balancèrent la perte de notre flotte, retirée à Cadix depuis la bataille de Trafalgar, et dont les insurgés espagnols parvinrent à se rendre maîtres; elle se composait de cinq vaisseaux de ligne, d'une frégate et de quatre mille marins. Nous eûmes à subir de plus tristes revers : l'insurrection avait gagné promptement la Galice et l'Andalousie, et le général Dupont se trouvait engagé dans le royaume de Cordoue avec un corps d'armée de vingt-deux mille hommes; enveloppé par des forces plus considérables, mais que la valeur française eût certainement dissipées, ce malheureux général, après des hésitations sans nombre, des retards coupables, quelques simulacres d'une bataille engagée avec mollesse, posa honteusement les armes devant l'ennemi. La désastreuse capitulation de Baylen était la seule tache qui eût encore flétri, depuis vingt ans, la gloire militaire de la France : nous n'eûmes plus à reprocher à l'Autriche la reddition d'Ulm et l'impéritie de Mack. Un article de cette déplorable convention stipulait que nos soldats seraient fouillés et qu'on leur enlèverait les dépouilles provenantes du vol des églises et des propriétés particulières. Le corps d'armée tout entier, après avoir subi cette déshonorante recherche, fut déclaré prisonnier de guerre et relégué sur les pontons de Cadix. Dix batailles perdues eussent été moins fatales à l'empire.

Napoléon comprit l'importance de ce désastre. « C'est « une tache pour le nom français, s'écria-t-il ; il eût « mieux valu qu'ils fussent tous morts les armes à la « main ; nous les eussions vengés. On retrouve des sol- « dats ; il n'y a que l'honneur qui ne se retrouve point ! » Une haute cour impériale fut instituée pour juger les généraux Védel et Dupont ; mais elle n'eut à prononcer aucun jugement, et l'empereur, pour ne pas entretenir trop longtemps l'Europe et la France du désastre de ses armes, se contenta de faire détenir les généraux qui avaient subi la capitulation de Baylen ; l'honneur français réclamait une réparation plus sérieuse. Le maréchal Bessières, duc d'Istrie, vengea l'opprobre de Baylen sous les murs de Médina, où quatorze mille soldats français dispersèrent cinquante mille Espagnols.

Cependant Joseph Bonaparte, ce fantôme qui n'avait de roi que le nom, avait paru à Madrid et y avait reçu les hommages d'un petit nombre d'Espagnols traîtres à leur patrie. Il était à peine installé dans sa capitale, que le corps d'armée espagnol commandé par la Romana, et qui, après avoir pris part au triomphe de Friedland, se trouvait en quelque sorte prisonnier sur les bords de la mer Baltique, réussit à s'embarquer sur des vaisseaux anglais et vint se joindre aux partisans de Ferdinand VII. Le 31 juillet 1808, une armée anglaise prit terre à trente lieues de Lisbonne, sous les ordres de sir Arthur Wellesley, connu depuis sous le nom de lord Wellington.

Junot, qui commandait à peine à dix mille hommes, fut vaincu à Vimeiro et réduit à évacuer le Portugal ; toutefois, en se retirant, il conclut à Cintra une capitulation honorable pour nos armes, et qui fit ressortir davantage la honte de Baylen, en montrant quelles conditions les armées françaises avaient droit d'imposer à l'ennemi lorsqu'elles se résignaient à ne plus combattre. Le Portugal n'en fut pas moins perdu en quelques jours et envahi par les Anglais.

Le 1er août 1808, Joseph Bonaparte, détrôné, pour ainsi dire, avant d'avoir régné, se vit contraint de fuir Madrid et de se retirer à Vittoria. Les forces françaises furent concentrées sur Burgos. Le peuple espagnol proclama de nouveau Ferdinand VII roi d'Espagne, et pendant que ce prince, d'ailleurs peu digne de ce dévouement, sollicitait, dans sa prison de Valençay, l'honneur d'être admis par alliance dans la famille de Napoléon, la nation généreuse qui proclamait ses droits méconnus s'épuisait en sacrifices et confondait dans un même amour son indépendance, son prince et sa foi.

L'Europe observait avec attention les débuts de cette lutte héroïque ; elle reconnaissait à quelques symptômes certains l'affaiblissement de la puissance impériale ; elle faisait silencieusement des vœux pour le succès de cette cause espagnole, la vraie cause des rois et des peuples. Napoléon ne s'abusait pas sur ces dispositions malveillantes, mais il en gardait soigneusement le secret au fond de son cœur ; il savait bien que si la victoire soumet les nations à la dure loi de la nécessité, elle n'établit entre le vainqueur et le vaincu que des amitiés douteuses et dont la durée est subordonnée aux vicissitudes de la fortune. Pouvait-il ajouter une grande foi aux promesses

arrachées à la Russie par le canon de Friedland ? N'avait-
il pas à se méfier de l'alliance de cette Prusse tant de fois
humiliée par ses armes, de cet empire d'Autriche que son
épée avait amoindri et déchiré ? Les princes de la confédération du Rhin ne subissaient-ils pas à regret le joug de
la France ? Ses frères eux-mêmes, qu'il avait élevés au
trône, ne songeaient-ils pas à l'abandonner, soit pour se
soustraire à ses ordres impérieux, soit pour satisfaire aux
besoins de leurs peuples ? Voilà ce que Napoléon comprenait sans se faire illusion, et les revers dont ses armes
avaient été affligées en Espagne l'avaient d'autant plus
irrité, qu'il sentait bien que la victoire était la seule condition de son existence. Aussi, avant de se porter en
Espagne et d'y relever par lui-même l'honneur de ses
troupes, il sentit qu'il avait besoin d'obtenir des rois de
l'Europe de nouveaux gages d'union, peu sincères peut-
être, mais propres à éblouir ses ennemis et à donner le
change à la France. Un congrès pacifique de souverains
fut convoqué à Erfurth : l'empereur y tint comme une
cour plénière de rois ; il y reçut les hommages des souverains du nord et de l'Allemagne ; les acteurs du Théâtre-
Français eurent l'ordre de partir pour Erfurth et d'y
donner des représentations, auxquelles assistèrent les
princes du continent ou leurs ambassadeurs. Comme on
jouait la tragédie d'*OEdipe*, l'acteur qui remplissait le
rôle de Philoctète ayant prononcé ce vers,

L'amitié d'un grand homme est un bienfait des dieux,

l'empereur Alexandre saisit la main de Napoléon et parut
remercier le Ciel d'avoir réalisé pour lui cette maxime.
Cette émotion dramatique était peut-être feinte, et les

sentiments qu'elle révélait devaient s'évanouir comme
une illusion de théâtre. Tout ce que Napoléon obtint
d'Alexandre fut qu'il s'unirait à lui pour demander au
cabinet de Londres une paix qui fut refusée.

Le 26 octobre 1808, Napoléon ouvrait le corps législatif et annonçait à l'Europe que ses aigles ne tarderaient
pas à planer sur les tours de Lisbonne; cette prophétie
devait être plus tard démentie.

Dieu avait donné à Napoléon un corps infatigable
comme son âme; le 4 novembre, l'empereur entrait en
Espagne; le lendemain il était à Vittoria. La face des
choses changea comme par enchantement; une armée
espagnole fut dispersée près de Gamonal, en Estrama-
dure; une autre armée fut détruite à Espinosa de Los-
Monteros, en Galice. Les insurgés d'Andalousie et d'A-
ragon furent écrasés à Tudela, et Napoléon, partout
vainqueur, parut au pied des remparts de Madrid.
Cette ville avait été dépavée et barricadée; les couvents et
les maisons étaient crénelés et matelassés; tout annonçait les horreurs d'un siége; mais, après un engagement
de courte durée, les magistrats de Madrid vinrent implorer la clémence de Napoléon, et leur capitale fut occupée par nos troupes. Ainsi s'accomplissaient les ordres
de Napoléon, lorsqu'au début de la campagne il avait
adressé à sa grande armée cette harangue emphatique :
« Soldats, après avoir triomphé sur les bords du Danube
« et de la Vistule, vous avez traversé l'Allemagne à
« marches forcées; je vous fais aujourd'hui traverser la
« France sans vous donner un moment de repos. Soldats,
« j'ai besoin de vous, la présence hideuse du léopard
« souille les continents d'Espagne et de Portugal;
« qu'à votre aspect il fuie épouvanté. Portons nos aigles

« triomphantes jusqu'aux colonnes d'Hercule ; là, aussi,
« nous avons des outrages à venger. Soldats , vous avez
« surpassé la renommée des armées modernes , mais
« avez-vous égalé la gloire des armées de Rome, qui ,
« dans une même campagne , triomphèrent sur le Rhin
« et sur l'Euphrate, en Illyrie et sur le Tage ? Une longue
« paix, une prospérité durable, seront le prix de vos tra-
« vaux. Un vrai Français ne peut , ne doit point prendre
« de repos jusqu'à ce que les mers soient ouvertes et
« affranchies. » Un des premiers actes de l'empereur, après
l'occupation de Madrid , fut d'abolir l'inquisition et de
réduire des deux tiers le nombre des couvents.

Napoléon quitta Madrid pour marcher à la rencontre
des Anglais, dont une armée avait envahi le territoire
espagnol. Au seul bruit de son approche , le général
Moore et ses alliés furent saisis de crainte et reculèrent
de position en position. Cette retraite fut aussi funeste
aux Anglais que la bataille qu'ils avaient voulu éviter ;
elle leur fit perdre neuf mille hommes, dix mille chevaux, leur artillerie , leurs magasins et leur caisse militaire. La rapidité de leur fuite ne les sauva pas du danger
dont les menaçait Napoléon ; ils étaient à peine arrivés
au port de la Corogne, que les Français les atteignirent
et leur livrèrent un combat meurtrier qui coûta la vie au
général Moore et à deux mille cinq cents hommes. Les
débris de l'armée anglaise parvinrent cependant à s'embarquer à la faveur de la nuit.

Pendant que ces événements se passaient au nord-ouest
de la Péninsule, le maréchal Lannes , à la tête d'une armée considérable , pressait le siége de Saragosse. Cette
malheureuse cité opposa aux attaques des Français la résistance la plus héroïque , et qui rappelle le magnanime

dévouement de ces villes de l'antiquité qui ne livraient
aux conquérants du monde, aux soldats de Scipion ou
de César, que des murailles détruites sur lesquelles il
n'était plus besoin de passer la charrue, et des spectres
hideux, seule population qui eût survécu à la faim. Fortifiée par le dévouement et l'exemple de ses moines qui
parcouraient les rangs des assiégés, un crucifix à la main,
Saragosse, après avoir supporté huit mois d'attaque et
vingt-huit jours de tranchée ouverte, résista encore pendant vingt-trois jours de rue en rue et de maison en
maison; chaque habitation, chaque abbaye, chaque
église était transformée en forteresse dont il fallait faire
le siége, et qui ne cédait qu'à la mine et aux flammes.
Cinquante-quatre mille Espagnols de tout âge et de tout
sexe périrent victimes de ce magnanime dévouement. Il
fallut plusieurs fois renouveler l'armée assiégeante, que
la contagion décimait plus encore que les nombreuses
guérillas répandues dans la campagne. Lorsque le duc
de Montebello se fut rendu maître de ce monceau de
décombres, il traita avec humanité les débris de cette
population infortunée, qu'une affreuse épidémie, plus
redoutable encore que la guerre, continuait à diminuer.
Plus de deux mille personnes périssaient chaque jour, et
les hôpitaux, encombrés de malades et de morts, ressem-
blaient à d'impurs cimetières. Ce fut un des grands actes
de ce duel de cinq ans durant lequel l'Espagne osa se
mesurer avec Napoléon. Si les yeux de cet homme avaient
pu s'ouvrir, ils auraient vu pâlir cette étoile à laquelle une
croyance superstitieuse attachait la fortune de l'empereur;
mais Napoléon ne vit là qu'un accident de la guerre.

Le roi Joseph était rentré à Madrid le 22 janvier 1809,
et le lendemain Napoléon lui-même, rappelé vers le nord

par les menaces de l'Autriche, avait reparu dans la capitale de son empire. Cependant l'Espagne tout entière était en feu ; on retrouvait Saragosse dans chaque province, et partout où les accidents du terrain, un défilé, un pont, un torrent, un bois, permettaient de dresser une embuscade à l'armée française et de triompher soit par la ruse, soit par le nombre, de cette grande armée qu'on ne pouvait affronter en rase campagne. Les prisonniers étaient livrés à d'horribles supplices ; sur toutes les routes on trouvait de malheureux Français égorgés ou noyés dans les citernes, et auxquels souvent, par un raffinement de cruauté dont les races du midi peuvent seules donner l'exemple, on avait arraché le cœur et les entrailles : c'était une guerre sauvage, où tout ce qui portait une cocarde française était d'avance dévoué à la mort. Les *afrancesados* (c'est ainsi qu'on désignait les Espagnols partisans du roi Joseph) étaient surtout traités avec une rigueur sans pareille : on les traquait comme des bêtes fauves, et on les faisait mourir dans d'effroyables tourments. Quant à nos soldats faits prisonniers dans les combats, ce qu'ils pouvaient obtenir de plus heureux était d'être conduits sur des vaisseaux appelés pontons, où ils avaient à subir toutes les horreurs du désespoir, de la misère et de la faim. Tels étaient les obstacles que deux cent mille hommes, l'élite des troupes de l'empire, rencontraient sur la terre d'Espagne. Peut-être seraient-ils venus à bout de les surmonter si de funestes divisions ne s'étaient mises parmi les généraux. Ces hommes qui croyaient tous avoir des titres égaux au commandement suprême, et dont plusieurs avaient conquis des royaumes, ne voulaient accepter d'autre suprématie que celle de Napoléon. Au lieu de se concerter et de s'entendre, comme l'empereur le leur avait prescrit, ils agissaient au hasard, au gré de leur inspiration particulière, sans ensemble et sans discipline. Cet état de choses ne pouvait avoir que de funestes résultats ; sir Arthur Wellesley le mit à profit pour les intérêts de l'Espagne et de l'Angleterre. Vainement Gouvion-Saint-Cyr remportait-il une victoire non loin de Tarragone ; vainement Sébastiani était-il victorieux à Ciudad-Réal, Victor à Médelin, le maréchal Soult à Oporto, où périrent vingt mille Portugais, ces convulsions héroïques du courage français ne pouvaient que retarder la catastrophe dont nos aigles étaient menacées, et accroître la haine en même temps que le désespoir des Espagnols. Le 28 juillet 1809, le roi Joseph et le maréchal Victor, qui commandaient en personne, perdirent contre sir Arthur Wellesley la bataille de Talavera, qui fut chaudement disputée. Déjà le Portugal avait été évacué par l'armée française ; les victoires d'Almonacid, d'Ocana, d'Alba de la Tormès, la prise de Tolède et la capitulation de Girone terminèrent cependant avec honneur pour nos troupes cette campagne de 1809. La guerre fut un peu ralentie par l'hiver, et elle eût été poussée avec plus d'activité et avec plus de bonheur pour la cause ennemie, si la division ne s'était mise entre les Anglais et les Espagnols. Ces derniers soutinrent pendant quelque temps à eux seuls le fardeau de la lutte, et leurs alliés se replièrent sur le Portugal.

Des événements non moins graves se passaient sur les bords du Danube. L'empereur d'Autriche n'avait point oublié les humiliations de Campo-Formio, de Lunéville et de Presbourg. Plus d'une fois, pendant les campagnes de Prusse et de Pologne, lorsque la victoire avait paru hésiter à suivre les drapeaux de Napoléon, les armées

autrichiennes avaient fait des mouvements dont l'empereur des Français entrevit toujours le véritable caractère.
Napoléon comprenait sans peine que le seul moyen de
conserver la paix avec l'Autriche consistait à vaincre sans
cesse les autres puissances coalisées contre sa couronne ;
mais il dissimulait ce qu'il pensait de cette amitié douteuse et malveillante, parce que son grand principe était
de n'avoir jamais affaire qu'à un seul ennemi. Lorsque le
cabinet de Vienne eut vu l'élite de nos troupes occupée
en Espagne à une guerre sans résultat, il crut le moment
favorable pour opérer une diversion sur nos frontières
de l'est, et après avoir organisé aussi secrètement que
possible une armée de quatre cent mille hommes, commandée par l'archiduc Charles, il fit envahir le territoire
de la Confédération du Rhin. Napoléon avait pour coutume de déjouer, par l'impétuosité de ses plans, les cal-
culs et les prévisions de ses ennemis. C'était le 8 avril
1809 que l'empereur d'Autriche avait pris l'offensive
sur tous les points ; le 16 du même mois, Napoléon,
revenu des Pyrénées, se trouvait à Dillengen, auprès du
roi de Bavière, déjà chassé de sa capitale et réduit à
solliciter l'appui de la France : « Soldats, dit Napoléon
« à ses troupes, le territoire de la Confédération a été
« violé ; le général autrichien veut que nous fuyions à
« l'aspect de ses armes et que nous lui abandonnions nos
« alliés ; j'arrive avec la rapidité de l'éclair. Soldats !
« j'étais entouré de vous lorsque le souverain de l'Autri-
« che vint à mon bivouac en Moravie ; vous l'avez entendu
« implorer ma clémence et me jurer une amitié éternelle.
« Vainqueurs dans trois guerres, l'Autriche a dû tout à
« notre générosité : trois fois elle a été parjure ! Nos suc-
« cès passés nous sont un sûr garant de la victoire qui

« nous attend. Marchons donc, et qu'à notre aspect l'en-
« nemi reconnaisse son vainqueur! »

Dès les premiers chocs la victoire se montra fidèle
aux Français. Le 19 avril, le combat de Thann ouvrit
glorieusement la campagne; le lendemain Napoléon, à
la tête des Wurtembergeois et des Bavarois, jaloux de
combattre sous ses ordres, battait séparément deux armées ennemies à Abensberg; le surlendemain ses aigles
triomphaient à Landshut; le 22, à Eckmülh; cent dix
mille Autrichiens, attaqués sur tous les points, tournés
par leur gauche, et successivement chassés de leurs positions, fuyaient dans la plus épouvantable déroute devant
cinquante mille combattants, et abandonnaient à Napoléon vingt mille prisonniers et leur artillerie. Le 23, la
victoire de Ratisbonne, due aux combinaisons de l'empereur, rouvrait au roi de Bavière les portes de sa capitale; pendant l'action, Napoléon fut blessé au pied d'une
balle amortie qui lui fit une forte contusion. Le lendemain, il passait en revue ses troupes et leur distribuait
des récompenses : « Soldats, leur disait-il encore; l'en-
« nemi, enivré par un cabinet parjure, semblait ne plus
« conserver un souvenir de vous; son réveil a été prompt;
« vous lui avez apparu plus terribles que jamais. Na-
« guère il a traversé l'Inn et envahi le territoire de nos
« alliés, naguère il promettait de porter ses armes dans
« notre patrie; aujourd'hui, défait, épouvanté, il fuit
« en désordre. Déjà mon avant-garde a passé l'Inn;
« avant un mois nous serons à Vienne. »

Il tint parole, et le 10 mai, après une série de combats
glorieux pour la grande armée, l'empereur campa sous
les murs de Vienne. La population, exaspérée par les
revers de l'Autriche, voulut défendre cette capitale;

l'archiduc Maximilien, qui dirigeait sa résistance, fit
serment de s'ensevelir sous ses ruines ; mais l'empereur,
au milieu de la nuit, fit bombarder la ville et y jeta deux
mille obus qui de toutes parts y allumèrent l'incendie.
Un officier autrichien vint alors annoncer à Napoléon
que la jeune archiduchesse Marie-Louise, retenue à
Vienne par une indisposition fort grave, se trouvait exposée au feu des assiégeants : aussitôt l'empereur donna
une autre direction aux batteries. Cependant l'archiduc,
n'espérant plus sauver la capitale, se hâta de l'abandonner à la discrétion du vainqueur, et le 13 mai la grande
armée et son chef entrèrent dans Vienne. Napoléon pouvait déjà remarquer que la guerre avait pris une face
nouvelle : une étincelle du feu patriotique dont l'Espagne
était dévorée se communiquait aux nations allemandes.
L'empereur ne luttait plus contre les cours, mais bien
contre les peuples de l'Europe. Des soulèvements éclataient en Westphalie contre le roi Jérôme ; une insurrection soulevait le Tyrol ; les paysans du Wurtemberg se
révoltaient contre leur roi, trop fidèle à Napoléon ; l'intrépide major Schill, chef de partisans prussiens, faisait
la guerre pour son propre compte à travers la Prusse
et la Poméranie ; un prince de la maison de Brunswick
attaquait notre allié le roi de Saxe, et ses entreprises
soulevaient de vives sympathies. Partout, il est vrai,
les soldats de Napoléon faisaient face et écrasaient leurs
ennemis à la faveur de la discipline et du nombre, mais
cette compression violente coûtait à l'empereur un sang
précieux et lui inspirait de justes inquiétudes pour l'a-
venir.

Napoléon prit à peine trois jours de repos au palais de
Schœnbrunn ; dès le 19 mai un combat meurtrier l'avait

rendu maître de l'île de Lobau, dont l'occupation assurait
les communications de son armée et lui fournissait un
point d'appui pour franchir le Danube en face de l'armée
autrichienne. Deux jours après, comme par enchantement, trois ponts formant ensemble un prolongement de
mille mètres avaient été jetés sur le fleuve, et l'armée s'y
précipita pour aborder l'ennemi. Nos troupes s'élevaient
à peine au tiers de celles que commandait l'archiduc
Charles. La journée du 21, pendant laquelle les maréchaux Lannes et Masséna déployèrent un courage admirable, fut employée à paralyser, par une résistance meurtrière, les efforts de l'armée autrichienne. Le lendemain,
nos soldats ayant reçu des renforts reprirent l'offensive à
Essling. Masséna, Lannes, Bessières, dociles aux ordres
de l'empereur, réussirent à percer le centre de l'ennemi.
La victoire était certaine, lorsqu'un événement dérangea
les projets de Napoléon. Le prince Charles, comptant sur
la crue du Danube, avait fait jeter dans le fleuve des
masses énormes d'arbres et de poutres. Le Danube ne
trompa point ses espérances, et les trois ponts établis par
l'empereur furent emportés par les eaux. L'armée française, opposée à un ennemi supérieur en nombre, se
trouvait encore séparée de sa cavalerie, de son parc de
réserve et du corps de Davout. Napoléon comprit alors
l'imminence du danger ; il ordonna au duc de Montebello
de ralentir son mouvement et de se replier en arrière.
L'ennemi, qui déjà prenait la fuite, revint alors à la
charge, et, pendant dix heures d'efforts inouïs, essaya,
mais en vain, de culbuter l'armée française. Le dévouement de Masséna répondit à la confiance de Napoléon et
à la grandeur du péril. Le village d'Essling fut pris et
repris huit fois ; l'ennemi tira quarante mille coups de ca-

non, tandis que les munitions manquèrent à nos troupes ; de part et d'autre on fit des pertes énormes, mais l'empereur eut à déplorer la mort de ces hommes qui, à eux seuls, pèsent autant qu'une armée dans la balance de l'histoire : le maréchal Lannes, duc de Montebello, fut renversé par un boulet qui lui fracassa les deux jambes. Comme on l'emportait sur un brancard, l'empereur accourut, versant des larmes, et, serrant dans ses bras son intrépide lieutenant, il lui dit : « Lannes, me reconnais-tu ? c'est l'empereur, c'est Bonaparte, c'est ton ami !... » Il n'en obtint que des mots entrecoupés ; plus tard il fit arranger cette scène dans l'un de ses bulletins. Quoi qu'il en soit, Napoléon paya de sa personne, à la fatale journée d'Essling, comme l'eût fait un simple soldat. Au plus fort du danger, le général Walther lui cria : « Sire, retirez-vous, ou je vous fais enlever par mes grenadiers. » Cependant les eaux du Danube grossissaient toujours, et les efforts qu'on tentait pour rétablir les ponts étaient déjoués par la violence du courant et par les amas d'arbres et de radeaux chargés de pierres que l'ennemi abandonnait au fleuve. Douze mille blessés français se pressaient sur la rive, attendant des secours qu'on ne pouvait leur donner. Nous avions perdu notre grosse cavalerie, nos vaillants carabiniers et l'élite des combattants ; ce fut une nuit terrible. Napoléon, monté sur un frêle bateau, exposé à la fureur des vents et du fleuve, parvint à regagner l'île Lobau ; les communications avec les deux rives furent momentanément rétablies, et l'armée se retira dans l'île, entraînant avec elle ses blessés, dont la plupart périrent faute de secours. Tel fut le désastre d'Essling, qu'on présenta au peuple de Paris comme une victoire ; mais l'opinion ne prit point le change.

Tandis que ces événements s'accomplissaient non loin
de Vienne, Poniatowski défendait la Pologne contre l'archiduc Ferdinand ; et le prince Eugène, vice-roi d'Italie,
d'abord repoussé par les Autrichiens, revenait à la charge
et célébrait par la victoire de Raab le double anniversaire
de Marengo et de Friedland. Réuni au maréchal Marmont, il amena à Napoléon de puissants renforts, et
l'empereur se vit bientôt en état de reprendre l'offensive.
Par ses ordres, des travaux gigantesques furent entrepris
et menés à terme en moins de quarante jours. Le Danube
fut de nouveau couvert de ponts dont la solidité bravait le
courant ; l'île Lobau fut fortifiée par toutes les ressources
du génie militaire. Enfin, le 4 juillet, la grande armée
franchit de nouveau le fleuve et se déploya dans la vaste
plaine que l'archiduc avait hérissée de redoutes et de
palissades. Le lendemain, elle obtint à Enzersdorff des
succès qui en présageaient de plus assurés ; le 6 juillet,
elle livrait la bataille sanglante de Wagram, qui décidait
du sort de la monarchie autrichienne. Quatre cent mille
hommes et six cents pièces de canon lancèrent la mort,
de part et d'autre, pendant douze heures. La victoire fut
chaudement disputée et faillit plus d'une fois échapper
aux aigles françaises. Il y eut un moment où l'empereur,
voyant une partie de son armée détruite et l'autre ébranlée,
parut chercher la mort au milieu d'un effroyable déluge
de boulets dirigés contre lui ; il fut épargné. En ce moment, comme par l'effet d'une illumination soudaine, il
ordonna à Macdonald d'attaquer le centre de l'ennemi,
et fit soutenir ce mouvement décisif par une formidable
batterie de cent pièces de canon : alors la victoire reparut
sous nos drapeaux pour leur demeurer fidèle jusqu'à la
fin du combat. L'archiduc, écrasé de front par Macdonald

et par Masséna, débordé par Davout et Oudinot, consentit
enfin à battre en retraite. Ce fut un combat de géants,
une immense destruction d'hommes. La bataille de
Wagram valut aux généraux Oudinot et Macdonald le bâton
de maréchal de l'empire, et à Marmont, créé maréchal
sur le champ de bataille de Znaïm, le titre de duc de
Raguse. L'archiduc Charles, quoique vaincu, avait réussi
à opérer une savante retraite et se trouvait en état de poursuivre les hostilités ; mais, après tant de pertes éprouvées
dans les rangs opposés, on sentait le besoin de la paix.
Le 11 juillet, l'Autriche demanda et obtint un armistice,
et Napoléon retourna à Schœnbrunn, d'où il pressa le
résultat des négociations ouvertes entre les deux cours. Il
avait senti que la guerre n'était plus pour lui, comme
naguère, un jeu facile. Ses ennemis avaient grandi en
résolution et en tactique ; le désespoir leur donnait des
forces, les défaites leur servaient de leçon. D'ailleurs il
n'était plus temps pour lui de se dissimuler la haine que
son nom inspirait à l'Allemagne ; ce sentiment se révélait
par des actes du fanatisme le plus dangereux.

Un jour que l'empereur passait la revue de sa garde,
un jeune étranger, d'une figure douce et belle, se présenta
à lui comme pour lui remettre un placet ; on l'avertit de
choisir un autre moment, et, comme il insistait, on
s'aperçut qu'il était armé d'un couteau. Napoléon, après
la revue, ordonna que l'assassin lui fût amené « D'où
êtes-vous, lui dit-il, et depuis quand êtes-vous à Vienne ?
— Je suis d'Erfurth, répondit le jeune enthousiaste, et
j'habite Vienne depuis deux mois. — Que me vouliez-
vous ? — Vous demander la paix. — Pensiez-vous que
j'eusse voulu écouter un homme sans caractère et sans
mission ? — En ce cas, je vous aurais poignardé. — Quel

mal vous ai-je fait? — Vous opprimez ma patrie et le monde entier; si vous ne faites point la paix, votre mort est nécessaire au bonheur de l'humanité; en vous tuant, j'aurais fait la plus belle action qu'un homme d'honneur puisse entreprendre... — Est-ce la religion qui a pu vous déterminer? — Non; mon père, ministre luthérien, ignore mon projet; je ne l'ai communiqué à personne, je n'ai reçu de conseil de qui que ce soit; seul, depuis deux ans, je médite votre changement ou votre mort... — Etes-vous franc-maçon, illuminé? — Non. — Vous connaissez l'histoire de Brutus? — Il y a eu deux Romains de ce nom; le dernier est mort pour la liberté. — Avez-vous eu connaissance de la conspiration de Moreau et de Pichegru? — Les papiers m'en ont instruit. — Que pensez-vous de ces hommes? — Ils ne travaillaient que pour eux et craignaient de mourir. — On a trouvé sur vous un portrait; quelle est cette femme? — Une jeune personne à qui je devais m'unir, la fille adoptive de mon père — Quoi! votre cœur est ouvert à des sentiments si doux, et vous n'avez pas craint de perdre les êtres que vous aimez? — J'ai cédé à une voix plus forte que celle de la tendresse. — Vous avez une tête exaltée; si je vous pardonnais, seriez-vous fâché de votre crime? — Je ne veux pas de pardon; j'éprouve le plus vif regret de n'avoir pu réussir, et je ne vous en tuerais pas moins. »

Napoléon demeura stupéfait de ce fanatisme; il donna l'ordre d'emmener le prisonnier. Quand il fut sorti: « Voilà, dit l'empereur, les résultats de cet illuminisme qui infecte l'Allemagne; mais on ne détruit pas une secte à coups de canon. » Quoi qu'il en soit, il voulait faire grâce au jeune exalté; mais l'énergique assurance de cet homme ne se démentit pas, bien qu'il fût demeuré quatre

jours sans prendre de nourriture. Ramené à Vienne,
l'assassin fut traduit devant un conseil de guerre et condamné à être passé par les armes. Sur le lieu du supplice
il s'écria d'une voix forte : « Vive la liberté! vive l'Allemagne ! mort à son tyran ! » et il tomba. Ce malheureux
se nommait Stabs.

La tentative du Mucius Scévola allemand eut une influence marquée sur les concessions que fit l'empereur :
Napoléon craignit que Stabs n'eût, comme l'assassin de
Porsenna, des imitateurs parmi les vengeurs de l'Allemagne. Des conférences avaient été ouvertes à Raab ;
elles durèrent plusieurs mois, pendant lesquelles les hostilités furent plus d'une fois reprises. A la fin, l'habile
ministre de Napoléon, M. de Champagny, termina les
négociations et conclut avec le prince de Lichtenstein
un traité de paix que les deux puissances ratifièrent. Par
ce traité l'Autriche perdit près de trois millions d'habitants ; elle céda la Galicie avec les provinces illyriennes,
le pays de Salzbourg et quelques autres portions de ses
États.

Dans l'intervalle de l'armistice à la paix , qui ne fut
signée que le 14 octobre, l'Angleterre, déterminée à
faire des diversions en faveur de l'Autriche , tenta une
expédition dans les Abruzzes et la Calabre, alors en
insurrection. Murat régnait à Naples sous le nom de
Joachim Ier ; ce vassal de Napoléon repoussa l'ennemi loin
des rivages que l'empereur avait confiés à son courage.
Dans le même temps l'Angleterre tenta de s'emparer de
Flessingue, où dix vaisseaux de ligne étaient déjà réunis,
de ruiner les chantiers d'Anvers, où l'on construisait
vingt autres vaisseaux de ligne, et de rendre la navigation de l'Escaut à jamais impraticable. Cette expédition ,

qui tourna contre ses auteurs, parut débuter heureusement pour nos ennemis : Flessingue et l'île de Walcheren
tombèrent en leur pouvoir. Fouché, duc d'Otrante, alors
ministre de la police générale, suppléa, par l'activité de
ses mesures, à l'absence de l'empereur ; il mobilisa les
gardes nationales de l'empire, et cette mesure, jointe
aux efforts du maréchal Bernadotte, fit échouer les plans
de l'ennemi. Les Anglais évacuèrent Flessingue, après
avoir perdu douze mille hommes, morts de la fièvre ou
détruits par nos armes.

Mais l'Italie était le théâtre des plus douloureux événements.

Le 17 mai, Napoléon avait rendu, de son camp impérial de Vienne, le trop fameux décret qui réunissait les
États de l'Église à l'empire français. La ville de Rome
était déclarée ville impériale et libre. Les terres et les
domaines du pape étaient augmentés jusqu'à concurrence
d'un revenu net de deux millions. Une *consulte* devait
prendre possession des États pontificaux et y organiser
le régime constitutionnel. Pour toute réponse, le pape
prépara une bulle d'excommunication contre les auteurs
ou complices des attentats dirigés contre le saint-siége.

Le général Miollis, qui commandait à Rome les troupes
de l'empereur, fit signifier au cardinal Pacca que le gouvernement allait être changé, et peu d'heures après, le
10 juin, au bruit de l'artillerie du château Saint-Ange, le
pavillon pontifical fut descendu, et l'on éleva le pavillon
français : en même temps le décret de réunion fut publié
à son de trompe dans la ville éternelle. La nuit suivante,
la bulle d'excommunication lancée contre l'empereur fut
placardée sur les murs de Rome par les soins des cardinaux, et arrachée par la police française. Napoléon n'y

était pas nommé, mais il y était compris comme le principal auteur des violences commises contre l'Église. De part et d'autre on passa les jours suivants à s'observer. Enfin le 6 juillet, le jour même où Napoléon combattait à Wagram, le général Miollis donna ordre au général Radet d'enlever le pape et de l'éloigner de Rome. Ce grand attentat n'avait point été commandé par l'empereur; mais Miollis prit sur lui de le commettre, et son zèle impie ne fut point désavoué.

Pie VII s'était retiré au fond du Quirinal, et avait fait fermer les portes de ce palais. Un attroupement composé de repris de justice et de la lie des faubourgs donna l'assaut aux murailles de l'édifice. Les portes furent enfoncées à coups de hache, et les soldats de Miollis, ayant à leur tête le général Radet, pénétrèrent dans les appartements. La garde suisse, sommée de mettre bas les armes, obéit sans résistance, et Radet, suivi de sa troupe, se trouva en face du saint-père. Le vénéral pontife était entouré de ses cardinaux et d'un petit nombre de serviteurs fidèles. Pendant quelques minutes un profond silence régna; à la fin, le général français, la figure pâle, la voix tremblante et pouvant à peine trouver quelques paroles, dit au pape qu'il avait à remplir une mission pénible, mais qu'ayant juré fidélité à l'empereur il ne pouvait se dispenser d'exécuter son ordre; qu'en conséquence il le sommait de renoncer à la souveraineté temporelle de Rome. Le pape répondit avec dignité et assurance : « Si vous avez cru devoir exécuter de tels ordres de l'empereur parce que vous lui avez fait serment de fidélité et d'obéissance, pensez de quelle manière nous devons, nous, soutenir les droits du saint-siége, auquel nous sommes lié par tant de serments. *Nous ne devons pas,*

nous ne pouvons pas , nous ne voulons pas... » Quelques
moments après, le pape demanda s'il fallait qu'il partît
seul , et Radet lui accorda d'emmener avec lui le cardinal
Pacca. Bientôt le pape et le cardinal, environnés de gendarmes, de sbires et de rebelles , marchant avec peine sur
les débris des portes jetées à terre, furent conduits à la
principale issue de Monte-Cavallo, où se trouvait prête
la voiture du général Radet. Sur la place étaient rangées en
bataille des troupes napolitaines : le pape les bénit, ainsi
que la ville de Rome ; puis monta dans la voiture, avec
le cardinal Pacca ; un gendarme ferma les portières à clef,
et l'escorte prit la route du nord, par la porte du Peuple.
Le pape n'emportait pour tout bien qu'une petite pièce
de monnaie valant à peine un franc, et n'avait d'autres
habits que ceux qui couvraient son corps, se conformant
à la lettre à ce divin précepte : « Vous ne porterez rien en
chemin, ni pain, ni deux tuniques, ni argent. » Et le
soir même, des mains hardies inscrivaient sur les murs de
Rome cette apostrophe sublime du Dante : « Je vois le
« Christ captif en son vicaire ; je le vois encore une fois
« moqué ; je le vois encore abreuvé de vinaigre et de fiel ! »

A quatre heures du matin (huit heures d'Italie), on
partit de Rome pour la Toscane ; la stupeur régnait sur
le visage du peuple A Monterosi, beaucoup de femmes ,
ayant reconnu le saint-père dans un carrosse entouré de
gendarmes le sabre nu , et le voyant transporté comme
un prisonnier, imitèrent la tendre compassion des femmes
de Jérusalem , et commencèrent à se frapper la poitrine
en versant des larmes. Le général Radet, redoutant ces
démonstrations pieuses , fit baisser les rideaux de la voiture, en dépit d'une chaleur étouffante. A Florence,
Élisa Bacciochi, sœur de Napoléon et grande-duchesse de

Toscane, envoya complimenter le pape et lui fit offrir
ses services, qui furent refusés. A Alexandrie, le peuple
parut vouloir se soulever en faveur de l'auguste captif ;
mais Pie VII l'engagea à se résigner comme lui. Partout
les populations se livraient aux marques les plus certaines d'affliction et de deuil ; c'était à qui s'approcherait
du saint-père pour baiser ses mains, le consoler et le
plaindre. Comme le pieux pontife approchait de Grenoble, la garnison de Saragosse, prisonnière dans cette
ville, obtint la permission d'aller au-devant de lui, et
se prosterna tout entière pour recevoir sa bénédiction.
La population de Grenoble avait suivi ce mouvement et
s'était partout agenouillée sur le passage du pape ; c'était
là qu'une résidence avait été assignée au saint-père. A
peine y était-il arrivé, que le cardinal Fesch, oncle de
l'empereur et archevêque de Lyon, lui envoya ses grands
vicaires et des traites pour cent mille francs. Ainsi, dans
la famille même de Napoléon, on protestait contre son
crime. Cependant le pape reçut l'avis de se préparer à
partir pour Valence, puis pour Avignon, puis enfin pour
Nice et Savone. C'est dans cette dernière ville, voisine
de Gênes, qu'il lui fut permis de résider ; là aussi il sut
à souffrir de pénibles tribulations, qu'adoucirent d'un
autre côté de généreuses sympathies. Pour donner une
idée exacte des procédés outrageants dont le vénérable
vieillard était l'objet de la part de l'empereur, nous cite-
rons une note signifiée au pape par le préfet du département de Montenotte, et qui avait été vraisemblablement
rédigée par Napoléon :

« Le soussigné, d'après les ordres émanés de son
« souverain S. M. I. et R. Napoléon, empereur des
« Français, roi d'Italie, protecteur de la Confédération

« du Rhin, etc., est chargé de notifier au pape Pie VII
« que défense lui est faite de communiquer avec aucune
« église de l'empire ni aucun sujet de l'empereur, sous
« peine de désobéissance de sa part et de la leur ; qu'il
« cesse d'être l'organe de l'Église catholique, celui qui
« prêche la rébellion et dont l'âme est toute de fiel ; que,
« puisque rien ne peut le rendre sage, il verra que
« S. M. est assez puissante pour faire ce qu'ont fait ses
« prédécesseur pour déposer un pape. »

Cette audacieuse menace, formulée en termes grossiers, atteste encore que le persécuteur avait marché dans les voies de l'iniquité jusqu'à la démence. Le pape ne répondit que par la résignation des saints et la fermeté des confesseurs : son âme, profondément émue des misères de l'Église de France, oublia, en présence de nos propres amertumes, les chagrins dont elle était si largement abreuvée.

CHAPITRE VI.

NAPOLÉON LÉGISLATEUR. — GRANDEURS DE LA PAIX.

L'Autriche subissait la dure loi de la guerre ; elle avait été noyée dans le sang et morcelée; la Prusse, encore meurtrie de sa chute d'Iéna , dépouillée du tiers de ses provinces , ruinée et dévastée , rongeait son frein en silence et attendait une heure plus propice pour secouer le joug. La Confédération du Rhin se partageait en princes et en peuples : les premiers dociles aux caprices de Napoléon et fidèles à sa grandeur, tant qu'il en rejaillissait sur eux quelques rayons; les autres frémissants sous la tyrannie et nourrissant à l'abri du chaume, dans les universités, dans les sociétés secrètes, un dernier espoir de vengeance; l'Espagne était un immense champ de bataille, un vaste cimetière où l'on s'égorgeait entre des tombes et sur des croix brisées; le Portugal servait de

camp retranché à l'Angleterre ; la Sardaigne et la Sicile
étaient des foyers d'intrigues contre la France ; l'Italie,
agitée par les passions les plms diverses, était emportée
par la France comme un satellite dans l'espace ; la Turquie, grâce à une révolution de palais, se montrait favorable à la politique anglaise ; la Suisse était un grand
fief impérial ; la Hollande une proie déjà convoitée ; le
Danemark un allié timide, sollicitant les bienfaits d'une
neutralité impossible ; la Suède s'isolait du mouvement
européen et redoutait pour son avenir le système continental imaginé par Napoléon ; la Pologne attendait une
régénération que la politique devait lui refuser ; la
Russie, humiliée à Tilsitt, pleine du sentiment de sa
force et de son orgueil, s'étonnait de l'indifférence de
son chef et de ses hésitations à rompre la paix : pendant
la dernière guerre d'Allemagne, elle avait attendu une
occasion d'intervenir et de porter à Napoléon le coup de
grâce ; la victoire de Wagram l'avait contenue. Pour
l'Angleterre, elle était plus que jamais debout et armée ;
épuisée de sacrifices, elle avait recours aux emprunts,
elle exagérait les ressources du crédit ; souveraine sans
contrôle de l'empire des mers, elle était un infatigable
levier employé sans relâche à soulever l'une après l'autre
toutes les nations contre la France ; et la France, à son
tour, gorgée de gloire et saturée de triomphes, lorsque
sa folle vanité lui permettait de courts intervalles de
raison, commençait à se préoccuper de l'avenir et à se
demander si elle n'était créée que pour servir de réserve
à l'ambition meurtrière d'un seul homme.

Mais cet homme, parvenu aux extrémités de la grandeur humaine, se voyait menacé d'être seul de sa race ;
il n'avait point d'enfant à qui léguer sa double couronne

et les quatre-vingts millions de sujets ou de vassaux que
la victoire avait rangés sous ses lois. Depuis longtemps
cette pensée le préoccupait; mais elle finit par le dominer
à ce point, qu'il concut la pensée de rompre le mariage
dont le lien l'unissait à Joséphine, et de contracter une
nouvelle alliance.

Cette créole, aux mœurs faciles, que le général Bonaparte avait épousée moitié par affection, moitié par calcul,
et parce qu'il lui supposait dans les rangs de la noblesse
de cour une position qui ne lui avait jamais appartenu,
Joséphine Tascher de la Pagerie était alors âgée d'environ
quarante-cinq ans. Elle avait autrefois donné au général
Bonaparte les plus graves sujets de plainte; mais, vaincu
par les larmes d'Eugène et d'Hortense, il avait consenti
à pardonner. Aux Tuileries elle représentait jusqu'à un
certain point les intérêts de l'émigration, et quelquefois
même ceux des rois de l'Europe, ennemis de Napoléon.
Sans avoir jamais bien vivement répondu à l'affection
d'un homme si supérieur à elle et dont elle ne pouvait ni
comprendre ni mesurer le génie, elle avait largement satisfait, dans cette union, les besoins effrénés de dépense
et de luxe dont elle était animée. Elle prodiguait l'or à
pleines mains, comme une femme fastueuse et légère,
tantôt pour des futilités de toilette, tantôt pour soulager
des infortunes plus ou moins réelles, mais dont la seule
idée remuait chez elle, il faut le dire à sa louange, une
sensibilité sincère, quoique peu réfléchie. Le peuple
aimait Joséphine, parce que d'elle il ne connaissait que la
bonté; l'ancienne noblesse trouvait en elle un appui et
une source de grâces; les parvenus se ralliaient à sa personne, parce qu'elle n'avait été étrangère ni à leurs
épreuves passées, ni à la corruption du Directoire.

Depuis quelques années, Joséphine pressentait le coup qui allait la frapper. Elle connaissait les intrigues que dirigeait contre elle l'odieux Fouché, ministre de la police générale. Dans la famille de l'empereur elle ne rencontrait que des indifférents ou des ennemis, et c'était pour conjurer ces haines domestiques qu'elle avait contraint sa fille Hortense à épouser Louis Bonaparte; cette union fut malheureuse.

Napoléon, qui avait conservé pour Joséphine des sympathies mêlées de pitié, hésitait beaucoup à lui notifier leur prochaine séparation. Il craignait pour l'impératrice les suites d'un si redoutable aveu, il redoutait une scène d'affliction et de larmes. Cependant, à la fin de novembre, comme il se trouvait avec Joséphine au palais de Fontainebleau, il lui dit quelques mots qui révélèrent à cette femme toute sa déchéance. Elle ne lui répondit que par des larmes et un évanouissement, dont la sincérité a été révoquée en doute. Napoléon ayant mandé Eugène, vice-roi d'Italie, ce prince accepta la pénible tâche de porter sa mère au grand sacrifice qu'on exigeait d'elle; et, quoique le divorce projeté mît en question ses propres droits et ses espérances, il s'acquitta de sa mission avec une résignation apparente. Le 15 décembre, en présence de l'archichancelier Cambacérès et de tous les princes et princesses de la famille impériale, Napoléon et Joséphine déclarèrent, celle-ci d'une voix émue jusqu'aux larmes, leur volonté de renoncer au lien qui les unissait depuis quinze ans. « Je me plais, dit la malheu-
« reuse impératrice, à donner à notre auguste et cher
« époux la plus grande preuve de dévouement et d'atta-
« chement qui ait jamais été donnée sur la terre; je tiens
« tout de ses bontés; c'est sa main qui m'a couronnée,

« et, du haut de ce trône, je n'ai reçu que des témoi-
« gnages d'affection et d'amour du peuple français. Je
« crois reconnaître tous ces sentiments en consentant à
« la dissolution d'un mariage qui désormais est un
« obstacle au bien de la France, qui la prive du bonheur
« d'être un jour gouvernée par les descendants d'un
« grand homme, évidemment suscité par la Providence
« pour effacer les maux d'une terrible révolution, et pour
« rétablir l'autel, le trône et l'ordre social... » Deux
jours après, le sénat prononça le divorce; mais, pour la
première fois, une minorité imposante protesta dans
cette assemblée contre la volonté du maître. De son côté
aussi, l'officialité diocésaine de Paris déclara le mariage
nul, parce qu'il n'avait point été contracté, selon le vœu
du concile de Trente, en présence du curé ou du vicaire
de l'un des époux, assisté de deux témoins. Le jugement
condamnait en outre Napoléon à une amende de 6 francs
envers les pauvres; mais il en fut relevé par l'officialité
métropolitaine, qui confirma le jugement hors ce point :
l'intervention du souverain pontife ne fut pas réclamée;
mais le pape, de son propre mouvement, et pour maintenir une seconde fois ce principe sacré : « L'homme ne
doit point séparer ce que Dieu a uni, » déclara irrégu-
lière la sentence de l'officialité de Paris et la condamna.
Cette circonstance est grave, et sert à établir que tout
nouveau mariage contracté par Napoléon, du vivant de
Joséphine, était nul et non avenu aux yeux de Rome.
Joséphine, à qui le titre d'impératrice fut conservé, se
retira au château de Navarre, dans le département de
l'Eure, puis à la Malmaison, séjour qu'elle avait si longtemps embelli; elle emporta avec elle les regrets publics
et la reconnaissance populaire; Napoléon lui-même garda

un sincère attachement à cette épouse répudiée : une idée
superstitieuse attachait d'ailleurs la fortune de l'empereur à celle de Joséphine, et les événements qui s'accomplirent plus tard réalisèrent en quelque sorte cette sinistre
inquiétude de l'empereur et du peuple.

Napoléon jeta les yeux sur la grande-duchesse de
Russie, sœur de l'empereur Alexandre ; mais cette princesse professait la religion grecque, et ce fut un sujet de
difficultés dont la solution réclamait du temps. Impatient
d'en finir, Napoléon fit demander la main de l'archiduchesse Marie-Louise, fille de l'empereur d'Autriche, et
ce dernier prince consentit à cette union. Un sentiment
vague, une prévision indéterminée, mais assez générale, voyait une source de malheurs pour la France dans
l'alliance de son chef avec la maison d'Autriche, et ce
mariage donnait lieu à des rapprochements avec la destinée de l'infortunée Marie-Antoinette.

Napoléon fit partir sa sœur, la reine de Naples, pour
aller jusqu'à Braunau, à la rencontre de la nouvelle
impératrice : là, la fille de l'empereur d'Autriche quitta
tous ses vêtements étrangers et fut complétement
habillée d'objets sortis des manufactures françaises :
l'étiquette convenue le prescrivait ainsi. La princesse
traversa ensuite Munich, Augsbourg, Stuttgard, Carls-
ruhe et Strasbourg. Elle fut reçue dans les cours étrangères avec un très-grand éclat, et de ce côté du Rhin
avec une sorte d'enthousiasme ; à Strasbourg, elle trouva
le premier page de l'empereur qui lui apportait une
lettre, les fleurs les plus rares et des faisans de sa chasse ;
toute sa route jusqu'à Compiègne fut signalée par les
hommages des populations. Le programme que Napoléon avait rédigé pour la circonstance de leur com-

mune entrevue réglait ainsi le cérémonial : « Lorsque
« LL. MM. se rencontreront dans la tente du milieu ,
« *l'impératrice s'inclinera pour se mettre à genoux*, et
« l'empereur la relèvera. » Mais l'impatience de Napoléon ne laissa pas la fille des Césars subir cette humiliation ; Napoléon s'était échappé furtivement du palais
de Compiègne, enveloppé dans sa redingote grise, et
accompagné seulement du roi de Naples, Murat ; tous
deux étaient montés dans une calèche sans armoiries,
conduite par des gens sans livrées. Lorsqu'il rencontra
l'impératrice au relais de poste de Courcelles, il se précipita vers la portière, l'ouvrit lui-même, et monta dans
la voiture. La reine de Naples, voyant l'étonnement de
Marie-Louise d'Autriche, lui dit : « Madame, c'est l'empereur. » Et il revint avec elle et sa sœur jusqu'à
Compiègne. Le mariage civil eut lieu le 1er avril, à
Saint-Cloud ; le lendemain, les deux époux reçurent la
bénédiction nuptiale du grand-aumônier de France, le
cardinal Fesch. On avait disposé en chapelle une salle de
la galerie du Louvre, avec des tribunes pour les rois , les
autres souverains et les ambassadeurs. Les cardinaux
résidant à Paris, où ils avaient été tous appelés, se trouvaient au nombre de vingt-six ; ils assistèrent tous à la
cérémonie du mariage civil à Saint-Cloud. Mais il n'en
fut pas ainsi à la cérémonie religieuse, dans la salle du
Louvre : treize d'entre eux , considérant que le pape,
alors prisonnier à Savone, n'avait point approuvé le
divorce, crurent devoir s'abstenir de consacrer par leur
présence le mariage du persécuteur de l'Église. Leur
absence irrita beaucoup Napoléon : il déclara que ces
treize cardinaux quitteraient la pourpre et ne pourraient
s'habiller qu'en noir, puis il les exila dans quelques villes

de la Champagne et à Saumur. Trois mois après, un affreux événement rappela aux Parisiens et à la France entière le grand désastre qui avait si fatalement inauguré le mariage de Louis XVI et de Marie-Antoinette. Le prince de Schwartzenberg, donnant un bal à Marie-Louise, avait fait construire pour cette fête une immense salle de bois dans les jardins de l'ambassade d'Autriche; au milieu du bal, le feu prit à la gaze de quelques rideaux, et l'incendie se communiqua avec une effroyable rapidité au reste de la salle. Au plus fort du tumulte et de l'épouvante, Marie-Louise, conservant un calme remarquable, vint s'asseoir sur son trône, et Napoléon, s'étant élancé, la saisit dans ses bras et l'emporta à travers les flammes; il revint ensuite travailler à éteindre l'incendie, mais tous les secours furent inutiles : la foule, qui se pressait et s'étouffait elle-même par ses propres efforts, contribuait à l'horreur de cette scène; le parquet de la salle ne put résister aux secousses, il s'entr'ouvrit, et de nombreuses victimes furent écrasées ou dévorées par le feu. La princesse de Schwartzenberg périt victime de l'amour maternel. Les témoins de cet événement prédirent une issue funeste à la nouvelle union que la France contractait avec la maison d'Autriche.

Quelques jours après son mariage, Napoléon partit avec l'impératrice pour aller visiter quelques villes de son vaste empire; ils séjournèrent successivement à Anvers, à Bruxelles; dans la Belgique, dans la Zélande et dans l'île de Walcheren; là, il se fit céder par son frère Louis Bonaparte le Brabant hollandais et une partie de la Gueldre. Peu de temps après avoir puni par cette exigence la résistance que son frère mettait à se conformer au système continental, il mit le sceau à l'entière usurpation de la Hollande en confisquant ce royaume au profit de la France. Ce nouvel envahissement honora le roi dépossédé. Louis Bonaparte était un homme doux et honnête ; en acceptant la couronne que l'ambition de son frère lui avait imposée, il s'était sérieusement dévoué à la mission de faire le bonheur de la Hollande. Témoin des affreux sacrifices que le système continental imposait à ses peuples, et voyant chaque jour dépérir la prospérité manufacturière et commerciale du pays dont il était roi, il avait voulu alléger le fardeau si lourd de la misère publique ; aussi avait-il toléré dans plusieurs circonstances le commerce clandestin des marchands hollandais avec l'Angleterre ; mais cette concession contrariait vivement la politique de Napoléon. De toutes les contrées de l'Europe, la Hollande était celle qu'il importait le plus de soumettre au système continental, à cause de ses innombrables affluents et de la diversité de ses relations commerciales. Napoléon, voyant ses espérances trompées par les généreux scrupules de son frère, envoya dans le royaume de Hollande une armée de vingt mille hommes destinée à y assurer le blocus des ports ; le roi Louis, ne pouvant plus désormais soustraire ses peuples à la tyrannie impériale, abdiqua la couronne en faveur de son fils et quitta secrètement la Hollande. Napoléon refusa de valider cette abdication, mais il agrandit son empire en confisquant les États de son frère. Le 22 juillet 1810, le *Moniteur* publia les étranges paroles que Napoléon adressait au jeune héritier dépossédé de la Hollande : « Venez, mon fils, je serai votre père ; vous n'y « perdrez rien. La conduite de votre père afflige mon « cœur, sa maladie seule peut l'expliquer. Quand vous « serez grand, vous payerez sa dette et la vôtre. N'ou-

« bliez jamais, dans quelque position que vous placent ma
« politique et l'intérêt de mon empire, que vos premiers
« devoirs sont envers moi, vos seconds envers la France ;
« *tous vos autres devoirs*, même ceux envers les peuples
« que je pourrais vous confier, *ne viennent qu'après.* »
Déclaration insensée et orgueilleuse, qui révélait à l'Europe la déchéance des peuples et l'abaissement des rois.
Ce ne fut pas la seule usurpation que cette année vit
consommer : le 3 mai, la Bavière fut obligée de céder à
Napoléon la partie méridionale du Tyrol, qui fut ajoutée
au royaume d'Italie ; le 12 novembre, un canton suisse,
le Valais, fut incorporé à la France et forma le département
du Simplon ; le 13 décembre, Hambourg, les villes anséatiques, le Lawenbourg, le pays situé entre l'Elbe et
le Weser, furent déclarés territoire de l'empire, et formèrent avec la Hollande onze départements français. Un
décret donna à Amsterdam le rang de troisième ville de
l'empire ; Rome était la seconde. Ces agrandissements
successifs ne permettaient plus au monde d'ignorer que
désormais, avec Napoléon, il n'y avait plus de sécurité
pour les nationalités étrangères, plus de limites aux extensions de territoire que son ambition aurait méditées.

Gustave-Adolphe IV avait cessé de régner sur la Suède.
Ce roi, qui avait osé tirer l'épée dans l'assemblée des
états, s'était vu contraint d'abdiquer à la suite d'une
conjuration ; son oncle, le duc de Sudermanie, lui avait
succédé sous le nom de Charles XIII, par le vœu de la
diète. Ce nouveau roi n'avait d'autre héritier que le
prince d'Augustenbourg, son neveu et son fils adoptif ;
le 18 mai 1810, ce prince, étant à cheval au milieu des
officiers de sa suite, fut frappé d'une apoplexie à laquelle
il succomba ; d'autres disent qu'il fut empoisonné. Cet

événement inattendu nécessita la convocation d'une nouvelle diète pour élire l'héritier du trône. Il fallait à ce
poste éminent un homme d'État et un homme de guerre
capable de maintenir au dehors l'indépendance de la
Suède, et au dedans l'ordre ébranlé par les révolutions ;
ce fut alors qu'un parti détermina les suffrages en faveur
du maréchal Bernadotte, prince de Ponte-Corvo et l'un
des lieutenants de Napoléon. Bernadotte, au 18 brumaire,
était à Paris ministre de la guerre, et avait vu avec
déplaisir le renversement de la république opéré par
Bonaparte. Ces deux hommes s'aimaient peu et se défiaient
l'un de l'autre ; le choix de la diète fut désagréable et
pénible à Napoléon. L'empereur sentit qu'il n'aurait
jamais dans le nouveau roi de Suède qu'un allié douteux,
ou même un ennemi formé à l'art de la guerre dans les
luttes de la révolution et de l'empire ; il n'osa pas cependant, bien qu'il en eût conçu le projet, s'opposer au
départ de Bernadotte. L'élévation de ce général, né dans
une condition obscure, encouragea encore les espérances
du soldat. L'armée en était venue à considérer le titre de
roi comme le grade le plus élevé de la carrière militaire ;
elle disait de ces heureux favoris de Napoléon : *Il a passé
roi*, comme elle aurait dit : Il a passé maréchal. Bernadotte, qui devait plus tard, en combattant contre les
armées françaises, oublier les liens qui l'unissaient à sa
patrie, préluda dignement à cette défection en abandonnant la religion dans le sein de laquelle il était né pour
embrasser l'hérésie luthérienne.

Cette même année, une expédition contre la Sicile fut
concertée entre Napoléon et son beau-frère Joachim Murat.
Elle eut pour résultat d'opérer une diversion, en appelant
sur ce point de l'Italie une partie des forces de l'Angleterre ;

c'est à cela que se borna le succès; Napoléon avait eu ses raisons pour faire manquer cette entreprise; il n'était point fâché que Murat reconnût que par lui-même il ne pouvait rien. Joachim se plaignit amèrement de cet abandon, et Napoléon ne lui laissa pas ignorer que, tout roi de Naples qu'il paraissait être, il n'était au fond qu'un préfet et un vassal chargé d'une mission provisoire.

Le colosse avait atteint le plus haut point de sa grandeur. Le nouvel empire d'Occident, soumis à la puissance de Napoléon, était borné au nord par le Danemark, au midi par la mer de Sicile et de Grèce, à l'orient par la Pologne, l'Autriche et la Turquie d'Europe; les autres contrées obéissaient à l'empereur, soit qu'elles fussent incorporées à la France, soit qu'elles eussent pour rois des frères de Napoléon, ses premiers sujets, soit qu'elles fussent enclavées dans la Confédération du Rhin. La France était formée de quatre nations diverses; on parlait quatre langues dans l'étendue de l'empire; il y avait un département des Bouches-de-l'Elbe et un département du Trasimène; nos proconsuls gouvernaient l'Épire et l'Illyrie; Dantzick était une possession française d'où nous pouvions aspirer à dominer plus tard la mer Baltique; les rois et les princes souverains de l'Europe se pressaient aux Tuileries et y attendaient le lever de Napoléon. Du cercle polaire jusqu'au détroit de Charybde et de Sylla, et à l'exception de l'Espagne, que tourmentait la guerre, toutes les côtes de la Méditerranée et de l'Océan étaient fermées aux vaisseaux anglais.

Au dedans, tout ce qui restait des vestiges de la liberté républicaine avait été successivement effacé de nos lois, et, pour ainsi dire, de nos mœurs. Le sénat n'était

qu'une assemblée complaisante, uniquement vouée au
devoir d'enregistrer les caprices de Napoléon ; un corps
législatif, ombre dérisoire de représentation nationale,
fonctionnait dans le silence, et n'avait pas même le droit
de discuter les volontés du maître ; la liberté de la presse,
entièrement éteinte, était placée sous la surveillance de
censeurs impériaux qui ne laissaient rien passer de ce qui
aurait pu réveiller dans le pays un autre sentiment que
celui de la servitude ; une police aussi puissante que
ténébreuse enveloppait comme d'un réseau les pouvoirs
publics, l'armée, les fonctionnaires, et pénétrait jusque
dans le for intérieur des familles ; l'art, la littérature,
l'éloquence, la poésie ne pouvaient plus recevoir qu'une
seule destination, celle de célébrer à l'envi l'éloge de
l'empereur. La langue française épuisait en l'honneur de
cet homme toutes les formules de l'adulation. Les corps
constitués ne lui révélaient leur existence que par les
flatteries les plus basses, et laissaient bien loin derrière
eux l'humiliante abjection du sénat d'Héliogabale ; tantôt c'était un préfet qui osait proférer ce blasphème :
« Dieu fit Napoléon et se reposa ; » tantôt le président
d'une assemblée législative ne craignait pas de comparer,
dans un rapprochement impie, la mère de l'empereur
à la mère du Sauveur des hommes, et de lui dire : « La
« conception que vous avez eue en portant dans votre
« sein le grand Napoléon, n'a été assurément qu'une
« inspiration divine. »

Comment cet homme, objet de flatteries aussi basses,
n'aurait-il pas été saisi de vertige ? de quel œil aurait-il
vu un pouvoir balancer le sien ? Aussi ne supportait-il
qu'avec peine les formes établies par la constitution et
les vains simulacres de liberté qu'elles maintenaient en-

core. Sa répugnance et son ambition éclatèrent au grand jour dans une circonstance qu'on a remarquée. Une députation du corps législatif ayant présenté ses félicitations à Joséphine sur la victoire remportée à Burgos par son époux, l'impératrice répondit en ces termes : « Je « suis infiniment sensible à la démarche du corps législatif, et très-satisfaite que le premier sentiment que « S. M. ait éprouvé après sa victoire ait été pour le « corps qui représente la nation. » A la lecture de cette phrase, l'ombrageuse susceptibilité de Napoléon s'irrita vivement, et il fit insérer au *Moniteur* la note suivante, dans laquelle il exposait sa nouvelle doctrine sur la hiérarchie des pouvoirs : « ...... S. M. l'impératrice n'a « point dit cela ; elle connaît trop bien nos institutions ; « elle sait trop bien que *le premier représentant de la* « *nation, c'est l'empereur ;* car tout pouvoir vient de « Dieu et de la nation... Ce serait une prétention chi- « mérique et même criminelle que de vouloir représenter « la nation avant l'empereur. Le corps législatif, im- « proprement appelé de ce nom, devait être appelé le « conseil législatif, puisqu'il n'a pas la faculté de faire « les lois, n'en ayant pas la proposition... » C'est ainsi que d'un seul trait de plume Napoléon effaçait les garanties constitutionnelles et détruisait toute l'économie des lois politiques.

Il avait établi la noblesse ; son premier soin en la reconstituant semble avoir été d'effacer sous des titres fastueux et sous des dénominations féodales les noms, odieux pour lui, des hommes que leurs excès révolutionnaires ou le meurtre de Louis XVI avaient rendus si tristement célèbres. Ainsi reparurent transformés en princes, ducs et comtes, Cambacérès, Fouché, Merlin,

Sièyes. Le farouche exécuteur des ordres de Robespierre, le mitrailleur de Lyon, Fouché, devenu duc d'Otrante, avait reçu la formidable mission d'organiser la police de l'empire; il remplit cette tâche avec une pensée de trahison, car il détestait l'empereur et l'entourait chaque jour de nouveaux piéges. Fouché et Napoléon travaillèrent à envelopper la France dans les liens invisibles, mais puissants, d'une police qui rappelait celle du conseil des Dix et de l'aristocratie de Venise. Toutes les bouches se taisaient, bâillonnées par la crainte; toutes les démarches de la vie domestique étaient épiées; malheur à quiconque osait blâmer l'empereur, à quiconque paraissait un obstacle à ses desseins! Il fallait, pour ne point lui faire ombrage, se résigner à être petit et obscur.

Napoléon avait la faiblesse de redouter Fouché et de le regarder comme nécessaire. Il avait d'ailleurs établi d'autres polices que celle de ce ministre, et toutes aboutissaient à lui. Fouché, pour se faire valoir, trouvait le moyen d'imaginer des conspirations et de les découvrir à temps : la délation se trouvait honorée, provo·quée, récompensée; l'espionnage envahissait toutes les positions sociales et assiégeait chaque citoyen : on se serait cru à cette époque funeste que Tacite a ainsi flétrie :

« Ce qu'il y a de déplorable dans ces temps malheureux, « c'est que les premiers mêmes de la république se li-« vraient aux plus basses délations, les uns ouvertement, « beaucoup en secret; et l'on était poursuivi également « par les siens et par des étrangers, par des amis et par « des inconnus, pour des faits vieillis ou récents, sur « quelque objet et en quelque lieu que l'on parlât; au « palais, dans un festin, on était dénoncé; tous se hâ-« taient de se prévenir. Les délations nous ont arraché

« la douceur d'écouter et de parler, et nous eussions
« perdu la douleur avec la voix, s'il était aussi bien en
« notre pouvoir d'oublier que de nous taire. »

La révolution de 1789 avait débuté par détruire une
Bastille, Napoléon en rétablit huit sous le nom de prisons d'État. Ce furent les châteaux de Saumur, de Ham,
d'If, de Landskrown, de Pierre-Châtel, de Fénestrelle,
de Campiano et de Vincennes. La détention arbitraire
avait lieu sur l'ordre du conseil privé et après le rapport
du ministre de la police et de la justice. Le premier de
ces ministres avait en outre le droit de mettre en surveillance les individus suspects.

A l'embastillement arbitraire il fallait un corollaire :
Napoléon imagina d'exiler les personnes dont la présence et les opinions gênaient ses allures. Ses persécutions tombèrent sur des personnes d'un mérite reconnu
ou d'une réputation dangereuse à ses yeux. Madame de
Staël-Holstein, madame Récamier, madame de Chevreuse, madame de Balbi, Benjamin Constant, et d'autres illustrations de l'époque reçurent leurs lettres d'exil
et durent résider loin de la capitale. Un grand nombre
de cardinaux, d'évêques et de prêtres fidèles furent em-
prisonnés ou internés, et durent cette épreuve à leur
respect pour l'Église, à la sainte hardiesse de leur opposition. Le secret des lettres était audacieusement violé, et
l'empereur se faisait rendre compte de la correspondance
interceptée par ses ordres.

Mais loin de nous la pensée de faire croire qu'il n'y
eût dans ce grand pouvoir de Napoléon qu'un despotisme personnel, institué uniquement dans l'intérêt de
l'empereur. Ce fut, au contraire, un despotisme fécond,
disons mieux, une gigantesque dictature exercée bien

souvent au profit de la France. Le moment nous semble venu de considérer en Napoléon le législateur et l'organisateur, et de le suivre dans ses lois, dans son gouvernement et dans sa cour.

Un seul corps politique avait conservé une organisation puissante et justement respectée, c'était le conseil d'État. Cette réunion, composée des hommes qui avaient le plus marqué dans les diverses assemblées législatives, dans la magistrature et l'administration, garda le privilége d'élaborer les lois et les grands décrets impériaux. Napoléon, chaque fois que les circonstances le lui permettaient, présidait ce conseil et prenait part à ses délibérations. Là, seulement, il permettait qu'on résistât à sa volonté suprême et qu'on opposât aux impatiences de son imagination déréglée les froides limites de la raison ou de l'expérience. Chaque conseiller d'État conservait le droit de combattre les propositions de l'empereur ou de réduire au néant ses théories. Parfois des éclairs de lumière jaillissaient des paroles de Napoléon; mais, quoi qu'en aient dit les flatteurs et les panégyristes, son rôle se bornait surtout à encourager les labeurs ou la pensée des autres, à les mettre en fermentation, à les forcer ·de produire; ses idées personnelles étaient fort souvent d'une application impossible; elles portaient même le double cachet du manque de connaissances spéciales ou de l'opiniâtreté. Tantôt c'était un enfant gâté qui se révoltait contre les obstacles, tantôt un géant dont l'intelligence planait trop haut pour se faire une idée exacte des détails et des choses, et dont les élans demeuraient par cela même sans résultats pratiques. Lui-même était l'esclave de son génie aventureux; quand il avait adopté une idée, cette idée prenait des ailes et l'emportait dans l'espace, à travers les sphères. De tant d'efforts il ne restait bien souvent que le découragement ou la lassitude; on l'écoutait avec curiosité, bien que le talent de la parole lui manquât, mais parce que tout ce qui sortait de sa bouche, même les conceptions fausses ou bizarres, prenait, en passant par lui, une teinte poétique assez étrange pour commander impérieusement l'attention. Du reste, les hommes spéciaux se fatiguaient bientôt de ces rêves, et l'on se demandait souvent, avec un désappointement réel, comment cet homme, si puissant par les armes et si plein de génie, pouvait tomber à de telles profondeurs qu'il apparaissait souvent de lui des conceptions puériles ou des théories sans valeur : le cœur humain a de tels contrastes; mais, parmi les hommes que le monde a salués du nom de grands, aucun plus que Napoléon ne paya tribut à cette faiblesse de notre nature (1).

L'empereur, au conseil d'État, siégeait sur une estrade un peu élevée : à sa droite était l'archichancelier, à sa gauche l'architrésorier. On s'assemblait deux fois par semaine, et les séances, commencées à onze heures du matin, se prolongeaient quelquefois jusqu'à neuf heures du soir; quand tous les membres du conseil étaient épuisés de fatigue, l'empereur montrait encore une grande abondance de verve. Chacun pouvait prendre la parole; on parlait de sa place et assis; on ne pouvait pas lire, il fallait improviser. Quand Napoléon jugeait la discussion suffisamment éclaircie, il la résumait; puis il

(1) Mais, hélas! les Césars comme les Charlemagnes
    Ont deux versants, ainsi que les hautes montagnes :
    D'un côté le soleil et de l'autre la nuit!
                VICTOR HUGO. (*Le Retour.*)

concluait et mettait aux voix : l'ardeur, s'animant par
degrés, devenait parfois extrême, et souvent les discussions se prolongeaient outre mesure lorsque l'empereur
se laissait aller à des distractions ; alors, d'ordinaire, il
promenait sur la salle un œil incertain, ou mutilait le
bras de son fauteuil à coups de canif. Quelquefois aussi,
lorsqu'il venait au conseil précisément après avoir mangé
et souvent après de grandes fatigues du matin, il posait
son bras sur la table, et, penchant la tête, se laissait
aller au sommeil. La discussion n'en continuait pas
moins, et l'empereur, à son réveil, la reprenait au point
où elle se trouvait.

On sentait, au surplus, qu'il ne fallait pas toujours
abuser de la tolérance avec laquelle Napoléon supportait
la contradiction : c'eût été la querelle de l'agneau contre
le lion, que celle de l'homme qui eût osé sérieusement lui
résister. Après une séance dans laquelle un de ses interlocuteurs avait chaudement soutenu une opinion contraire à la sienne, il lui dit à demi-voix : « Comment
« avez-vous pu parler avec cette opiniâtreté? Je me suis
« surpris portant la main à la tempe, et c'est un signe
« terrible ; prenez-y garde ! » Dans une autre circonstance il chassa du conseil l'un de ses membres, fils d'un
ancien ministre, lui reprochant d'avoir contribué à faire
circuler la bulle d'excommunication ou de n'avoir pris
aucune mesure pour en arrêter la publicité. L'estime
publique vengea M. Portalis de cette violence ; ce fut
d'ailleurs au conseil d'État le seul exemple d'une aussi
brutale sévérité.

Le conseil d'État était non-seulement un corps politique,
mais chacun des membres qui le composaient pouvait
être revêtu d'une autorité spéciale. L'empereur envoyait

les conseillers d'État en mission dans les provinces les plus reculées, imitant ainsi Charlemagne dans l'institu - tion de ses *missi dominici*. Les instructions que leur donnait Napoléon étaient vastes et pour ainsi dire sans limites : ils devaient examiner toutes les branches du service, constater l'état des caisses des hauts employés des finances, s'entendre avec les généraux et les inspecteurs aux revues pour le service militaire, avec tous les agents principaux des perceptions directes ou indirectes, pour les revenus de l'État, et enfin avec les préfets et les ingénieurs des ponts et chaussées, pour bien apprécier les réparations urgentes qu'exigeaient les routes et les canaux, les besoins et les améliorations que réclamaient les localités départementales. Ces conseillers en mission devaient aussi interroger l'opinion des lieux qu'ils visitaient sur la politique du gouvernement, de telle sorte que de leurs assertions rapprochées et comparées, il résultait pour Napoléon un ensemble de documents qui lui montraient la France, tant sous les rapports politiques et moraux, que sous celui des parties matérielles de l'administration. Mais, en cette occasion, une pareille mesure, excellente par elle-même, devint funeste à l'État. L'empereur ne goûtait guère la vérité lorsqu'elle contrariait ses vues ou ses actes ; on craignait de la lui faire connaître ; on la farda pour la lui présenter sous le jour qui lui plaisait davantage. On croyait ainsi faire sa cour au maître, et l'on ne se trompait point.

L'institution du conseil d'État avait été en quelque sorte glissée dans les mœurs et dans les lois. Dans l'origine, cette assemblée ne devait avoir pour attribution que de résoudre les difficultés administratives : elle fut peu à peu investie d'une grande puissance, à mesure que

se développa, au-dessus d'elle, le despotisme impérial.
Le conseil d'État devint juge en matière de contribu-
tions, de travaux publics; il fut chargé de juger les
conflits, les appels comme d'abus, les atteintes à la
liberté des cultes, la police du roulage, la navigation
intérieure, les contestations sur les biens communaux,
les contraventions relatives à la voirie, les affaires de haute
police administrative, la comptabilité nationale et les
décisions du Conseil des prises. On lui donna juridiction
sur les décisions des évêques, sur l'Université, sur les
dotations de la couronne. L'empereur créa des auditeurs
au conseil d'État, dont le nombre fut porté à trois cent
cinquante. Ce fut comme une pépinière d'hommes in-
struits et éclairés, formés à l'école des grandes affaires
politiques, et qui devaient conserver pour les successeurs
de Napoléon la tradition du droit et la jurisprudence
administrative. Plus tard, l'empereur crut reconnaître
la nécessité d'établir un degré intermédiaire entre les
fonctions d'auditeurs et celles de conseiller d'État, et il
institua les maîtres des requêtes.

C'est dans le sein du conseil d'État que furent agitées
toutes les grandes questions d'ordre intérieur et d'administration publique. On y élabora patiemment les
codes de l'empire : il est tel projet de loi, le décret sur
l'Université entre autres, qui fut revu vingt fois et subit
toujours de nouvelles épreuves ou de nouveaux amende-
ments. C'est à la suite de ces discussions savantes et
approfondies que les lois arrivaient au corps législatif;
cette assemblée, érigée en grand jury, les consacrait ou
les repoussait par un vote silencieux.

Comme législateur, Napoléon n'inventa point, mais
coordonna les règles du droit civil et du droit criminel.

Ainsi qu'on l'a vu plus haut, au code publié sous le consulat, et qui contenait les dispositions relatives à la personne, à la famille et à la propriété, d'autres codes
succédèrent sous l'empire : ce furent le code de commerce,
dont une expérience de trente ans a démontré les défec-
tuosités, mais qui n'en est pas moins, sous de nombreux
rapports, un modèle de clarté et de précision ; le code
de procédure civile, qui laisse subsister dans nos coutumes une série de formalités gênantes et fiscales dont la
chicane profite seule au détriment des parties en litige ;
le code d'instruction criminelle, qui, gravement modifié
de nos jours, établissait alors des juridictions exceptionnelles et attribuait au pouvoir ou à l'action publique des
droits incompatibles avec les prérogatives d'un peuple
libre ; le code pénal, enfin, assemblage de dispositions
rigoureuses, et qui semblait avoir eu pour but de faire
rétrograder l'humanité ; ce code a été depuis lors l'objet
d'une révision attentive dont les auteurs ont peut-être
dépassé le but, mais qui, pour l'honneur de la France, a
fait disparaître de nos lois la confiscation et la marque,
que Napoléon y avait maintenues. L'analyse de ces travaux législatifs dépasserait les limites que nous nous
sommes imposées ; nous nous bornerons à remarquer que
les codes impériaux avaient été rédigés par des hommes
suffisamment versés dans la science du droit, mais généralement hostiles aux idées religieuses. L'état civil des
personnes fut tenu en dehors de l'Église ; la naissance
et les funérailles des citoyens furent l'objet de règles de
pure police, dont les ordonnateurs oublièrent volontiers
que la religion doit présider à l'origine comme au dernier acte de la vie humaine ; le mariage, considéré comme
un contrat exclusivement civil, fut expressément classé

parmi les actes que la puissance séculière doit seule régler et consacrer ; il fut stipulé qu'il était légal et valide
par le seul fait de l'intervention du magistrat, et que la
bénédiction religieuse ne devrait, dans tous les cas, que
suivre et jamais précéder l'union contractée devant l'autorité municipale : le divorce fut maintenu, et néanmoins soumis à des conditions qui le rendaient plus
difficile et plus rare; la puissance paternelle fut considérablement amoindrie et diminuée, et le lien de la
famille, le plus social de ceux qu'il appartient au législateur de former, fut à la fois détendu et relâché. Quant
au régime hypothécaire, les règles qui le constituèrent,
et qui subsistent encore, furent aussi gênantes par la
multitude des formalités stériles que peu propres à garantir la propriété foncière et agricole des envahissements calculés de l'expropriation et de l'usure. D'autres
dispositions introduites dans ces mêmes lois ont pour
résultat de porter atteinte à la sanctification du dimanche
et à l'indépendance légitime de l'autorité ecclésiastique.
Le code pénal, entre autres, renfermait à cet égard des
prescriptions dignes d'une époque où le chef de l'État
portait le poids de l'excommunication pontificale. Enfin,
une dernière réflexion à faire sur ces codes c'est que,
comme leur promulgation eut lieu à des dates assez
éloignées, de 1803 à 1811, on peut s'apercevoir, à mesure que ces lois furent rendues, que la pensée despotique de Napoléon y imprima une empreinte de plus en
plus profonde. Ainsi, dans le code d'instruction criminelle, les garanties que la Constituante avait autrefois
introduites disparurent presque toutes. L'interrogatoire,
la procédure et même la direction du débat judiciaire
furent organisées contre l'accusé; les lois anglaises veu-

lent que le juge soit en quelque sorte l'appui des prévenus, qu'il veille sur eux, qu'il les avertisse des fautes
qu'ils commettent contre leur intérêt; en France, d'après
les lois impériales, la mission du juge devint à la fois
soupçonneuse et sévère; elle consista à épier les secrets
intimes de l'accusé, à lui arracher un aveu qui échappe
souvent à l'ignorance ou à la faiblesse; le jury, institution à laquelle nos mœurs ne sont point faites encore,
fut maintenu, mais réformé. Quelles que fussent d'ailleurs les précautions prises à cet égard, elles ne parurent
pas suffisantes à Napoléon, et la cour d'assises d'Anvers
ayant un jour, sur la réponse du jury, acquitté des
accusés prévenus de dilapidation, l'empereur fit casser
par un sénatus-consulte cet arrêt que ses propres lois
déclaraient inviolable. Quand l'arbitraire en est venu à
cet excès, l'ordre social manque de garanties, et les lois
écrites ne sont plus qu'un piége tendu aux petits et aux
faibles, lorsque leur but est de circonscrire dans le cercle
du droit la puissance du fort.

Napoléon avait trouvé dans les institutions révolutionnaires de la Convention et de la Constituante le double
principe de l'unité du pouvoir et de la centralisation administrative; son génie habitué au commandement militaire devait s'accommoder d'un système gouvernemental
simple et régulier, qui gradue les attributions et la responsabilité de chacun et fait rayonner sans relâche la
lumière et la vie du centre à tous les points de la cir-
conférence. Il conçut l'idée de faire manœuvrer un vaste
empire comme un régiment, et de ne souffrir aucun re-
tardement, aucun obstacle, aucune temporisation lorsqu'il avait commandé. Ce fut ce prodigieux instinct de
hiérarchie et d'ordre qui le mit en état de régénérer une

grande nation dont toutes les forces s'étaient éparpillées
dans l'individualisme républicain ou dans l'anarchie. La
société était ébranlée, il entreprit de lui rendre la vigueur ; il avait tout à faire pour organiser et constituer ; le bonheur qu'il eut de relever les autels renversés
par la tourmente témoigne que, dans ses vues, la force
du sabre ne fut pas le seul élément de son élévation,
et qu'il parut vouloir installer son trône sur une base
immuable ; mais il existait d'autre ruines à rassembler
et à restaurer ; après dix ans de secousses épouvantables endurées par le pays, il s'était trouvé, au 18 brumaire, en face de bourreaux et de victimes, et non
en présence d'une société normale ; on se fuyait, on se
craignait ; il y avait bien çà et là des parvenus ridicules
lorsqu'ils n'étaient pas atroces ; et des grandeurs pauvres
lorsqu'elles n'étaient pas orphelines ; des généraux sortis
naguère de l'atelier ; des savants et des artistes encore
meurtris ou tachés par la révolution ; des jeunes filles
élevées dans l'exil ou à la porte des clubs ; des femmes
devenues tristement célèbres, au déclin de la monarchie
ou sous le Directoire, par l'éclat de leurs fautes ou de
leurs scandales ; mais tout cela formait un tout sans co-
hésion et sans autre sentiment réciproque que la jalousie, la vengeance ou la haine. Napoléon ne recula pas
devant la tâche difficile de rassembler ces éléments dis-
parates pour en faire une société, et l'énergie de son
ascendant fut si grande, qu'il atteignit son but. Il voulut forcer ce monde si étrangement divers à se concerter, à se voir, à se réformer, et il y réussit ; les salons se
rouvrirent, la gaieté revint ; la décence même, quand
elle ne put pas être replacée au fond des choses, parut
au moins à la surface.

Napoléon avait créé une nouvelle noblesse, et la victoire avait vieilli, même avant leur baptême, ces illustrations de la cour impériale; d'anciens montagnards,
des terroristes exaltés, des régicides s'étaient empressés
de cacher leurs antécédents républicains sous les titres
fastueux de barons et de comtes dont les affublait l'empereur; des hommes du plus haut lignage, dont les ancêtres avaient pris part aux croisades et décerné la couronne à Hugues-Capet, venaient à leur tour solliciter
les grâces de cet homme et recevoir la clef de chambellan
de cette main encore rougie du sang d'un Condé. Lui-
même hâtait, dans les loisirs de la paix, cette fusion
qu'il avait commencée sur les champs de bataille; il mêlait les grandes races aux jeunes familles de sa création,
le vieux blason des pairs de Charles VII au blason, plus
ou moins écartelé, de ses compagnons d'armes; il avait
établi les majorats, et si, par respect pour le territoire
français, il ne lui avait demandé aucune parcelle pour
en former des fiefs, son royaume d'Italie et les portions
allemandes de son empire lui fournissaient des principautés, des duchés, des comtés et des baronnies, qui d'ailleurs, à l'encontre de ce qui se passait sous l'ancienne
monarchie, ne constituaient aux titulaires que de simples revenus, et ne leur attribuaient aucune juridiction
et aucun droit de suzeraineté. C'était la noblesse de Charlemagne réduite par Richelieu et Louis XVI aux seules
vanités des gens de cour.

Il avait donc, comme les rois des deux premières
races, ses douze pairs et ses leudes bénéficiaires; les
premiers étaient ses maréchaux; les autres, ses hauts
fonctionnaires. Par un instinct de domination exclusive
qu'il eût été plus digne de son génie de surmonter, il

réduisait ses ministres à n'être que de simples commis,
assez dépourvus d'influence et subordonnés, dans le travail, à un ministre intermédiaire ou secrétaire d'État
placé plus près de sa personne : ce fut longtemps M. Maret,
duc de Bassano. Au-dessous des ministres et dans l'ordre
de la puissance politique, sinon des préséances, venaient
les préfets des départements, la plus forte de ses conceptions administratives : « Les préfets, a-t-il dit lui-
« même, avec toute l'autorité et les ressources locales
« dont ils se trouvaient investis, étaient eux-mêmes *des*
« *empereurs au petit pied*; et comme ils n'avaient de
« force que par l'impulsion première dont ils n'étaient
« que les organes, que toute leur influence ne dérivait
« que de leur emploi, du moment qu'ils n'en avaient
« point de personnelle, qu'ils ne tenaient nullement au
« sol par eux administré, ils avaient tous les avantages
« des anciens grands agents absolus sans en avoir les
« inconvénients. » Il dit encore : « Il avait bien fallu
« créer toute cette puissance ; je me trouvais dictateur ;
« la force des circonstances le voulait ainsi : il fallait donc
« que tous les filaments, issus de moi, fussent en har-
« monie avec la cause première, sous peine de manquer
« de résultat. Le réseau gouvernant, dont je couvris le
« sol, requérait une furieuse tension, une prodigieuse
« force d'élasticité, si l'on voulait faire rebondir au loin
« les terribles coups qu'on nous ajustait sans cesse (1). »
Un ordre émané de l'empereur descendait avec une
incroyable rapidité du souverain aux préfets, des préfets
aux sous-préfets, de ceux-ci aux maires, et de ces derniers aux plus obscurs agents; l'immense empire se

____

(1) *Mémorial de Sainte-Hélène.*

trouvait donc enveloppé et enfermé dans la main de Napoléon : combinaison d'une simplicité admirable et qui fournissait aux gouvernants, en temps de guerre, de merveilleuses ressources ; en temps de paix, il devait en résulter des inconvénients bien graves : les mœurs et les intérêts ne s'effacent pas par un decret ; tant que la loi suprême du salut public les comprime, ils se taisent et souffrent en silence ; mais, quand la nécessité ne les étreint plus, ils se réveillent dans leur isolement, et chacun suit une pente naturelle vers l'isolement et l'égoïsme, chacun d'eux réclame une satisfaction particulière et se révolte contre une désastreuse uniformité. Napoléon n'eut pas le temps de subir cette expérience. Peut-être est-il vrai de dire que, pour lui, l'excès de centralisation ne fut point un système définitif et pour toujours arrêté, mais seulement un moyen de gouverner et d'organiser.

L'empereur, obéissant à une pensée de régularité et d'ordre, avait su établir un système fiscal fort simple. Le ministre du trésor concentrait toutes les ressources et contrôlait toutes les dépenses de l'empire. L'économie fut introduite dans toutes les branches du service. Les forêts et les douanes, précédemment régies par des administrations collectives, furent soumises à des directions générales : il en avint de même de l'enregistrement. Le crédit public commença à revivre ; la banque de France fut créée et favorisée ; une loi imposa aux receveurs généraux et particuliers, aux agents de change et aux notaires l'obligation de fournir des cautionnements ; la caisse d'amortissement fut fondée ; le droit de passe et de taxe sur les routes fut supprimé et remplacé par l'établissement d'octrois municipaux ; la propriété foncière fut puissamment favorisée : les changements politiques

survenus depuis 1789 ayant créé environ dix millions de
propriétaires territoriaux , il était indispensable d'assurer
leurs droits et de fortifier leurs garanties ; Napoléon fit
commencer l'importante opération du cadastre, qui se
poursuit encore ; il régla la propriété des mines , et créa
pour ce service un corps d'ingénieurs ; comme il attachait
une grande gloire à l'extinction de la mendicité , il poursuivit la solution de ce problème , et créa de nombreux
dépôts destinés à servir de refuge aux pauvres ; il institua la Société maternelle , rétablit l'institution des Sœurs
de la Charité , et rendit aux hospices les biens que la république leur avait enlevés. Six maisons destinées à recevoir les orphelines de la Légion d'honneur furent successivement établies , et de nouvelles succursales furent
ajoutées à l'hôtel des Invalides ; l'agriculture fut constamment améliorée et encouragée ; une chaire d'économie
rurale fut créée à l'école d'Alfort ; mais la guerre , en ar-
rachant l'élite de la population à la charrue, paralysait
ces louables intentions.

L'industrie fut plus heureuse : l'école des arts et mé-
tiers de Châlons fut établie ; les sciences concoururent
aux progrès de l'art manufacturier ; la chimie et la mé-
canique furent employées à perfectionner toutes les branches de l'économie industrielle ; des manufactures de
coton furent introduites , et leurs produits remplacèrent
pour nous les tissus étrangers ; les mérinos furent élevés
et répandus dans tout l'empire ; pour se soustraire au
blocus dont l'Angleterre frappait nos provenances colo-
niales, on imagina de suppléer au café par la chicorée, à
l'indigo par le pastel, aux soudes étrangères par des
soudes artificielles ; la garance fut substituée à la coche-
nille , le sucre de betteraves au sucre exotique , les

soieries de Lyon , de Tours et de Turin furent protégées ;
des prix élevés encouragèrent noblement toutes les
inventions utiles. Mais, chose étrange et qui a droit de
surprendre, Napoléon méprisa la découverte des ma-
chines à vapeur et ne comprit pas la valeur de cette
puissance nouvelle introduite dans le monde. Fulton ,
qui avait construit sur un petit modèle un navire mu
par la vapeur , n'obtint de Napoléon que le sourire
du dédain; on le prit pour un songe-creux , et quelques années plus tard cet homme, ainsi méconnu ,
portait son invention à l'étranger et commençait la
révolution industrielle qui changera la face extérieure
du monde.

Napoléon organisa l'Université impériale, mais le système qu'il imposa à l'instruction porta l'empreinte de
cette volonté exclusive et despotique qui présidait à tous
les actes de son règne. L'Université était régie et gouvernée par un grand maître nommé par l'empereur et révo-
cable à volonté. Au dessous du grand maître il y avait
un conseil de l'Université, des conseils académiques , des
inspecteurs et des professeurs ; la hiérarchie de cette or
ganisation enseignante comprenait dix-neuf degrés qu'il
fallait successivement franchir. « Il n'y aurait pas d'état
« politique fixe, disait-il au conseil d'État, s'il n'y a
« pas un corps enseignant avec des principes fixes. Tant
« qu'on n'apprendra pas , dès l'enfance, s'il faut être ré-
« publicain ou monarchique, catholique ou irréligieux ,
« l'État ne formera pas une nation; il reposera sur des
« bases incertaines et vagues, il sera constamment exposé
« aux désordres et aux changements. » Dans une autre
circonstance il s'exprimait ainsi : « ... Je désire qu'il y ait
« un corps d'instruction publique qui soit la pépinière

« des professeurs , des recteurs et des maîtres d'études,
« et qu'on leur donne de grands motifs d'émulation ;
« il faut que les jeunes gens aient la perspective d'un
« grade à l'autre jusqu'aux dernières places de l'État.
« Les pieds de ce grand corps seront dans les bancs des
« colléges , et la tête dans le sénat... Je sens que les
« Jésuites ont laissé , sous le rapport de l'enseignement,
« un très-grand vide ; je ne veux pas les rétablir, mais je
« me crois obligé d'organiser l'éducation de la génération
« nouvelle de manière à pouvoir surveiller ses opinions
« politiques et morales... Mon but principal, dans l'éta-
« blissement d'un corps enseignant, est d'avoir un moyen
« de diriger les opinions politiques et morales ; cette in-
« stitution sera une garantie contre le rétablissement des
« moines... Quant à moi , j'aimerais mieux confier l'édu-
« cation publique à un ordre religieux que de la laisser
« telle qu'elle est... On doit faire en sorte que les jeunes
« gens ne soient *ni trop bigots ni trop incrédules*... C'est
« une chose digne de remarque que l'instruction , à sa
« naissance, a toujours été accompagnée d'idées reli-
« gieuses... On prétend que les écoles primaires tenues
« par les Frères ignorantins pourraient introduire dans
« l'Université un esprit dangereux ; on propose de les
« laisser en dehors de la juridiction... Je ne conçois pas
« l'esprit de fanatisme dont quelques personnes sont ani-
« mées contre les Frères ignorantins , c'est un véritable
« préjugé ; partout on me demande leur rétablissement ;
« ce cri général démontre assez leur utilité. Quant aux
« écoles protestantes, elles subiront le sort commun ; on
« les détachera de la juridiction religieuse pour les faire
« entrer dans le corps civil. La moindre chose qui puisse
« être demandée par les catholiques, c'est sans doute

« l'égalité, car trente millions d'hommes méritent au-
« tant de considération qu'un million. »

Telle était la pensée de l'empereur sur l'instruction
publique ; c'était ainsi que sur cette question, comme
dans toutes les autres, il confisquait la France au profit
de sa dictature. On peut dire cependant qu'il entrevoyait
la vérité, mais que les nécessités du rétablissement de
l'ordre exagéraient chez lui le besoin de l'unité et le
sentiment du pouvoir.

Cependant, grâce à d'autres dispositions qui inter-
vinrent successivement, l'école normale, projetée par la
Convention, fut définitivement réglée ; un décret pourvut
au sort des enfants trouvés, un autre remit en activité et
transféra à la *villa Medici* l'école française des beaux-
arts de Rome ; on y envoya quinze élèves. La littérature
et les arts reçurent de notables encouragements ; néanmoins l'empereur n'aimait point les gens de lettres ; il
disait d'ailleurs qu'il n'y avait point pour elles d'autres
encouragements que les places de l'Institut, parce qu'elles
donnaient aux poëtes un caractère dans l'État. Mais les
lettres sont indépendantes et capricieuses ; on ne parvient
point à les discipliner, alors même qu'on surcharge de
faveurs de cour ceux qui les cultivent. C'était là d'ailleurs un genre de gloire interdit à Napoléon et toujours
exposé à rencontrer sa jalousie.

Il aimait les grands monuments et les travaux gigantesques. Son imagination orientale s'était encore exaltée
au spectacle des Pyramides, et il eût désiré, comme les
Pharaons, laisser aux siècles à venir de pareils témoignages de sa puissance. Sa pensée enfantait donc sans relâche des édifices et des créations dont l'accomplissement
dépassait souvent la limite du possible. Si la guerre n'eût

point absorbé les plus précieuses ressources de son génie,
il eût renouvelé la face de la France. Il avait relevé les
ruines de Lyon et construit à Anvers de formidables arsenaux maritimes ; l'immense digue de Cherbourg avait
été réparée et continuée, et ce même point de nos côtes
avait vu creuser dans le roc vif un large bassin capable
d'abriter de grandes flattes ; Boulogne, Wimereux, Ambleteuse, Étaples, le Hàvre, Dieppe, Calais, Gravelines,
Dunkerque et d'autres ports avaient reçu de notables
agrandissements ; les arsenaux de la Meuse, ceux de
Rotterdam et d'Helvoet-Sluys furent réparés à leur tour ;
la navigation du Zuyderzée et le port d'Amsterdam eurent leur part de ces améliorations créatrices ; de grands
travaux furent commencés aux embouchures du Weser,
de Lems et de l'Elbe ; un arsenal maritime fut construit
à Gènes ; le port de Venise et celui de la Spezzia furent
fortifiés et agrandis ; Corfou, grâce à de pareils ouvrages,
devint pour nous la clef de la Grèce ; le desséchement des
marais Pontins fut projeté et entrepris ; trente et un millions furent dépensés pour les ponts et chaussées, cinquante-quatre millions pour les canaux, quatorze pour
les desséchements, deux cent soixante-dix-sept pour les
routes de Paris à Mayence, à Amsterdam, à Hambourg,
à Bayonne, pour les entreprises gigantesques du mont
Genèvre et de la Corniche ; plus de cent millions furent
appliqués à des vues d'utilité publique ; des ponts furent
jetés sur la Sesia, sur la Scrivia, sur la Saône, sur la
Loire, sur le Pô ; les digues de l'Escaut et du Pô furent
réparées ; le canal de Saint-Quentin acheva de réunir le
Rhône à l'Escaut, Anvers à Marseille ; le canal de Mons
à Condé assura un débouché aux houillères du département de Jemmapes ; les canaux du Rhône au Rhin, de

la Saône à la Loire furent continués à grands frais ; la
capitale manquait d'eau circulant dans ses divers quartiers, de halles, de marchés, de moyens d'ordre et de
police pour les principaux besoins de sa consommation :
alors on creusa le canal de l'Ourcq, qui conduit à Paris
les eaux de trois rivières ; on éleva des halles ; on con-
struisit des abattoirs, on assainit les rues et les places
publiques ; les églises de Sainte-Geneviève et de Saint-
Denis, le palais de l'archevêché et la métropole furent
restaurés ; de vastes quais, sans rivaux, furent pour ainsi
dire étendus sur les deux rives de la Seine ; on prit soin
de bâtir des greniers d'abondance et de réserve ; on ouvrit de nouveaux musées qui renfermèrent les dépouilles
artistiques enlevées aux nations vaincues, et que la victoire devait plus tard nous ravir : époque sans nom, où
Paris se peuplait de chefs-d'œuvre, où des rues entières,
les plus belles dont la capitale puisse s'enorgueillir, nais-
saient comme par enchantement ; les palais, les lycées,
les marchés, remplaçaient partout des établissements
incommodes ou insalubres ; la Seine se couvrait de ponts
hardis ; on commençait les travaux de l'Arc-de-Triomphe
et de la Madeleine ; on élevait la Bourse, on construisait
des prisons ; la flèche des Invalides reparaissait dans les
airs, brillante d'or comme sous le règne du grand roi ;
on déblayait l'immense vide du Carrousel, on restaurait
le Louvre, les Tuileries, Versailles, Saint-Denis, Fon-
taibleau, Compiègne, Lacken, toutes les vieilles rési-
dences royales ; sur la place Vendôme une colonne de
bronze, digne rivale de la colonne Trajane, portait dans
les nues la statue de l'empereur, et déroulait en spirale
l'histoire de la campagne d'Austerlitz gravée en lettres
ineffaçables, écrite en relief avec les canons conquis aux

ennemis de la France. Chaque partie de l'empire ressentait l'influence de ce génie réparateur; Bordeaux, Bayonne, Turin, Ajaccio, Alexandrie, Milan, Aix-la-Chapelle, Bruges, Ostende, Brest, Orléans et beaucoup d'autres cités non moins puissantes, lui devaient un développement nouveau, des embellissements, des créations utiles. Au milieu des sables du Poitou et sur le théâtre de cette Vendée qu'il avait pacifiée, l'empereur élevait Napoléonville (Bourbon-Vendée); il encourageait l'industrie; partout où il passait, on le voyait jeter des ponts, ouvrir des routes, percer le flanc des montagnes et abaisser les barrières que la nature a mises entre les nations occidentales; à l'exemple des souverains pontifes, il travaillait à restaurer et à désencombrer Rome, et pendant que cette entreprise se poursuivait par ses ordres, pendant que le Rhin, le Weser et l'Elbe, devenus fleuves français, nous rattachaient par tous les points le nord et l'Allemagne; la France et l'Italie, comme deux grandes sœurs, étendaient d'un pays à l'autre des mains amies qui se rencontraient dans les Alpes, sur les sommets du mont Cenis et du Simplon : et toujours avide d'imiter Charlemagne, Napoléon s'attachait de préférence à vivifier les portions les plus éloignées de son empire, comme s'il eût été pressé du besoin de faire oublier à ses nouveaux sujets les désastres et les humiliations de la conquête.

Voilà par quels travaux, par quelles puissantes traces de son passage, Napoléon voulut perpétuer son souvenir dans l'esprit des peuples; sa passion pour les monuments parut égaler sa passion pour la guerre; mais, comme il dédaignait tout ce qui est petit et mesquin, il préférait les grandes constructions, comme il aimait les grandes batailles. Rien ne lui paraissait trop beau, trop majestueux pour embellir la capitale d'un pays dont il voulait faire le premier pays du monde, et nulle conquête n'était pour lui une œuvre achevée, tant qu'il y manquait le monument destiné à en transmettre le souvenir aux races futures.

CHAPITRE VII.

Ce n'est point abaisser la majesté de l'histoire que de la faire descendre aux détails privés lorsqu'ils servent à caractériser un homme célèbre et une époque fameuse.

Napoléon était de moyenne taille; sa tête était grosse, son front large et élevé, ses yeux bleu-clair, ses cheveux châtain-noir, ses sourcils de couleur pareille, mais les cils de ses paupières plus pâles : son regard était rapide comme l'éclair, doux ou sévère, terrible ou caressant, selon les pensées intérieures qui agitaient son âme; il avait le nez bien fait, la forme de la bouche gracieuse et d'une extrême mobilité; ses mains, un peu petites, étaient néanmoins remarquablement belles et blanches; il avait le pied un peu grêle; ses jambes étaient assez courtes et sa démarche quelquefois embarrassée; il était

moins bien à pied qu'à cheval ; en se promenant, soit
dans ses appartements, soit dans ses jardins, il marchait
un peu courbé, les mains croisées derrière le dos, et
faisant assez fréquemment un mouvement de l'épaule
droite qui lui donnait peu de dignité ; sa voix était digne,
quoique accentuée ; il chantait mal et écrivait d'une façon
illisible, comme s'il eût voulu dissimuler son ignorance
de notre orthographe.

Dans son enfance et dans sa jeunesse, son visage était
celui d'un adolescent italien, brun et vif ; plus tard, au
siége de Toulon, il fut atteint d'une maladie cutanée
fort maligne, et dont il ne guérit jamais entièrement : il
fut d'ailleurs vivement éprouvé par les fatigues de la
guerre dans ses campagnes d'Italie et d'Égypte ; aussi,
à cette époque, ses joues étaient-elles creuses et pâles
jusqu'à la lividité ; alors aussi, ses longs cheveux plats
descendaient sur ses joues et sur ses oreilles, et lui donnaient au premier abord l'apparence de la laideur. Parvenu au pouvoir, il perdit sa maigreur, son teint plombé
s'éclaircit, et peu de figures étaient aussi dignes d'attention que la sienne dans les années qui suivirent l'avénement à l'empire et précédèrent la campagne de Wagram.
Vers ce temps il avait atteint sa quarantième année, et
un nouveau changement s'opéra dans sa personne : il
prit beaucoup d'embonpoint ; ses cheveux devinrent plus
rares. On a constaté que de cette période aussi, date,
dans ses facultés, une sorte d'affaiblissement qu'on doit
toutefois attribuer plus à l'exagération de son orgueil et
à l'habitude du succès qu'à tout autre motif, particulièrement à des causes physiques. Quand il était debout,
il s'appuyait sur la hanche par un mouvement peu gra-
cieux ; d'autres fois, et surtout pendant ses batailles, il

croisait les bras sur sa poitrine et affectait une sorte
d'immobilité. Il avait pour coutume de prendre chaque
jour un bain fort prolongé, et personne n'ignore qu'il
faisait du tabac un usage immodéré. Une habitude plus
digne de lui était celle de se faire réveiller la nuit chaque
fois qu'il arrivait une nouvelle fâcheuse : pour les bonnes
nouvelles, il disait qu'on a toujours le temps de les
apprendre, mais qu'on ne doit pas ajourner le moment
de connaître un revers, afin d'être en mesure d'y parer.
Il pouvait se passer fort longtemps de sommeil, et il lui
arrivait souvent de se lever plusieurs fois dans la même
nuit pour dicter des dépêches.

Il affectait de se distinguer de la foule de ses courtisans par une extrême simplicité de mise : beaucoup de
grands hommes ont eu la même habitude, et ç'a été de
leur part une modestie plus orgueilleuse peut-être que
la pompe même de la royauté. Napoléon, à l'armée et à
la ville, portait sur son uniforme la redingote grise
qu'il a rendue populaire à l'égal de son petit chapeau.
Dans les grandes cérémonies où il fallait paraître avec
majesté, il se couvrait des plus fastueux ornements dont
les traditions monarchiques eussent transmis la coutume.
Son grand manteau impérial, ouvert sur les côtés, comme
celui de Charlemagne, était entièrement parsemé d'a-
beilles d'or; le plus riche diamant de la couronne de
France, *le régent*, avait été enchâssé sur la garde de son
épée. Sa maison militaire offrait le plus splendide aspect,
et ses grands dignitaires, vêtus de pourpre ou d'hermine,
lui eussent formé un cortége digne de sa puissance, s'ils
avaient pu se dépouiller de leur gaucherie, de leur roi-
deur et de leur grossièreté première.

L'empereur avait pour les hommes sanguinaires de la

révolution, et surtout pour les régicides, la plus profonde
aversion. Il portait comme un fardeau terrible l'obligation de dissimuler avec eux ; mais quand il parlait de ces
juges sinistres, de ceux qu'il appelait lui-même *les assassins de Louis XVI*, c'était avec horreur, et il gémissait sur
la nécessité où il était de les employer et de se contraindre
au point de les ménager. « Combien de fois, dit Bourrienne, n'a-t-il pas dit à Cambacérès, en lui pinçant légèrement l'oreille, pour adoucir par cette familiarité
habituelle l'amertume du propos : *Mon pauvre Cambacérès, je n'y peux rien, mais votre affaire est claire ; si
jamais les Bourbons reviennent, vous serez pendu.* Un
sourire forcé contractait alors la figure plombée de Cambacérès d'une manière qu'il serait aussi difficile que désagréable de peindre. »

Quelle que fût sa passion pour le métier des armes,
et malgré les torrents de sang que son ambition a fait
couler, Napoléon était généralement porté à la clémence
et aux satisfactions si douces de l'amitié. De son origine
corse, il n'avait gardé qu'une disposition fréquente à
l'emportement et à la colère ; ses accès étaient terribles
et ne permettaient à personne de demeurer exempt de
crainte. Plus d'une fois, dans ces moments où il se montrait si fort au-dessous de sa propre grandeur, on l'a vu
se livrer à des actes qui semblaient tenir à la fois de la
brutalité du soldat et de la mutinerie de l'enfant gâté.
Il lui est arrivé de frapper des subalternes ou d'adresser
des propos d'une haute inconvenance à des personnes
qu'il aurait dû respecter. Il faut dire toutefois que bien
souvent ces colères étaient feintes et calculées. Quand l'un
de ses ministres ou quelque autre grand personnage avait
fait une faute grave et qui méritait des reproches sérieux ,

Napoléon avait toujours le soin d'admettre un tiers à la
scène de réprimande : ce témoin ne manquait pas de transmettre au loin discrètement ce qu'il avait vu et entendu,
« et, dit Napoléon, une terreur salutaire circulait de
« veine en veine dans le corps social; les choses en mar-
« chaient mieux, je punissais moins. » Peut-être cette
justification ne doit-elle pas être acceptée sans réserve,
et n'est-elle que le sentiment des reproches secrets que
Napoléon s'adressait après avoir cédé à la colère.

« Un jour, dit M. de Las-Cases, dans une des grandes
audiences, il attaqua un colonel avec la plus grande chaleur et tout à fait avec l'accent de la colère, sur de légers
désordres commis par son régiment envers les habitants
du pays qu'il venait de traverser en rentrant en France;
et comme le colonel, pensant la punition fort au-dessus
de la faute commise, cherchait à se disculper et y revenait souvent, l'empereur lui disait à voix basse, sans
discontinuer la mercuriale publique : « C'est bien, mais
« taisez-vous; je vous crois, mais demeurez tranquille. »
Et plus tard, en le revoyant seul, il lui dit : « C'est que
« je fustigeais en votre personne des généraux qui vous
« entouraient, et qui, si je me fusse adressé directement
« à eux, se seraient trouvés mériter la dernière dégrada-
« tion, peut-être davantage. »

« Mais si l'empereur attaquait de la sorte en public,
il lui arrivait parfois aussi de se voir attaqué à son tour.

« Un jour, à Saint-Cloud, à la grande audience du
dimanche, un sous-préfet ou autre fonctionnaire piémontais, l'air égaré et tout hors de lui, l'interpelle de
la voix la plus élevée, lui demandant justice sur sa
destitution, soutenant qu'il avait été faussement accusé
et condamné. « Allez trouver mes ministres, lui dit l'em-

« pereur. — Non, sire, c'est par vous que je veux être
« jugé. — Je ne le saurais ; je n'en ai point le temps ; j'ai
« à m'occuper de tout l'empire, et mes ministres sont
« institués pour s'occuper des individus. — Mais ils me
« condamneront toujours. — Et pourquoi? — Parce que
« tout le monde m'en veut. — Et pourquoi encore? —
« Parce que je vous aime ; il suffit qu'on vous soit attaché
« pour qu'on devienne en horreur à tout le monde.
« — Ce que vous dites là est bien fort, Monsieur, dit
« l'empereur avec calme ; j'aime à croire que vous vous
« trompez. » Et il passa tranquillement au voisin...
Une autre fois, à une parade, un jeune officier, aussi
tout hors de lui, sort des rangs pour se plaindre qu'il est
maltraité, dégradé, qu'on a été injuste à son égard, qu'on
lui a fait éprouver des passe-droits, et qu'il y a plus de
cinq ans qu'il est lieutenant sans pouvoir obtenir de
l'avancement. « Calmez-vous, lui dit l'empereur, moi je
« l'ai bien été sept ans, et vous voyez qu'après tout cela
« n'empêche pas de faire son chemin. » Tout le monde
de rire, et le jeune officier, subitement refroidi, d'aller
reprendre son rang. »

Il permettait à ses soldats, particulièrement à ceux du
corps d'élite qu'il appelait la vieille garde, d'user envers
lui d'une grande liberté de parole. Ces vieux compagnons d'armes, gardant les coutumes de la république,
se permettaient souvent de le tutoyer, mais ils ne le faisaient que dans les occasions où ils allaient donner leur
vie pour sa gloire : c'étaient les gladiateurs saluant César
avant de mourir. L'armée, enorgueillie de son chef, le
servait avec un dévouement fanatique, avec un amour
dont l'histoire n'offre pas d'exemple. Quand il passait
sur un champ de bataille pavé de morts et de mourants,

les blessés retrouvaient à sa vue une sorte de vie galva-
nique, et, se soulevant, expiraient heureux en criant :
Vive l'empereur ! Pour lui, il acceptait ces sacrifices avec
un visage impassible, comme s'ils lui étaient naturelle-
ment dus. Parfois, cependant, il descendait de cheval et
donnait au corps des ambulances les ordres nécessaires
pour le transport de ces malheureux. Un jour, après la
terrible affaire de Pulstuk, en Pologne, il vit un Russe,
tout mutilé par le canon et horriblement défiguré par
l'explosion d'un caisson, qui se traînait dans la boue;
ce spectacle faisait horreur. « Relevez cet homme, » dit
Napoléon au baron de Saint-Aignan, l'un des officiers
de sa suite ; et comme M. de Saint-Aignan semblait hésiter à la vue de ce misérable : « Allez, lui répéta l'em-
« pereur, et sachez qu'il est là-haut un Dieu qui ne laisse
« pas les bonnes actions sans récompense. »

Sévère lorsque la nécessité du commandement l'exigeait, rigoureux même à l'excès lorsqu'il fallait effrayer
par des exemples, il savait dans l'occasion se montrer
humain et clément. Dans l'une des nuits qui servirent
d'intermède au sanglant combat d'Arcole, il surprit un
factionnaire endormi à son poste ; sans mot dire, il saisit
le fusil de ce soldat et fit lui-même le service. La senti-
nelle, s'étant réveillée, se crut perdue. « Ne crains rien,
« lui dit son général ; après deux journées aussi péni-
« bles, il est bien permis à un brave comme toi de se
« livrer au sommeil ; mais une autre fois choisis mieux
« ton temps. »

En parcourant le champ de bataille de Wagram, l'empereur s'arrêta sur l'emplacement qu'avaient occupé les
deux divisions de Macdonald ; il présentait le tableau
d'une perte qui avait égalé leur valeur. La terre était

labourée de boulets ; l'empereur reconnut parmi les morts un colonel dont il avait eu à se plaindre, et qui n'avait reconnu ses bontés que par l'ingratitude. En le voyant noyé dans son sang, Napoléon s'écria : « Je suis « fâché de n'avoir pu lui parler avant la bataille pour lui « dire que j'avais tout oublié. »

A quelques pas de là il trouva un jeune sous-officier de cavalerie qui vivait encore, quoiqu'il eût la tête traversée d'un biscaïen ; mais la chaleur et la poussière avaient coagulé le sang presque aussitôt, de sorte que le cerveau n'avait reçu aucune impression de l'air. L'empereur mit pied à terre, lui tâta le pouls, et, avec son mouchoir, se mit à lui déboucher les narines, qui étaient pleines de terre ; comme il approchait un peu d'eau-de-vie de ses lèvres, le blessé ouvrit les yeux et parut d'abord insensible aux soins dont il était l'objet ; puis, les ayant ouverts de nouveau, il les arrêta sur l'empereur qu'il reconnut, et alors son visage fut baigné de larmes. C'est par de tels actes que Napoléon travaillait à se faire pardonner, par les victimes de son ambition, jusqu'à leurs propres souffrances. Bien souvent, dans les pénibles campagnes d'Allemagne et de Pologne, il lui arrivait de s'approcher des bivouacs et de causer avec ses vieux soldats, qu'il appelait ses grognards ; alors il mangeait de leur pain, goûtait de leur soupe, et témoignait pour leur bien-être une sollicitude fort active. Ces militaires, souvent découragés par les privations et les fatigues, reprenaient toute leur énergie en voyant l'empereur s'associer à leur pénible existence. Nul ne songeait à se plaindre de la rapidité des marches et de la profondeur des marais, lorsque l'empereur, mouillé comme eux par la pluie, couvert comme eux de boue jusqu'aux genoux, les précédait, leur donnait l'exemple de la patience et du dévouement, et supportait quelquefois des semaines et des mois de guerre laborieuse sans avoir d'autre palais qu'une tente, d'autre lit que celui des camps. Il est vrai de dire que dans beaucoup d'occasions il ne craignait pas de recourir, pour capter l'esprit des troupes, à une sorte de charlatanisme dont le soldat est toujours dupe. Au moment d'une revue, il se faisait donner, par le colonel, les noms et les numéros de chaque militaire reconnu pour le plus brave de la compagnie ; il ordonnait qu'on y ajoutât une note succincte sur la famille et les services de cet homme; puis, lorsqu'il était muni de ces renseignements, il s'approchait du soldat désigné, l'appelait par son nom, lui demandait des nouvelles de son vieux père, lui citait les occasions dans lesquelles il avait fait éclater son courage, et le soldat de s'exalter jusqu'au délire pour son empereur, et le reste de la troupe d'admirer comment il pouvait se faire que Napoléon les connût tous par leurs noms et n'oubliât aucun de leurs traits de bravoure. On conçoit quelle influence de pareilles scènes exerçaient sur le moral de l'armée. Mais ces excitations ne s'adressaient pas seulement aux simples militaires, les régiments en avaient leur part. Après chaque victoire, on décorait l'aigle du corps qui s'était le plus distingué, et les régiments les plus intrépides recevaient des surnoms glorieux, tels que ceux-ci . *un contre dix*, le *terrible*, l'*invincible*, l'*indomptable*. Aussi, quand cet homme, que tant de prestige environnait, se présentait à ses soldats au moment de l'attaque, sa vue remuait jusque dans leurs entrailles le dévouement et l'héroïsme, tandis que les armées ennemies, averties par cet élan et par les clameurs des nôtres de l'approche de l'empereur, se trouvaient paralysées et glacées, comme tremble un faible troupeau aux rugissements du lion.

Il était doué d'un courage froid et calme, et savait conserver au milieu des plus grands dangers une présence d'esprit qui lui permettait de donner des ordres utiles et de veiller à leur exécution. Quand il fallait payer de sa personne, il s'exposait comme le plus obscur des grenadiers ; dans les autres circonstances il n'oubliait pas que de sa vie dépendait le salut de ses armées, et il agissait alors plutôt en général qu'en soldat. Il avait reçu trois blessures dans le cours de ses campagnes, mais toutes étaient légères. Superstitieux comme l'ont été d'autres conquérants, il comptait sur sa fortune et aimait à s'entendre proclamer l'homme des destins. Il croyait à son *étoile* ou affectait d'y croire, afin de donner aux autres une confiance plus grande en son avenir. Un jour il discutait l'un des plus hasardeux desseins qu'il eût projetés, et ne pouvait parvenir à convaincre son interlocuteur de la réussite de ses plans. Ayant enfin ouvert une fenêtre, il montra le ciel et dit à la même personne : « Voyez-vous cette étoile? — Non, reprit « l'autre. — Voyez-vous cette étoile? répéta-t-il encore. « — Non, sire. — Eh bien ! je la vois, moi qui vous « parle! » et il ne donna plus d'autre raison. Il attachait un grand prix à des rapprochements de dates et s'imaginait avoir des jours fastes et néfastes.

Il aimait à la fois la pompe du luxe et l'économie : plus large dans ses dépenses que Cromwell, lequel n'aimait pas à voir brûler inutilement une bougie, il surveillait néanmoins avec un soin extrême l'emploi des fonds destinés à faire face à son entretien personnel et à celui de sa mai-

son. Un jour qu'on lui faisait admirer un nouvel ameublement des Tuileries et qu'il s'en montrait satisfait en
apparence, on le vit s'approcher d'une magnifique ten-
ture et couper un gland d'or, sans qu'on pût s'imaginer
le motif d'une action pareille. Peu après, on apprit qu'il
s'était rendu dans plusieurs magasins et y avait comparé
les prix des objets de cette nature. Aussi l'intendant
chargé de son ameublement n'obtint-il de lui que cette
phrase : « Tenez, mon cher, Dieu me garde de penser
« que vous me volez, mais on vous vole ; vous avez payé
« ceci un tiers au-dessus de sa valeur. » Il lui arrivait
souvent, dans ses promenades du matin, d'entrer dans
les boutiques et de s'informer de la valeur des marchandises exposées en vente. En dépit de ses immenses occupations, il révisait lui-même ses propres comptes ; mais
il avait sa méthode, on les lui présentait toujours par
spécialité ; il s'arrêtait sur le premier article venu, le
sucre, par exemple, et trouvant des milliers de livres, il
prenait une plume et demandait au comptable : « Combien de personnes dans ma maison, Monsieur ? (et il fallait pouvoir lui répondre sur-le champ.) — Sire, tant.
— A combien de livres de sucre les portez-vous l'une
dans l'autre ? — Sire, à tant. » Il faisait aussitôt son calcul, et se montrait satisfait, ou s'écriait en lui rejetant
son papier : « Monsieur, je double votre propre estima-
« tion, et vous dépassez encore énormément ; votre
« compte est donc faux ? Recommencez tout cela et mon-
« trez-moi plus d'exactitude. » Et il suffisait de ce seul
calcul, faisait-il observer, pour tenir chacun dans la plus
stricte régularité (1).

(1) *Mémorial de Sainte-Hélène.*

D'autres fois, et le plus souvent même, c'était pour
interroger l'opinion et veiller au service général qu'il
se promenait en habit de ville et fréquentait les magasins ou les lieux publics ; son secrétaire était d'ordinaire
chargé de l'accompagner dans ces excursions. Un jour
qu'affublé du ridicule costume des merveilleux de ce
temps, il était entré dans une boutique de la rue Saint-
Honoré, il lui prit fantaisie de parler contre le gouvernement. « Votre Bonaparte, dit-il, ne fait rien de bon, etc. »
Mais le marchand ne lui répondit qu'en lui adressant des
injures et des menaces, et le prétendu acheteur fut très-
heureux de s'esquiver. Plus d'une fois il lui arrivait de
sortir avec Marie-Louise et de se confondre bourgeoise-
ment dans la foule ; c'est de cette façon qu'il aimait à
prendre sa part des fêtes publiques et qu'il entendait les
propos du peuple. Un jour, le couple se donna le plaisir,
moyennant une légère rétribution, de contempler dans
les lanternes magiques, Leurs Majestés l'empereur et l'impératrice des Français, toute leur cour, etc ; Napoléon
appelait cela *la police du cadi.*

Souvent il parlait beaucoup, quelquefois même un peu
trop, mais il racontait d'une manière agréable et entraî-
nante. Sa conversation roulait rarement sur des objets
gais ou plaisants, jamais sur des choses futiles. Il aimait
tant à discuter, que dans la chaleur de la discussion il
était facile de lui faire dire les secrets qu'il cachait le
plus soigneusement. Quelquefois il s'amusait dans un
petit cercle à raconter des historiettes, et toutes ses nar-
rations étaient pleines de charme et d'originalité. Il avait
peu de mémoire pour les noms propres, les mots, les
dates ; mais il en avait une prodigieuse pour les faits et
les localités. En général, il montrait beaucoup de répu

guance à revenir sur une décision arrêtée, alors même qu'elle était reconnue injuste ; mais plusieurs fois le cœur l'avait emporté chez lui sur l'amour-propre.

Il avait décrété qu'une pension de 60,000 francs serait régulièrement payée, sur les fonds du trésor, à M. le prince de Conti, à madame la duchesse de Bourbon et à madame la duchesse douairière d'Orléans. Il avait fait une autre pension à la nourrice de l'infortuné Louis XVII, ainsi qu'à celle de madame la duchesse d'Angoulême. Un jour M. de la Bouillerie, directeur du domaine extraordinaire, reçut l'avis que deux navires, dont la cargaison pouvait être évaluée à 800,000 francs, venaient d'être saisis au Hâvre en exécution du décret de Berlin sur les provenances anglaises. M. de la Bouillerie, ayant cru reconnaître qu'en cette circonstance on avait donné une extension outrée au système continental, s'empressa d'en faire son rapport particulier à l'empereur. Bien qu'il fût tard, Napoléon ne voulut point ajourner l'examen de cette question, et, après avoir jeté un coup d'œil sur les pièces officielles, approuva l'ordre de restituer les deux navires saisis. Un courrier fut expédié dans la nuit pour porter ces instructions. Le lendemain, M. de la Bouillerie s'étant fait présenter, l'empereur lui dit : « J'ai lu votre rapport, et je vous remercie d'avoir « empêché que l'on me fit commettre cette odieuse injus- « tice; c'est comme cela qu'il faut me servir. »

La promptitude de son jugement le servait quelquefois très-mal : il n'était encore que premier consul, lorsqu'en 1801 le célèbre Fulton, alors ignoré, lui présenta un mémoire sur la possibilité de conduire des bateaux sans autre secours que la vapeur. « Bah ! s'écria Bonaparte, « tous ces faiseurs de projets sont des intrigants ou des

« visionnaires ; qu'on ne m'en parle plus. » Et Fulton alla
porter à l'Amérique la découverte qui immortalisa son
nom à l'égal de celui des conquérants.

Sévère à l'égard des agents et préposés auxquels il
confiait l'administration de l'empire, Napoléon avait le
tort grave de fermer les yeux sur les exactions odieuses
que ses généraux et ses traitants commettaient dans les
pays conquis ou alliés ; c'était même pour lui un moyen
de grossir son propre trésor. Lorsqu'un financier ou un
fournisseur s'était beaucoup enrichi et qu'il y avait lieu
de soupçonner que sa fortune avait été trop rapidement
acquise, l'empereur le sommait de lui remettre un certain nombre de millions, et le prévenu, redoutant les
conséquences d'un refus, s'exécutait d'assez mauvaise
grâce. Il en agissait ainsi avec ses maréchaux ou ses
proconsuls dilapidateurs ; mais les peuples spoliés n'en
devenaient guère plus heureux, et la Sicile n'en était
pas moins ruinée par Verrès.

Autant, sous le consulat, il avait exploité au profit
de son ambition les conspirations dirigées contre sa
personne, autant, depuis son avénement à l'empire, il
s'était attaché à les tenir secrètes. Il s'en formait souvent,
mais la police parvenait à les déjouer. Il existait, même
dans le sein de l'armée, des sociétés secrètes qui avaient
conservé, comme tradition, les principes de la liberté
républicaine ; les fauteurs de ces associations n'attendaient qu'une occasion favorable pour agir. Leur principal chef était le colonel Oudet, homme d'un caractère
énergique et d'une admirable intelligence. Napoléon le
faisait surveiller avec soin, et l'on apprit, dans les jours
qui suivirent la bataille d'Essling, qu'Oudet et plusieurs
de ses amis avaient péri dans une embuscade. Était-ce

un accident de la guerre, ou une précaution cruelle de
l'empereur? Quoi qu'il en soit, les ennemis de Napoléon
ne se décourageaient point. Il arriva qu'un jeune homme
de Dresde, échappé de l'université de Halle ou de Leipsick, vint à Paris avec le projet de tuer l'empereur.
Arrêté par ordre de Savary, duc de Rovigo, qui avait
remplacé Fouché au ministère de la police générale, il
fut interrogé, et confessa volontairement son crime. Il
avoua que son intention, en venant à Paris, avait été de
tuer l'empereur pour attacher son nom au sien. Il ajouta
que Henri IV avait été manqué vingt-deux fois, et n'avait
succombé qu'à la vingt-troisième tentative; que Napoléon, il est vrai, n'avait été encore manqué que trois ou
quatre fois, mais que cela n'arrêterait pas un homme de
courage qui ne comptait sa vie pour quelque chose qu'autant qu'elle était utile, et qu'il trouverait la sienne
suffisamment bien employée puisqu'elle avancerait d'une
chance les probabilités de succès pour ceux qui voudraient l'imiter. Le duc de Rovigo fit part à l'empereur
de cette tentative d'assassinat et lui demanda ses ordres;
Napoléon fit répondre : « Il ne faut point ébruiter cette
« affaire, afin de n'être point obligé de la finir avec
« éclat. L'âge du jeune homme est son excuse; on n'est
« pas criminel d'aussi bonne heure, lorsqu'on n'est pas
« né dans le crime; dans quelques années il pensera au-
« trement, et l'on serait aux regrets d'avoir immolé un
« étourdi et plongé une famille estimable dans le deuil.
« Mettez-le à Vincennes, faites-lui donner les soins dont
« il paraît que sa tête a besoin, donnez-lui des livres,
« faites écrire à sa famille et laissez faire le temps. »
En conséquence de ces ordres, ce jeune homme, qui se

nommait Won der Sulhn , fut mis à Vincennes et n'en
sortit qu'après les événements de 1814.

La récolte de 1811 s'annonçait mal, et en effet elle fut
très-mauvaise ; l'empereur travailla avec une prodigieuse
activité à assurer les subsistances du peuple. Comme le
ministre de l'intérieur, M. Montalivet, croyait calmer
ses inquiétudes en lui annonçant que *le pain ne manquerait pas, bien qu'il dût être cher,* Napoléon se récria
avec sa violence accoutumée contre cette consolation :
« Qu'est-ce à dire, répondit-il au ministre, qu'entendez-
« vous par ces paroles, *le pain sera cher, mais il ne
« manquera pas?* Eh! de qui croyez-vous, Monsieur,
« que nous nous occupions depuis deux mois? Des ri-
« ches ?... je m'en occupe bien, vraiment !... je sais que
« ceux qui ont de l'or trouveront toujours du pain comme
« ils trouvent tout en ce monde !... Ce que je veux, Mon-
« sieur, c'est que le peuple ait du pain... c'est qu'il en
« ait beaucoup, et de bon, et à bon marché... c'est que
« l'ouvrier, enfin, puisse nourrir sa famille avec le prix
« de sa journée! » Ces paroles réveillèrent une ardeur
nouvelle, et la population pauvre eut moins à souffrir
qu'on aurait pu le craindre. Toutefois, sur plusieurs
points de l'empire, la cherté des grains souleva de graves
désordres, mais ils furent comprimés avec une rigueur
inouïe. C'est ainsi que la ville de Caen, qui avait été le
théâtre d'une émeute causée par la faim , se vit envahie
par des troupes expédiées en poste de Paris, et plusieurs
habitants, parmi lesquels se trouvaient des femmes ,
furent traduits devant une commission militaire, condamnés à mort et fusillés.

Soldat monté sur le pavois aux acclamations d'un

peuple révolutionnaire, Napoléon avait compris que
l'éclat du vice, en reportant la nation aux funestes souvenirs de l'OEil-de-Bœuf, devait compromettre sa jeune
dynastie en la dégradant dès son origine. On ne vit pas,
sous son règne, des favorites disputant insolemment aux
épouses légitimes les hommages du prince et de la cour.
Mais si ce scandale fut épargné à la France, le foyer
domestique de l'empereur ne fut pas moins affligé souvent par de coupables passions : tout ce qu'on peut dire,
pour atténuer ces torts si graves de Napoléon, c'est
qu'aucune femme ne le maîtrisa au point d'influer sur
les affaires de son règne. On lui a reproché des liaisons
incestueuses, et peut-être à cet égard sa mémoire n'est-
elle point suffisamment justifiée des accusations de ses
ennemis ; un mystère pénible plane sur ces fautes, vraies
ou imaginaires, mais qu'il a toujours niées avec indignation. Les sœurs de Napoléon et particulièrement Pauline, princesse de Borghèse, l'une des plus belles femmes
de l'empire, étaient décriées pour leur inconduite notoire.
MADAME, mère de l'empereur, était une personne d'un
grand sens et d'un grand cœur, que la prospérité ne parvint jamais à éblouir, et qui, au milieu des pompes de la
cour impériale, garda une âme simple et une raison droite.
Comme elle avait connu la misère, elle amassait des richesses pour l'avenir, et répondait à ceux qui s'en éton-
naient : « Qui sait? dans quelques années j'aurai peut-
« être une demi-douzaine de rois qui me demanderont du
« pain. » On voit qu'elle ne se faisait point d'illusions ;
il est juste de reconnaître qu'elle répandait autour d'elle
de nombreux bienfaits. Elle vivait un peu froidement
avec l'empereur, et ce dernier ne lui témoignait pas toujours une déférence assez marquée : c'est que Letizia

Ramolino était non-seulement la mère de l'empereur, mais encore celle de plusieurs autres enfants, dont l'un, Lucien Bonaparte, vivait dans la disgrâce et dans l'exil. Ce frère de Napoléon, qui par son courage avait assuré la révolution du 18 brumaire, s'était vu contraint de quitter la France, pour avoir noblement refusé de rompre un mariage contracté à l'étranger et que l'empereur jugeait indigne de sa haute fortune. Jérôme, moins généreux, avait eu cette lâche complaisance pour Napoléon, et en avait été récompensé par la main de la princesse fille du roi de Wurtemberg : c'était un jeune débauché qui s'était rendu odieux et méprisable aux peuples de Westphalie. Pour Joseph, quoique doux et bon, il payait tribut à l'immoralité de l'époque ; sa femme, la reine Julie, embellissait la splendeur du trône par ses vertus.

J'ai raconté les persécutions que Napoléon avait fait subir au chef de cette Église dont il avait relevé les autels sur la terre de France. Pour ceux qui auront suivi les phases de cette lutte impie, il aura paru évident que si Napoléon foulait aux pieds la religion chaque fois qu'elle contrariait l'emportement de ses passions ou de ses volontés, il n'était pas moins animé intérieurement d'un sentiment de foi assez sincère. On voit seulement que cette foi, isolée de la pratique des devoirs du chrétien et paralysée par la révolte contre la loi de Dieu, avait été comme étouffée par l'ivraie de l'orgueil et de l'indifférence. Pour donner une idée aussi exacte que possible de l'état de son âme et de ses croyances, nous regardons comme indispensable de citer les paroles qu'il prononça lui-même à ce sujet : « D'où viens-je ? qui « suis-je ? où vais-je ? ce sont autant de questions mys- » térieuses qui nous précipitent vers la religion. Nous

« courons au-devant d'elle ; notre penchant naturel nous
« y porte ; mais arrive l'instruction qui nous arrête (1)...
« Alors la raison se replie douloureusement, .. on croit
« à Dieu parce que tout le proclame autour de nous, et
« que les plus grands esprits y ont cru... Et voyez un
« peu la gaucherie de ceux qui nous forment ; ils de-
« vraient éloigner de nous l'idée du paganisme et de
« l'idolâtrie, parce que leur absurdité provoque nos
« premiers raisonnements et nous prépare à résister à
« la croyance passive ; et pourtant ils nous élèvent au
« milieu des Grecs et des Romains, avec leurs myriades
« de divinités ; telle a été pour mon compte et à la lettre
« la marche de mon esprit. J'ai eu besoin de croire, j'ai
« cru, mais ma croyance s'est trouvée heurtée, incer-
« taine, dès que j'ai su, dès que j'ai raisonné, et cela
« m'est arrivé d'aussi bonne heure que treize ans (2).
« Peut-être croirai-je de nouveau aveuglément ; *Dieu le*
« *veuille !* (Dieu l'a voulu, nous l'espérons.) Je n'y résiste
« assurément pas, je ne demande pas mieux ; je conçois
« que ce doit être un grand et vrai bonheur.

« Toutefois, dans les grandes tempêtes, dans les sug-
« gestions accidentelles de l'immoralité même, l'absence
« de cette foi religieuse, je l'affirme, ne m'a jamais in-
« fluencé en aucune manière, et je n'ai jamais douté de
« Dieu ; car, si ma raison n'eût pas suffi pour le com-
« prendre, mon intérieur ne l'adoptait pas moins : *mes*
« *nerfs étaient en sympathie avec ce sentiment.*

(1) Nous croyons superflu de relever cette erreur grossière : la véritable
science conduit à Dieu ; il n'y a que la fausse, la demi-science qui en éloigne.

(2) Ainsi, c'est dès cet âge où il a commencé de douter, que l'orgueil a fait
invasion dans son âme et y a substitué *la croyance en son étoile* à la croyance
en Dieu. O infirmité des grands de ce monde, et que le pauvre qui croit, adore
et prie, s'élève plus haut que ces superbes !

« Lorsque je saisis le limon des affaires, j'avais déjà
« des idées arrêtées sur tous les grands éléments qui
« cohésionnent la société; j'avais pesé toute l'importance
« de la religion; j'étais persuadé, et j'avais résolu de la
« rétablir. Mais on croirait difficilement les résistances
« que j'eus à vaincre pour ramener au catholicisme. On
« m'eût suivi bien plus volontiers (il parle des hommes
« d'État de la république) si j'eusse arboré la bannière
« protestante; c'est au point qu'au conseil d'État, où
« j'eus grand'peine à faire adopter le concordat, plu-
« sieurs ne se rendirent qu'en complotant d'y échapper.
« Eh bien! se disaient-ils l'un à l'autre, faisons-nous
« protestants, et cela ne nous regardera pas.... Mais,
« outre que je tenais réellement à ma religion natale,
« j'avais les plus hauts motifs pour me décider. En pro-
« clamant le protestantisme, qu'eussé-je obtenu? J'au-
« rais créé en France deux grands partis à peu près
« égaux, lorsque je voulais qu'il n'y en eût plus du tout;
« j'aurais ramené la fureur des querelles de religion,
« lorsque les lumières du siècle et ma volonté avaient
« pour but de les faire disparaître tout à fait. Ces deux
« partis, en se déchirant, eussent annihilé la France et
« l'eussent rendue l'esclave de l'Europe, lorsque j'avais
« l'ambition de l'en rendre la maîtresse; avec le catho-
« licisme j'arrivais bien plus sûrement à tous mes grands
« résultats... Au dehors, le catholicisme me conservait
« le pape; et, avec mon influence et nos forces en Italie,
« je ne désespérais pas, tôt ou tard, *par un moyen ou*
« *par un autre, de finir par avoir à moi la direction de*
« *ce pape;* et dès lors quelle influence! quel levier
« d'opinion sur le reste du monde! » Il ajoutait encore:
« .... Dans mes querelles avec le pape, j'avais pour pre-

« mier soin de ne pas toucher au dogme ; si bien que,
« dès que le bon et vénérable évêque de Nantes me disait :
« Prenez garde ! vous voilà en face du dogme, » sans
« m'amuser à disserter avec lui, sans chercher même à
« comprendre, je déviais aussitôt de ma route pour y
« revenir par d'autres voies (1) .. »

Napoléon disait ensuite, en parlant du pape : « Dans
« sa charité chrétienne, car c'est véritablement un bon,
« doux et brave homme, il n'a jamais désespéré de me
« tenir pénitent à son tribunal ; il en a laissé souvent
« échapper l'espoir et la pensée. Nous en causions quel-
« quefois gaiement et de bonne amitié : « Vous y viendrez
« tôt ou tard, me disait-il avec une innocente douceur,
« je vous y tiendrai, ou d'autres si ce n'est moi, et vous
« verrez alors quel contentement, quelle satisfaction
« pour vous-même... » Insistant ensuite sur ses démêlés
avec le souverain pontife, Napoléon révélait son arrière-
pensée tout entière, en disant que son intention était,
après avoir dépouillé le pape de ses États, de lui assigner Paris pour résidence, et de tenir en quelque sorte,
dans sa main impériale, le timon des affaires religieuses. « J'en aurais fait une idole (du pape); il fût
« demeuré près de moi : Paris fût devenu la capitale du
« monde chrétien, et j'aurais dirigé le monde religieux
« aussi bien que le monde politique. C'était un moyen
« de plus de resserrer toutes les parties fédératives de
« l'empire, et de contenir en paix tout ce qui demeurait
« en dehors. J'aurais eu mes sessions religieuses comme

(1) On voit par là, en dépit de ses restrictions dédaigneuses, que la foi n'a
jamais été effacée de son cœur. S'il en eût été autrement, pourquoi se serait-il
arrêté devant les barrières du dogme, se bornant à attaquer la discipline ou le
temporel ?

« mes sessions législatives. Mes conciles eussent été la
« représentation de la chrétienté ; les papes n'en eussent
« été que les présidents. J'eusse *ouvert* et *clos* ces assem-
« blées, *approuvé* et *publié* leurs décisions (1)... » Il
appelait cela ne point toucher au dogme. Qu'est-ce donc
que l'autorité de l'Église ? Mais ces aberrations de l'orgueil
devaient être déjouées par Celui qui se rit des desseins de
l'homme.

Napoléon avait rétabli l'étiquette de cour, et les usages
de son palais avaient été calqués, en quelque sorte, sur
ceux de la maison de Louis XIV. Il aimait à s'entourer
des illustrations de toutes les époques, à rassembler autour de lui les Montmorency et les Montebello, les Laro-
chefoucauld et les Trévise, noms rehaussés par des exploits
récents ou par d'illustres ancêtres. Les princes de la Confédération du Rhin se pressaient à sa cour, mêlés aux
lieutenants de la république et aux régicides de la Convention. L'empereur avait remis en coutume les levers
et les couchers de nos rois ; mais, au lieu qu'ils étaient
réels autrefois, ils ne furent plus, de son temps, que de
simples réceptions du matin et du soir. On ne pouvait
arriver près de sa personne ou de celle de l'impératrice
avant d'avoir été présenté selon toutes les formes prescrites par le cérémonial des monarchies. La cour impériale étalait une grandeur et une magnificence extraor-
dinaires ; mais, en dépit des soins de M. de Ségur, grand
maître des cérémonies, il manquait à cette société fastueuse ce ton, ce goût, ce sentiment de la dignité et
des convenances, qui ne se transmettent pas du maître
au sujet en vertu d'une charte de duc ou d'un diplôme de

____

(1) Voir pour ces diverses citations le *Mémorial de Sainte-Hélène.*

comte. D'une part, beaucoup de seigneurs de la vieille
cour, quoique assez empressés de recueillir les faveurs
impériales, se trouvaient gênés et dépaysés dans ces
Tuileries où tout leur rappelait encore la simplicité de
Louis XVI et la grâce de Marie-Antoinette. Ces souvenirs
douloureux pesaient à leur mémoire, et ils croyaient
rêver en se voyant enchaînés au char d'un soldat cou-
ronné. Les autres, particulièrement les avocats devenus
barons, les procureurs transformés en dignitaires, et
qui d'ailleurs devaient leur fortune à une science réelle
de l'administration ou du droit, se trouvaient embarrassés et gauches sous leurs broderies et sous leurs pa-
naches. Quant aux hommes de guerre, ils n'avaient pu
dépouiller entièrement leurs allures soldatesques et la
franche brutalité des camps ; leur langage était parfois
cynique et déplacé. Parmi les duchesses admises à la cour,
et qui devaient leurs titres aux faits d'armes de leurs
maris, plusieurs se ressentaient d'une origine toute populaire. La maréchale Lefebvre, duchesse de Dantzick, ancienne blanchisseuse, et que le duc avait épousée n'étant
que soldat aux gardes, divertissait particulièrement la
cour par ses naïvetés, demeurées historiques. Comme
c'était d'ailleurs une femme d'un cœur généreux et honnête, et qui avait eu douze fils tous morts pour la France,
l'empereur se plaisait à lui témoigner un respect dénué
d'affectation, et son exemple faisait taire les moqueurs.

Étrange époque, où l'on vit un jour sept rois, perdus
dans la foule des courtisans, attendre dans un salon le
moment de saluer l'empereur ; où le manteau de l'impératrice, au moment de son mariage, était porté par
quatre reines !

L'empereur résumait en sa personne les manières

de sa cour, parce qu'il était à la fois un composé de
grandeur et de petitesse, de dignité et d'inconvenance :
il procédait toujours par questions, interrogeant les
hommes spéciaux sur les branches des connaissances qui
leur étaient familières. Bien différent de Louis XIV, qui
ne parlait jamais à une femme, quelle que fût sa condition, autrement que la tête découverte, il affectait envers
les dames de la cour une brusquerie et une impolitesse
très-décevantes ; souvent même il déconcertait la ruse
de celles qui espéraient obtenir de lui quelques marques
d'attention. A une dame qui lui avait demandé quelle
femme il aimait le mieux, il répondit avec à-propos :
« Celle qui a le plus d'enfants. » Envers une autre d'une
très-haute distinction, il fut moins heureux, et se ha-
sarda à lui dire : « Vous avez des cheveux roux ! — C'est
la première fois qu'un homme me le fait remarquer, »
répondit madame de Chevreuse, car c'était elle. Il n'aimait pas qu'une femme se hasardât à sortir des occupations de son sexe et à se mêler des causeries politiques.
Un jour qu'il rencontra madame de Staël dans un salon,
il ne lui fit d'autre question que celle-ci : « Savez-vous
coudre ? »

Napoléon aimait la chasse, comme une image de la
guerre. Sa chasse, à quelques particularités près inutiles ou ridicules, était aussi splendide, aussi nombreuse,
aussi bruyante que celle de Louis XVI, et ne lui coûtait
annuellement, assurait-il, que quatre cent mille francs,
tandis qu'elle revenait au roi à sept millions. Il en était
de même de la table. L'ordre et la sévérité de Duroc,
grand-maréchal du palais, qu'il avait fait duc de Frioul,
avaient amené sur ce point de nombreuses améliorations.
Les châteaux de l'empereur renfermaient près de qua-

rante millions de mobilier et quatre millions de vaisselle ; les écuries coûtaient trois millions, et le service
des pages entrainait de fortes dépenses. Napoléon s'en-
toura de grands officiers de la couronne ; il se composa une nombreuse maison d'honneur en chambellans,
écuyers et pages ; il les prit, selon sa coutume, et parmi
les personnes nouvelles que la révolution avait élevées, et
dans les familles anciennes qu'elle avait dépouillées. Les
premiers se considéraient sur un terrain qu'ils croyaient
conquis, les autres sur un terrain qu'ils croyaient re-
couvré.

L'empereur aimait les représentations théâtrales. Le
célèbre tragédien Talma avait le privilége d'être admis
dans son intimité. On assure que Napoléon prenait de
cet acteur des leçons de pose et de débit ; ce bruit, que
la malveillance a propagé, n'est peut-être pas fondé.
Sous le consulat on donnait des fêtes à la Malmaison, et
l'on y jouait la comédie. Les acteurs ordinaires étaient
Hortense, depuis reine de Hollande, Caroline Bonaparte, depuis reine de Naples, Eugène de Beauharnais,
Bourrienne et Didelot. Napoléon, qui aimait les tragédies
grecques, avait eu la pensée de faire représenter sur le
théâtre de Saint-Cloud l'*OEdipe* de Sophocle, traduit
avec une fidélité scrupuleuse et en conservant avec le
même soin les chœurs et les costumes. On ne sait pourquoi cette idée ne fut point mise à exécution.

Son éducation littéraire avait été fort négligée, et le
tumulte des camps n'avait point suppléé, sous ce rapport, au vide de l'instruction. Néanmoins il jugeait
d'instinct et souvent avec une intention vraie des œuvres
de génie. Comme Alexandre, il affectionnait Homère :
son admiration pour Corneille était sincère. « S'il eût

« vécu de mon temps, disait-il, j'en aurais fait un
« prince. » Il ne comprenait de Racine que *Mithridate*
et *Athalie* : pour Voltaire, il le dédaignait et ne pouvait
souffrir qu'on en fît l'éloge ; il éprouvait le même sentiment de répulsion pour Rousseau, et généralement pour
toute l'école philosophique du xviii° siècle. Comme il
avait lu, dans sa jeunesse, les poëmes d'Ossian traduits
par Macpherson, il avait gardé de cette étude un impression très-favorable à ce genre de poésie : dans sa
pensée il élevait le fils de Fingal, l'aveugle barde du
iii° siècle, au niveau du chantre d'Achille. Au nombre
des pièces de théâtre jouées de son temps et qui avaient
le don de lui plaire, on citait en première ligne la tragédie d'*Hector*, de Luce de Lancival ; on a dit qu'il en
avait lui-même donné le plan et composé plusieurs
scènes. Avant les événements de 1792, Napoléon avait
essayé d'écrire quelques ouvrages, mais ces tentatives
n'avaient point été heureuses. On a conservé de lui
un manuscrit de l'histoire de la Corse, œuvre d'un adolescent, et dont aucun homme de goût ne supporterait
la lecture.

Pendant que l'illustre Cuvier, et avec lui, dans diverses sphères, Carnot, Monge, Lagrange, Laplace,
Delambre, Lalande, Chaptal, Biot, Berthollet, Vau-
quelin, Haüy, Gay-Lussac, Thénard, Portal, Bichat,
de Sacy, de Jussieu, Lamarck, Lacépède, Geoffroy
St-Hilaire, Millin, Gail, Malte-Brun, et d'autres dont
l'énumération serait trop longue, reculaient par leurs
investigations et leurs travaux la limite des connaissances
scientifiques ; pendant que David, Gros, Girodet, Gérard,
Houdon, Chaudet, Lemot, Visconti, ajoutaient aux titres
de la peinture et de la statuaire françaises ; que Chéru-

bini, Grétry, Méhul, Gossec, Dalayrac et d'autres artistes multipliaient en quelque sorte la puissance de
l'harmonie musicale, la littérature contribuait, pour sa
part, mais faiblement, à étendre au dehors le nom et la
popularité de la France.

Parmi les hommes qui se firent à cette époque une
renommée dans les lettres, un petit nombre, sans doute,
surnagera sur l'abime où vont s'engloutir l'une après
l'autre les réputations que la mode ou l'engouement d'un
jour parvient à élever; on peut surprendre la religion
des masses, l'admiration de ses contemporains, mais
cette usurpation n'aura qu'une courte durée, et les générations suivantes reviseront des brevets de gloire trop
facilement décernés au bruit des applaudissements de la
foule. Il n'entre pas dans notre cadre d'esquisser ici le
tableau du mouvement littéraire de l'époque napoléonienne; à peine s'il nous sera permis d'en indiquer
quelques traits. Le moment n'est pas venu de proclamer
des jugements prématurés sur des hommes dont plusieurs ont survécu et ont assisté aux funérailles de leur
gloire.

Le bruit des armes couvrait, au temps de l'empire,
les chants des poëtes, et, à dire vrai, on y gagnait.
Non qu'il n'y eût aucun homme de mérite qui attachât
son nom aux œuvres de cette littérature; le xviii° siècle
lui avait légué Delille et Ducis, et ces deux noms
doivent être sauvés de l'oubli; près d'eux, quoique
dans un ordre inférieur, nous inscrirons ceux de Le-
gouvé, d'Esménard, de Parseval Grandmaison, de Ber-
choux, de Chenedollé, de Baour-Lormian, de Cam-
penon et de Laya : alors venait de s'éteindre le poëte
Lebrun, lyrique à enthousiasme factice, et qui laisse

le cœur froid et l'âme vide; Chénier, l'ancien conven-
tionnel, lui avait survécu de trois ans; c'était un homme
d'un talent correct et quelquefois vigoureux; Napoléon
le haïssait parce qu'il était demeuré fidèle à la république; Fontanes écrivait avec une élégance remarquable
de doucereuses élégies et des poëmes didactiques; An-
drieux contait avec une bonhomie pleine de charme;
Millevoye, encore adolescent, révélait dans quelques
pièces éparses le sentiment de la véritable poésie; Mi-
chaud chantait le *Printemps d'un proscrit*; Luce de
Lancival, Raynouard, Alexandre Duval, Étienne, Picard,
ajoutaient quelques fleurons à la couronne dramatique
de la France; Népomucène Lemercier jetait son drame
de *Pinto* comme un défi à la vieille école aristotélique,
et cette tentative, pour avoir devancé l'heure, demeurait
vaine et inféconde : Lemercier était d'ailleurs un de ces
génies libres et fiers qui n'avaient point fléchi sous l'ascendant de Napoléon et qui se réfugiaient, comme Chénier, Ducis et Delille, dans une indépendance dédai-
gneuse des grâces du maître et des honteuses pensions
de Fouché. Pourquoi faut-il que nous soyons forcé
d'ajouter à ces noms celui de Parny, qui prostitua son
talent à l'œuvre infâme de démoraliser le peuple par la
poésie, et de jeter la boue de l'impiété à tout ce qui est
saint, à tout ce qui est grand, à tout ce qui a droit au
respect, à la reconnaissance et aux adorations du monde?
Cet odieux poëte jouissait alors d'une certaine popularité,
tant les générations élevées à l'ombre des clubs et au
pied des échafauds avaient perdu le souvenir de leur
propre dignité. C'est une justice à rendre à Napoléon
qu'il n'aimait pas cet homme.

Les prosateurs formeraient une cohorte trop nom-

breuse pour qu'il nous fût possible de la passer en
revue; citons à la hâte l'auteur de *Paul et Virginie*,
Bernardin de Saint-Pierre, émule décoloré de J.-J. Rousseau, mais moins dangereux et moins obéi; les deux
Lacretelle, unis par l'amitié et rivaux en politique; le
cardinal Maury, dont l'histoire avait commencé par
l'éloquence et la fidélité, et se terminait, sur le siége
archiépiscopal de Paris, par l'obscurité et la félonie;
Suard, publiciste distingué; E. de Jouy, observateur sans
portée et imitateur stérile d'Addison; Ginguené, littérateur formé à l'image de Voltaire; Nodier, qui s'essayait
encore; Dureau de la Malle, savant, modeste et labo-
rieux; madame Cottin, dépourvue de style, mais non
de grâce et d'intérêt; madame de Genlis, dont la pé-
danterie surannée et vaniteuse abordait tous les genres
pour les effleurer tous; Rœderer, Sièyes, Merlin,
Mazet, Bigot de Préameneu, Cambacérès, Portalis,
Lanjuinais, Régnault de Saint-Jean-d'Angely, dont les
titres à l'Académie prenaient leur origine dans les travaux du publiciste ou de l'homme d'État; Naigeon, qui
professait ouvertement l'athéisme; François de Neuf-
château et Daru, le premier, littérateur fade et préten-
tieux, l'autre, historien érudit et traducteur élégant
d'Horace : Volney et Dupuis, qui, dignes héritiers de
l'école encyclopédique, mettaient en œuvre tout ce qu'ils
avaient de logique et de fausse science pour battre en
brèche la pierre angulaire de l'Église; l'abbé de Frays-
sinous, qui vengeait la cause de Dieu de ces attaques,
et rassemblait à ses *conférences* l'élite de la capitale et
de l'empire.

Nous mettrons au-dessus de cette foule de célébrités,
dont plusieurs sont déjà déshéritées de l'avenir, trois

noms justement illustres et dont la grandeur survivra à
l'époque impériale. (Nous eussions dit *quatre* noms si le
célèbre comte de Maistre, quoique contemporain de Napoléon, n'eût pas dû être placé en dehors de ce qu'on
appelle la littérature de l'empire : ses œuvres n'appar-
tinrent à la France que par la langue ; elles furent étrangères au mouvement des esprits de ce temps autant par
les idées que par le choix des matières, et par l'exclusion
dont elles demeurèrent frappées tant que dura la puissance de l'empereur.)

Penseur profond et faisant sortir du sein des nuages
de sa métaphysique des vérités que les révolutions se
fatiguaient à combattre sans pouvoir les abolir, M. de
Bonald recherchait alors, au milieu des principes en
ruines, les bases immuables du pouvoir, de la société
et du droit. Ses écrits n'allaient point à un peuple incapable de les comprendre, mais ils recélaient un germe
qui plus tard pourra peut-être fructifier et croître lorsque
le sol sera mieux préparé à le recevoir. La vie de cet
illustre philosophe fut une protestation perpétuelle contre
les faits, qui ne s'en accomplirent pas moins, sans doute,
mais qui eurent à subir la condamnation de cet homme
au cœur inflexible, à la raison absolue.

Fille de Necker selon la nature, et de J.-J. Rousseau
dans l'ordre des idées, la baronne de Staël ne se borna
pas à se tenir à l'écart de Napoléon, elle osa lutter
contre lui, et, dans cet étrange duel de la pensée et de
l'intelligence contre la brutalité du pouvoir matériel,
l'avantage et l'honneur demeuraient à la femme. Bien
que madame de Staël ait mis son remarquable talent au
service d'idées souvent fausses et souvent contraires à
notre foi, puisque l'auteur professait le culte de Cal-

vin, on ne peut s'empêcher de convenir que ses livres renferment de temps à autre des vérités fortes, exprimées en un style remarquablement beau. Madame de Staël fut douée d'un véritable génie : son âme, comme un feu expansif, pénétra la foule et lui communiqua quelques dernières étincelles de patriotisme et de poésie.

Mais l'écrivain dont la gloire balancera surtout celle de Napoléon ; le poëte, car ce nom lui appartient, le poëte dont la couronne le disputera en splendeur à celle du conquérant, ce sera l'homme que la même année vit naître (1), et dont la vieillesse chargée de respect se prolonge à ce point, que, bien qu'il vive encore, Châteaubriand est déjà pour nous l'homme d'une époque passée.

Ce fut lui qui, au sortir des orages de la révolution, jeta le premier dans l'arène des lettres un cri de défi aux démolisseurs et aux athées. L'empire, en écoutant son génie, sentit comme la révélation inattendue du *Dieu inconnu*; le peuple comprit, et Napoléon plus que d'autres, qu'il existait une autre grandeur que celle des armes. C'était d'ailleurs, dès le berceau du xixe siècle, l'annonce d'une littérature neuve, et qui n'avait rien de commun avec les littératures précédentes, sinon cette langue trop longtemps déshonorée par le jargon démagogique, et dont le bon goût et le génie reprenaient enfin légitime possession. Le talent de M. de Châteaubriand fut d'autant plus populaire, qu'il eut à rencontrer en chemin les répugnances de Napoléon. Ces deux hommes étaient assez grands pour s'admirer et se compléter l'un par l'autre : ils s'admirèrent pour

—————————

(1) Napoléon, Châteaubriand, Walter Scott et Canning sont nés en 1769.

se haïr. M. de Châteaubriand , ministre de la république
en Suisse , donna sa démission le jour même où fut
connu le meurtre du duc d'Enghien; exemple de courage civil qui ne trouva point d'imitateurs. Napoléon
devina dès lors qu'entre lui et le grand écrivain le fossé
de Vincennes s'était placé comme un abime infranchissable : toutefois il eut la prudence de ne point éclater ,
il dissimula et ne trouva aucune occasion de manifester
son aversion par des actes significatifs. En 1810, M. de
Châteaubriand, que ses sympathies rattachaient à la
dynastie de Louis XVI, fut élu par la deuxième classe
de l'Institut pour occuper à l'Académie la place devenue
vacante par la mort du régicide Chénier. Dans son discours de réception, l'auteur des *Martyrs* eut la noble
indépendance de flétrir le crime du 21 janvier ; cet
acte de courage irrita le parti révolutionnaire et faillit
attirer sur son auteur des persécutions imméritées.
Plus tard , lorsque tomba l'empire sous les efforts re-
doublés de l'Europe , M. de Châteaubriand, se laissant
égarer par les impétuosités d'une âme ardente, publia
contre Napoléon déchu un manifeste dont le souvenir
n'est point encore perdu. Ce fut une œuvre de haine et
de colère que M. de Châteaubriand dut se reprocher
d'autant plus que, du haut de sa propre élévation , il
avait pu mesurer mieux que personne celle de son ennemi. D'autres années passèrent , et les deux intelli-
gences, libres enfin de préventions , commencèrent à
se comprendre et à se rendre la justice tardive qu'elles
s'étaient refusée.

En résumé, l'empire fut une ère de force matérielle et
non d'intelligence. La séve du siècle était détournée vers
la guerre , et, en dépit de cette immense surexcitation

causée à la France par vingt ans de triomphes ou de
catastrophes, l'art languit dans ces ornières battues ; la
littérature, du moins dans son ensemble, demeura froide
et dépourvue d'invention. La période napoléonienne fut
donc plus semblable à celle d'Alexandre qu'à celle d'Auguste, de Charlemagne et de Louis XIV, qui toutes res-
plendirent autant par le mouvement intellectuel que par
la gloire des armes. Napoléon, comme Alexandre, mais
avec plus de ressources matérielles que le héros macédonien, auquel nous ne prétendons pas l'égaler, se borna
à composer par la conquête un vaste empire, qui fut partagé de son vivant entre les Parménions et les Antipaters
de notre siècle : après avoir commencé par imiter Cyrus,
nous l'avons vu finir comme Cambyse.

Mais les poëtes manquèrent à sa gloire, non, comme
on l'a dit, que les événements fussent trop merveilleux
pour être chantés sur la lyre, cette hyperbole ne doit
point être prise au sérieux ; mais parce que l'empereur,
uniquement préoccupé de sa propre grandeur, ne voulut
faire de l'art, comme de la religion, qu'un piédestal à sa
vanité ou un moyen de police. Fouché commandait aux
versificateurs de cette époque des odes et des poëmes en
l'honneur de Sa Majesté l'empereur et roi, et ces inspirations, enregistrées par le *Moniteur*, portaient l'empreinte de l'asservissement. Comme il avait été de mode
de s'habiller à la grecque et de singer non-seulement
l'organisation politique, mais encore la chlamyde et la
toge romaines, la peinture et la sculpture ne cessèrent
de se consacrer à une imitation décolorée et monotone de
l'art et du costume païen ; la littérature se traîna dans les
mêmes voies, et ne fit jamais un plus étrange abus des
dieux et des traditions mythologiques. Qui se sentirait

aujourd'hui le courage de fouiller dans cet amas de pro-
ductions médiocres et de vers nauséabonds? C'est pourtant là ce que nous a légué ce règne homérique! Instrument choisi pour châtier les peuples, Napoléon n'eut
point la mission de les éclairer par l'impulsion donnée à
la pensée, à l'intelligence et aux arts. Les fléaux de Dieu
sont déshérités de ce privilége, et si, du limon sanglant
qu'ils ont répandu à pleines mains sur le monde, jaillis-
sent plus tard des moissons plus épaisses et des rejetons
plus vigoureux, c'est que Dieu tempère ses vengeances
par sa miséricorde et ne souffre jamais que le mal s'ac-
complisse sans qu'à une heure marquée, et dont le secret
n'appartient qu'à lui, la fureur des armées et la folie des
conquérants se changent, pour les nations humiliées, en
fruits de grâce et en récoltes de paix.

CHAPITRE VIII.

Le 20 mars 1811, date déjà signalée par le meurtre
du duc d'Enghien, et que nous ne tarderons pas à voir
reparaître plus significative encore, le canon des Invalides annonça au peuple la naissance du fils de Napoléon. L'héritier présomptif du nouvel empire d'Occident
reçut au berceau le titre fastueux de roi de Rome, que
nul n'avait porté depuis l'exil de Tarquin le Superbe.
Cet événement parut heureux à la France, et fut célébré
par de pompeuses fêtes. L'Europe continentale y vit
une menace de plus pour son avenir; mais elle dissimula ses craintes, et feignit de prendre part à la joie de
Napoléon.

Cependant il fallait nommer aux évêchés vacants :
toute communication étant interdite entre les sujets de

l'empereur et le pape, Napoléon demanda à son comité
ecclésiastique quel était le moyen de donner l'institution
canonique aux évêques, en se passant du consentement
du souverain pontife. Il lui fut répondu que l'Église de
France devait pourvoir à sa conservation. En conséquence, Napoléon résolut d'assembler un concile composé de tous les évêques de l'empire et du royaume
d'Italie; ses volontés furent accomplies, et le concile se
réunit à Paris, sous la présidence du cardinal Fesch,
archevêque de Lyon et oncle de l'empereur.

On attendait avec inquiétude le parti que prendrait
ce prince de l'Église, uni de si près à la famille et à l'ambition de Napoléon. Mais, dès la première séance, le cardinal Fesch s'honora par un acte de fidélité et de courage:
il se leva, et prononça à haute voix le serment prescrit
par la bulle de Pie IV, du mois de novembre 1564, et
qui commence par ces mots : « Je jure et promets une
« véritable obéissance au pontife romain. »

Ce concile députa plusieurs prélats à Pie VII, et ils
obtinrent quelques concessions. Le concile avait prétendu
décider que les évêchés et les archevêchés ne seraient pas
vacants plus d'un an; que six mois après la demande de
l'institution faite au pape, s'il n'y avait pas consenti, le
métropolitain, et en son absence le plus ancien évêque
de la province ecclésiastique, procèderait à l'institution
de l'évêque nommé. Six évêques, sur la complaisance
desquels Napoléon comptait, se rendirent à Savone pour
soumettre ce projet de décret au pape. Contre toute
attente, le saint-père circonvenu, trompé par de faux
rapports ou sentant son courage affaibli par la maladie,
donna le bref qu'on réclamait de lui; mais cette approbation ne termina pas les difficultés. Napoléon ne s'en

montra pas satisfait ; il voulait davantage ; surtout il lui fallait un prétexte pour prolonger la captivité du pape. Dans le but d'aggraver encore la pénible situation de l'auguste vieillard et de lui arracher de nouvelles concessions, il le fit enlever le 8 juin 1812, et le fit conduire, quoique malade et souffrant, à travers les Alpes, jusqu'à Fontainebleau, sa nouvelle prison. Alors il fut permis aux cardinaux qui étaient demeurés à Paris et n'avaient point encouru l'honorable disgrâce de Napoléon, de se rendre auprès du saint-père, et d'ouvrir avec lui de nouvelles conférences. Soit crainte de malheurs plus grands, soit abandon des droits de l'Église, ils travaillèrent à déterminer le pape à céder sur tout ce que lui demanderait l'empereur. Leurs discours ne faisaient que trop d'impression sur un vieillard abattu déjà par tant d'humiliations et de violences ; toutefois les cardinaux demeurèrent longtemps sans rien obtenir.

Mais l'empereur poursuivait alors des projets aussi démesurés que son orgueil.

La Péninsule était toujours en feu. Les cortès de la monarchie espagnole, rassemblées sur le rocher de Cadix, bravaient la puissance de Napoléon et appelaient aux armes tous les peuples du continent. L'armée française, après avoir une seconde fois occupé le Portugal, se retirait devant Wellington : le Fabius anglais était venu à bout de lasser l'impétuosité de Masséna ; celui-ci, malheureux pour la première fois, céda son commandement à Marmont. Cependant Suchet emporta Tarragone, après cinq assauts et deux mois de siége ; cet avantage signalé lui valut le bâton de maréchal. Pour témoigner sa reconnaissance à l'empereur, Suchet gagna la bataille de Sagonte, puis il enleva le camp retranché de Quarte et l'importante place de Valence. Napoléon lui conféra le titre de duc d'Albuféra et dota l'armée d'Aragon, qui s'était montrée digne de son chef, d'un grand nombre de domaines conquis, évalués à deux cents millions (1812).

Le duché d'Oldenbourg avait été réuni sans coup férir à l'empire; Napoléon créa ensuite un département de la Lippe, dont Munster fut déclaré capitale, et qui menaça l'existence du royaume de Westphalie. Le 27 janvier, une armée française commandée par Davout envahit la Poméranie suédoise sans déclaration de guerre, et le général Friand prit possession de ce pays au nom de la France. La veille, un décret impérial avait adjoint la Catalogne à l'empire et divisé le territoire espagnol, jusqu'à l'Èbre, en quatre nouveaux départements français. Charlemagne n'avait pas dépassé l'Èbre, mais sa domination s'était étendue jusqu'à ce fleuve. Napoléon ne voulut pas rester en arrière : quelques jours après, des traités d'alliance offensive et défensive furent par lui signés avec la Prusse et l'Autriche; Alexandre de Russie, pour balancer l'effet de ces conventions menaçantes, s'unit à son tour à la Suède et rouvrit ses ports au commerce anglais. Les liens étaient enfin officiellement rompus entre la France et la Russie ; de part et d'autre on se préparait à la guerre, et le monde, déjà saisi d'étonnement à la vue de la résistance du peuple espagnol, attendait avec effroi le moment où s'entre-choqueraient les deux colosses d'Orient et d'Occident.

Qui rompit le premier, de Napoléon ou d'Alexandre ? une exacte appréciation des faits ne permet pas de douter que les deux empereurs n'aient également désiré la guerre: Napoléon pour consolider sa puissance, Alexandre pour se soustraire, lui et ses peuples, aux insupportables exi-

Napoléon veut tenir à Dresde une cour plénière de Rois

gences que leur imposait le système continental. Tous deux, cependant, évitaient avec le plus grand soin de prendre l'initiative des hostilités : aucun d'eux, du moins en apparence, et pour donner à sa cause un vernis de justice, ne voulait paraître l'agresseur. Aussi, dès l'année 1811, Alexandre et Napoléon eurent-ils recours à des semblants de négociations dont l'issue fut et devait être stérile. Dans cette lutte de ruse et d'astucieuse diplomatie, l'avantage demeura à Alexandre : son envoyé, M. de Czernischeff, parvint à corrompre un employé des bureaux de la guerre, qui lui livra les états de situation des troupes de la France ; ce malheureux se nommait Michel, et paya de sa tête sa trahison. Alexandre réussit ensuite à mettre la Turquie dans ses intérêts. Resserrée entre la Russie et l'empire français, la Turquie était demeurée, depuis 1806, et grâce aux habiles démarches du général Sébastiani, en état de guerre ouverte contre le czar. Alexandre parvint à lui faire concevoir des inquiétudes sur l'avenir que lui réservait l'ambition de Napoléon, et la Turquie, au lieu de se rallier à la France et de l'aider à enchaîner la puissance de l'ennemi commun de l'Europe, consentit à signer avec la Russie la paix inopportune et impolitique de Bucharest. Ainsi Alexandre avait détaché de la cause de son rival la Suède et la Turquie, et, du nord au midi, nos armées se trouvaient menacées sur leurs ailes avant même d'avoir ouvert la campagne.

Les États-Unis déclarèrent la guerre à l'Angleterre : ce fut pour Napoléon une diversion heureuse, mais les événements ne lui permirent pas d'en recueillir le fruit.

On négocia jusqu'au dernier moment sans avoir d'autre envie que celle d'en venir aux armes. Alexandre réclamait une indemnité en faveur du duc d'Oldenbourg, son parent, injustement dépouillé par Napoléon ; il exigeait que nos armées évacuassent l'Espagne et la Prusse, et se repliassent derrière le Rhin. Vainqueur, il n'aurait pas demandé davantage. Napoléon, de son côté, ne voulait rien céder; il insistait, au contraire, pour que la Russie subît dans toute sa rigueur le système imaginé contre le commerce de la Grande-Bretagne. Aucune de ces prétentions n'était acceptable ; la Russie avait raison de ne plus consentir à un régime de blocus maritime qui ruinait ses peuples, et Napoléon ne pouvait abandonner l'Espagne sans appeler sur les Pyrénées les armées de lord Wellington. Enfin, s'il eût retiré ses soldats de la Prusse et renoncé aux nouveaux départements situés entre le Rhin et l'Elbe, ces contrées auraient été envahies par des influences hostiles et par les marchandises anglaises, et c'en eût été fait de notre prépondérance européenne, comme aussi de notre politique contre l'Angleterre. Napoléon ne devait point abdiquer ainsi en pure perte les conséquences prochaines de sept ans d'efforts et de sacrifices.

L'empereur soumit alors à la sanction du sénat un projet de loi qui divisait en trois bans la garde nationale : le premier comprenait les hommes de vingt à vingt-six ans; le second, les hommes de vingt-six à quarante ; le troisième, les hommes de quarante à soixante. Dès que ce sénatus-consulte eut partagé le peuple français en trois réserves, les préparatifs de guerre furent poursuivis avec une activité inouïe sur toute la surface de l'empire.

Mais Napoléon, avant de se lancer en aveugle dans cette gigantesque lutte, veut tenir à Dresde une cour plénière de rois. Le voilà donc qui s'avance vers cette capitale de la Saxe, suivi de l'impératrice, la fille des Césars, et traînant à sa suite la plupart des armées et des souve-

rains de l'Europe. Jamais, depuis les siècles de Gengis-
Khan et de Timour, un homme ne s'est trouvé placé si
haut en domination et en gloire : chacun des rois et des
princes alliés ou vassaux qu'il rassemble dans son palais
rivalise de soumission et de servitude ; le roi de Prusse,
qui n'attend d'ailleurs qu'un moment propice pour se
révolter, s'humilie jusqu'à offrir son fils aîné pour servir
d'aide-de-camp à Napoléon ; mais l'empereur, satisfait
de cet hommage imprévu, refuse de l'accepter. Un autre
jour, on le voit traverser le palais de Dresde escorté de
l'empereur d'Autriche et des rois d'Allemagne, et pendant que toutes ces têtes royales sont découvertes, lui
seul a gardé sur son front ce petit chapeau tant connu,

> « Et de ses pieds on peut voir la poussière
> « Empreinte encor sur le bandeau des rois!... »

Napoléon, par cette fastueuse entrevue, a voulu manifester sa puissance à l'empereur de Russie, et le déterminer, en l'intimidant, à solliciter la paix ; pour toute
réponse, le czar vient établir son quartier général à Wilna.
Ce fut un grand spectacle que la constance d'Alexandre
et de son peuple en face de l'orage qui de l'occident allait
fondre sur eux ; ni la Russie ni son maître ne manquèrent
à ce que réclamaient l'honneur des armes et le devoir de
défendre la patrie contre l'étranger.

Le 22 juin 1812, Napoléon adressa à ses troupes une
de ces proclamations en forme de manifestes qui précé-
daient toujours ses guerres d'invasion. « La Russie,
« disait-il, est entraînée par la fatalité ; ses destins doi-
« vent s'accomplir ! » Il ajoutait : « La seconde guerre de
« Pologne sera glorieuse aux armées françaises. » Ce jour-

là il était à Wilkowiski, sur les frontières de l'empire moscovite ; le surlendemain il franchissait le Niémen ; les armées, rassemblées sous ses ordres ou commandées par ses lieutenants, comprenaient plus de six cent mille soldats. Après les expéditions presque fabuleuses de Sémiramis et de Xerxès, l'histoire avait perdu le souvenir d'un si grand nombre d'hommes réunis pour verser le sang. Cette armée se composait de Français et de Polonais, d'Italiens et d'Allemands : elle formait quatorze grands corps, dont dix d'infanterie et quatre de cavalerie. Les maréchaux Davout, Oudinot et Ney commandaient les trois premiers corps ; le quatrième (armée d'Italie) était commandé par le prince Eugène ; le prince Poniatowski et ses Polonais composaient le cinquième, les Bavarois le sixième, les Saxons le septième, les Westphaliens le huitième ; le neuvième corps stationnait encore entre l'Elbe et l'Oder et occupait Dantzick ; le dixième corps, aux ordres de Macdonald, se composait du contingent prussien ; un corps autrichien marchait séparément ; la vieille garde était commandée par Lefebvre, la jeune par Mortier ; la cavalerie obéissait à Murat et à ses lieutenants Nansouty, Montbrun, Grouchy, Latour-Maubourg ; la cavalerie de la garde avait ses chefs particuliers. L'artillerie comprenait plus de douze cents pièces de canon, leurs caissons et leurs attelages. Le service des vivres n'avait pu être organisé pour répondre aux besoins de la campagne.

Les troupes russes étaient divisées en première et deuxième armée d'occident, sous les ordres des généraux Barclay de Tolly et Bagration ; Thormasow commandait la réserve ; leur force ne s'élevait qu'aux deux tiers des armées françaises, mais d'autres corps étaient levés en

Lithuanie, puis à Riga et à Dünabourg. Enfin, un vaste camp retranché avait été établi à Drissa, dans un repli de la Düna.

Pendant que Napoléon en appelait à la fatalité, comme l'aurait fait un serviteur du prophète de Médine, Alexandre parlait à ses peuples au nom de Dieu et de la patrie.

Cependant les Russes, surpris par le mouvement rapide des Français, abandonnèrent à la hâte les murs de Wilna et incendièrent une partie de leurs magasins. L'armée française poursuivit sa route sans être inquiétée.

Elle suivait un pays plat et découvert, presque entièrement dépourvu de culture, et d'où l'ennemi ne se retirait qu'après avoir détruit tout ce qui aurait pu servir de ressources aux soldats de Napoléon. C'était la première fois que la guerre prenait à son début cette physionomie sinistre ; les gens superstitieux en tiraient de mauvais présages ; ils ajoutaient que Napoléon, après avoir atteint l'autre rive du Niémen, avait été jeté sur le sable par son cheval ; beaucoup d'autres se plaignaient de l'aridité des landes qu'il fallait traverser et des tempêtes qui se déchaînaient contre la troupe : que faire sous ce ciel inconnu, sur cette terre fatale ? Qu'avait-on à attendre, sinon le sort des armées de Darius et de Charles XII ? les Scythes n'étaient-ils pas toujours ce peuple que les barrières de son climat et de ses marécages protégent éternellement contre les invasions ? Cependant le soldat rejetait ces pressentiments et finissait par s'en remettre à la fortune de l'empereur.

Le 28 juin, Napoléon entra à Wilna et y fut reçu par la population avec un chaleureux enthousiasme. La Lithuanie et la Pologne avaient espéré de lui leur affranchissement. Ce fut à Wilna que l'empereur reçut la dé-

putation de la diète de Varsovie : elle lui apportait le décret qui proclamait l'indépendance du peuple polonais.
« C'est à Napoléon, lui dirent ces ambassadeurs, qu'il
« appartient de dicter au siècle son histoire, car la force
« de la Providence réside en lui... Que Napoléon le
« Grand prononce ces seules paroles : *le royaume de*
« *Pologne existe*, et il existera ! » Mais ce mot magique,
l'empereur refusa de le prononcer ; il recula devant les nécèssités de la politique, et les vœux de la Pologne furent cruellement déçus. Cette conduite que tint Napoléon a été diversement appréciée.

Depuis le partage à jamais funeste de la Pologne, l'occident de l'Europe se trouve menacé, comme l'était l'empire romain, d'une nouvelle invasion des peuples du nord. L'Angleterre seule est affranchie de cette crainte, les autres nations y sont plus ou moins assujetties. Aussi la politique commune des rois et des nations doit-elle tendre à élever des obstacles naturels entre notre monde civilisé et les races auxquelles sa conquête semble dévolue. Dans cette lutte des hommes du midi et des hommes du nord, la cause périssable de l'industrie et des arts n'est point seule exposée : les barbares commencent à emprunter nos costumes et à s'amollir à nos fêtes ; ils ont leur poésie, leur littérature et leurs sciences. Ce n'est donc point de ces intérêts qu'il s'agit ; les siècles ont marché ; mais le danger n'en est pas moins grand pour nous, puisque l'envahissement du monde occidental par la Russie enlèverait à la sainte Église catholique romaine les plus belles portions de son héritage pour les asservir au schisme d'Orient.

Entre les races scythiques et nos riches contrées d'Italie et de France, il existait au siècle dernier deux grandes barrières, l'une Slave, l'autre Germanique ; cette dernière seule subsiste aujourd'hui ; la première a été renversée, et la Russie déborde vers Constantinople, comme, après avoir effacé le seul rempart que lui présente encore l'Allemagne, elle débordera un jour, peut-être, sur le Rhône et sur le Rhin. Il est certain que Napoléon, en 1812, pouvait rétablir la nationalité polonaise et créer de la Baltique à la mer Noire une nation considérable destinée à servir d'avant-garde à l'occident ; il le pouvait, mais le devait-il ? Ce problème est grave, et l'on doit reconnaître qu'au moins la prudence lui conseillait d'attendre, pour régénérer la Pologne, qu'il fût sorti vainqueur de sa lutte contre la Russie.

Au fond du cœur, il souhaitait l'affranchissement de la Pologne : comme empereur, il se croyait forcé de le retarder. La Pologne n'avait pas seulement été la proie de la Russie ; l'une des trois parts qu'on en avait faites était échue à l'Autriche, l'autre à la Prusse. Rétablir la Pologne sur ses anciennes bases, c'eût été déclarer la guerre à deux grandes puissances qui pouvaient, en s'unissant à l'Angleterre, à l'Espagne, à la Turquie, à la Suède et à la Russie, porter à Napoléon un coup de mort que sa puissance n'aurait pu conjurer. Dans un moment où il lui fallait couvrir l'Espagne de ses armées et lancer six cent mille hommes au delà du Niémen, il ne pouvait, sans s'exposer à une perte certaine, rompre avec ses grands alliés et armer l'Allemagne sur ses derrières. Napoléon devait donc choisir entre l'indépendance de la France et celle de la Pologne ; il se détermina, à regret, à attendre, pour proclamer le vœu de la diète, des conjonctures où l'existence de son empire ne serait point en jeu : pour la première fois peut-être il douta de sa for-

tune ; heureux s'il en eût douté de même au milieu des
hommages de la cour de Dresde, et s'il eût mieux compris les dangers où l'entraînait sa téméraire entreprise !

Cependant Alexandre fait proposer un armistice, et
demande, pour condition première, que les Français se
replient de l'autre côté du Niémen. Le czar ne voulait
que gagner du temps, sauver l'armée de Bagration et le
corps de Platoff. Napoléon ne put souscrire à ces étranges propositions. L'armée française continua donc son
mouvement sur Witepsk, tandis que Macdonald menaçait Riga et qu'Oudinot cherchait à couper au général
ennemi Wittgenstein la retraite sur Saint-Pétersbourg.
Les Français étaient impatients d'en venir aux mains ;
mais Alexandre et ses lieutenants avaient adopté un plan
habile, qui devait triompher à la longue de l'impétuosité
de nos armes. Ils évitaient avec soin d'engager aucune
affaire ; ils persévéraient à se replier devant Napoléon,
après avoir ravagé le pays, brûlé les maisons, fauché les
moissons encore vertes et chassé devant eux les troupeaux
et les habitants. Déjà ce système livrait l'armée de Napoléon aux privations les plus dures.

Jérôme Bonaparte, roi de Westphalie, prince infatué
d'orgueil et général incapable, commit la faute de laisser
échapper l'armée de Bagration ; en revanche, Murat et
Eugène culbutèrent l'arrière-garde de Barclay à Os-
trowno ; l'empereur de Russie, redoutant l'approche des
Français, se retira à Moscou, et adressa deux proclamations à son peuple et à la ville sainte. Son langage était
fait pour réveiller dans tous les cœurs les sentiments du
patriotisme le plus pur ; Alexandre rappelait l'époque
désespérée où un simple boucher, profondément ému
des malheurs de la Moscovie, tombée sous le joug des

Polonais, conçut et exécuta le projet de la délivrer : « Le
« tyran, s'écriait-il alors , trouvera partout dans chaque
« noble un Pojarski, dans chaque prêtre un Palitzin,
« dans chaque paysan un Minin ! »

Un mois après avoir passé le Niémen , Napoléon était
parvenu sur les bords de la Dwina, pressant l'arrivée de
ses troupes , pourvoyant aux soins de la guerre et répa-
rant les fautes et les échecs de ses lieutenants. Ses ordres
de mouvement avaient été exécutés avec une telle précision, que les divers corps, partis du Niémen à des époques et par des routes différentes, malgré des obstacles
de tout genre , après trente-deux jours de séparation et à
cent lieues du point où ils s'étaient quittés , se trouvèrent
réunis à la fois à Beszenkowiezi, où ils arrivèrent le même
jour , à la même heure.

Le 27 et le 28 juillet eurent lieu quelques escarmouches,
à la suite desquelles l'armée occupa Witepsk : Napoléon
se crut au moment de livrer une bataille , moment que
tous ses vœux appelaient ; mais l'ennemi se replia sur
Smolensk. La ville de Witepsk était presque déserte , et
tout le pays, dans un espace de trois cents lieues, ne présentait à nos soldats que des villages sans habitants et des
campagnes saccagées. L'armée française se trouvait dans
une situation d'autant plus alarmante, qu'éloignée de ses
magasins, il lui était impossible de former de nouveaux
approvisionnements et d'organiser de bons hôpitaux ; les
pluies et la rareté des fourrages avaient fait perdre de
nombreux chevaux à l'artillerie et à la cavalerie.

La prudence commandait à Napoléon de s'arrêter et
de borner là la campagne de 1812 ; il eût employé l'automne à organiser les pays conquis et à fournir à ses
troupes des campements et des lieux de repos ; puis , au

retour du printemps , il se fût engagé plus avant dans le
pays, ayant devant lui six mois de guerre possible, et sous
ses ordres des troupes aguerries et bien pourvues en munitions et en vivres. L'Allemagne et la Pologne auraient
suffi à ses magasins. On peut, sans crainte d'être dé-
menti , affirmer que Turenne aurait ainsi compris la nécessité d'une sage lenteur. Mais Napoléon méprisa les
conseils qui lui étaient donnés par ses généraux vieillis
au métier des armes ; il préféra s'avancer en aveugle au-
devant d'une bataille qui fuyait sans cesse devant ses pas.
Il était sur le terrain où Charles XII , un siècle auparavant, avait commis la même faute, et son génie ne fut
point éclairé par ce rapprochement.

La ville de Smolensk , sur le Dniéper (Borysthène),
l'un des boulevards de l'empire russe , était ceinte de
constructions anciennes et massives , que des travaux
récents avaient encore fortifiées. L'armée de Barclay de
Tolly osa y attendre les Français ; ils s'y présentèrent le
17 août , commandés par Napoléon. Après une journée
meurtrière , l'ennemi, foudroyé, rompu, abandonna ses
positions et se retira, après avoir mis le feu à la ville.
Le lendemain, Gouvion-Saint-Cyr battit à Polotsk l'armée
russe de Wittgenstein , et fut créé maréchal.

L'armée, victorieuse à Smolensk , franchit le Borysthène, et se porta à la poursuite des Russes. Un combat
fut livré à Valontina ; mais l'inaction de Junot permit à
l'ennemi d'échapper à une entière destruction. L'affaire
de Valontina n'en fut pas moins glorieuse pour nos armes.
Ce fut là que périt le général Gudin : la perte de ce vail-
lant homme affligea l'armée.

Les généraux russes Bagration et Barclay de Tolly
avaient opéré leur jonction sur la route de Moscou ; le

second de ces généraux fut disgracié et remplacé par le
prince Kutusoff : c'était un vieillard octogénaire, que le
peuple de l'empire moscovite considérait comme un autre
Judas Machabée.

Le 29 août, les Français arrivèrent à Wiasma ; ils n'y
trouvèrent que des maisons vides et livrées aux flammes.
Déjà leur armée avait été diminuée de cent mille hommes
morts dans les combats, dans les hôpitaux ou sur les
routes, car tout manquait pour les secourir, et l'on avait
à peine de grossières étoupes pour étancher le sang des
blessés. Napoléon, qui méprisait les hommes, s'était peu
inquiété d'assurer le service de santé : dans son froid
orgueil il dédaignait les victimes humaines, et les regardait comme trop heureuses de lui être offertes.

Enfin l'armée russe consentit à s'arrêter et à faire face
à nos aigles ; elle attendit Napoléon et se retrancha sur
une chaîne de collines près du village de Borodino, à
quelques marches de Moscou, non loin des lieux où la
Kalogha se jette dans la Moscowa. Le vieux Kutusoff avait
solennellement promis de couvrir la ville sainte et d'a-
néantir sous ses murs l'armée française et son chef. Le
soir qui précéda la bataille, le généralissime russe passa
en revue ses troupes ; il marchait à la tête d'une longue
procession de prêtres grecs tenant des cierges allumés et
portant l'image de la sainte Vierge sauvée de l'incendie
de Smolensk. Le pieux cortége traversa les rangs, tandis
que les soldats, agenouillés et mêlant leurs prières aux
cantiques des moines, recevaient leur bénédiction. « Frè-
« res et compagnons, disait Kutusoff, vous voyez devant
« vous dans cette image sacrée un appel qui vous crie
« hautement de vous lever tous contre le perturbateur du
« monde. Non content de détruire l'image de Dieu dans

« la personne de plusieurs millions de ses créatures, ce
« tyran universel, cet archirebelle à toutes les lois di-
« vines et humaines pénètre dans vos sanctuaires, les
« souille de sang et renverse vos autels. Dieu va com-
« battre son ennemi avec le glaive de Michel; et avant
« que le soleil de demain ait disparu, vous aurez écrit
« votre foi et votre fidélité dans le sang de l'agresseur et
« de ses légions... » Ainsi encouragés, les Russes s'apprê-
tèrent au combat comme au martyre. Toute la nuit on
entendit leurs chants religieux et leurs cris de guerre,
comme autrefois retentirent les clameurs des Teutons
autour du camp de Marius.

« Soldats! dit Napoléon à son armée, voilà la bataille
« que vous avez tant désirée. Désormais la victoire dé-
« pend de vous; elle nous est nécessaire; elle nous don-
« nera l'abondance, de bons quartiers d'hiver et un
« prompt retour dans la patrie. Conduisez-vous comme
« à Austerlitz, à Friedland, à Witepsk, à Smolensk, et
« que la postérité la plus reculée cite avec orgueil votre
« conduite dans cette journée; que l'on dise de vous : *Il*
« *était à cette grande bataille sous les murs de Moscou!* »

On allait en venir aux mains, lorsque deux courriers
arrivèrent de Paris : l'un apportait la nouvelle de la
défaite des Arapiles ou de Salamanque en Espagne;
Napoléon ressentit vivement ce désastre ; l'autre était
chargé de remettre à l'empereur le portrait du roi de
Rome. Après avoir considéré avec une émotion toute
paternelle l'image de cet enfant chéri, Napoléon dit à ses
officiers de la retirer. « Mon fils, ajouta-t-il tristement,
« voit de trop bonne heure un champ de bataille. »

On était au 7 septembre. L'empereur, dès cinq heures
du matin, vint se placer en avant d'une redoute enlevée

le 5 à l'ennemi, sur la hauteur de Chwardino. Un brouillard épais, qui avait obscurci toute la journée précédente, commença alors à se dissiper. Cependant il faisait
froid, comme en Moravie au mois de décembre 1805, et
Napoléon dit à ses officiers en leur montrant les premiers
feux de l'aube : « Voilà le soleil d'Austerlitz. »

L'empereur souffrait de la fièvre, et l'impérieuse nécessité de la guerre l'obligeait seule de présider à la
grande destruction d'hommes qui se préparait; la fatigue
et la maladie avaient été beaucoup accrues par le soin
qu'il avait pris de passer à cheval les journées du 5 et
du 6. Cette altération de sa santé exerçait une fâcheuse
influence sur ses facultés : la nature physique affaiblie
paralysait la nature morale. Tant que dura la bataille,
Napoléon demeura dans une froide immobilité et ne
put se porter sur aucun des points où sa présence eût
donné l'élan à ses troupes et dissipé les incertitudes des
chefs. Vainement Murat et Ney au plus fort de l'action
le conjurèrent-ils de faire avancer les réserves, il s'y refusa constamment, et cette apathie sauva l'armée russe
d'une destruction complète.

Dès six heures du matin l'attaque avait été commencée
par le général Compans et par les corps de Davout et
de Poniatowski. La gauche de l'ennemi fut tournée, et le
vice-roi s'empara de Borodino à la tête de la division
Delzous. A sept heures le maréchal Ney se précipita sur
le centre des Russes, et l'affaire devint générale. Douze
cents pièces de canons tonnaient de part et d'autre avec
un épouvantable bruit ; l'intrépidité de nos soldats n'a-
vait d'égale que la constance de leurs ennemis. Chaque
pied de terrain, sur un espace de quatre lieues qu'em-
brassait la bataille, était disputé à la baïonnette. Enfin,

après quatre heures d'une lutte opiniâtre et sanglante , les Russes furent enfoncés et deux de leurs redoutes enlevées , l'une par les divisions Ledru , Compans et Marchand , l'autre par la division Morand, qui se couvrit de gloire. Ces ouvrages formidables et leurs abords étaient encombrés de cadavres et de canons brisés.

Soudain les masses ennemies, que ce choc avait rompues, se reformèrent et s'avancèrent en colonnes serrées pour reprendre leurs retranchements ; on dirigea contre elles trois cents canons et la cavalerie ; les colonnes russes, foudroyées et rompues , tombèrent dans une effroyable confusion. A la vue de ce désordre , les généraux envoyèrent successivement plusieurs officiers à l'empereur pour le supplier de donner sa garde; mais Napoléon, étranger en quelque sorte à ce qui se passait, persista dans ses refus, et cette désolante obstination compromit les résultats de la victoire. Les Russes se retirèrent pendant la nuit, nous abandonnant pour tout trophée un champ de carnage horrible à voir. Près de quatre-vingt mille hommes avaient été tués ou blessés ; nous avions perdu un grand nombre d'officiers d'élite, au nombre desquels se trouvaient les généraux Montbrun , Auguste de Caulaincourt, et le plus jeune des deux frères Larochejaquelein ; tous trois étaient morts, en combattant vaillamment, à six cents lieues de leur patrie, et pour servir d'holocauste à l'orgueil d'un homme. Près d'eux, et non moins généreusement, avaient péri Huard , Plausonne, Compère, Marion , Romœuf, Bonami et Lanapère ; Grouchy, Nansouty, Latour-Maubourg , Friant , Rapp , Compans et Desaix étaient au nombre des blessés. Du côté des Russes la perte en généraux ne fut pas moins cruelle : jamais leur armée n'avait montré plus de dévouement et de mépris de la mort. Cette victoire, trop peu décisive, valut à Ney le titre de prince de la Moscowa ; le vice-roi, Davout et le vaillaut roi de Naples avaieut comme lui contribué au triomphe de nos armes.

Le lendemain, Napoléon parcourut le champ de bataille et donna l'ordre de marcher sur Moscou. Mais les Russes opéraient leur retraite en bon ordre et se trouvaient en mesure de nous disputer le terrain ; nos troupes ne purent entrer à Mojaisk qu'après un combat meurtrier. L'empereur était toujours malade, et son état de souffrance le condamnait à une prudeuce hors de saison dont l'ennemi profitait ; chose étrange et qui révèle l'action continuelle de Dieu sur les événements, qu'une circonstance si faible en apparence ait eu de si graves résultats ! Parce qu'une indisposition momentanée neutralisait l'énergie d'un seul, la Russie devait être sauvée, et le joug de l'Europe brisé entre les maius de Napoléon. Et comment l'homme se confiera-t-il en lui-même ?...

On s'avançait lentement sur le chemin de Moscou, mais l'ennemi avait renoncé à défendre cette ville : il nous réservait de plus sérieuses vengeances. Le 15 septembre, enfin, l'armée parut sur les collines qui couronnent la ville sainte des Russes. A l'aspect de cette immense cité, un même sentiment de joie et d'orgueil fit tressaillir les légions de la France. Des hauteurs du mont du Salut, l'armée contemplait cette vieille métropole de la Moscovie, moitié orientale, moitié européenne, avec ses huit cents églises, ses mille clochers, sa multitude d'obélisques et ses coupoles dorées reluisant au soleil. A cette vue, saisis d'admiration, comme autrefois devant Thèbes aux cent portes, nos soldats battirent des mains et s'écrièrent : « Moscou ! Moscou ! » Ils saluaient leur bûcher funèbre.

On entre dans la ville : elle est vide d'habitants, et l'on voit à peine le long des rues désertes et silencieuses se glisser quelques hommes à face sinistre. L'armée déjà inquiète se demandait par quels moyens on était parvenu à arrêter le mouvement et la vie dans la capitale de la Moscovie. Déjà la tristesse avait succédé à l'enthousiasme : une sorte de crainte vague et mystérieuse préoccupait les plus fortes âmes. Dès le lendemain l'empereur logeait au Kremlin, l'antique demeure de Rurick et de Romanow ; ses soldats s'étaient répandus dans la ville et y avaient occupé divers quartiers ; ils bivouaquaient dans les palais somptueux et délaissés, au sein d'un luxe inutile et d'une abondance décevante, comme s'ils avaient enfin conquis le terme de leurs trop longues privations.

Au milieu de la nuit, l'incendie éclate ; la flamme se communique avec une inconcevable rapidité de maison en maison, de rue en rue. L'armée française veut en vain en retarder les progrès ; le combat qu'elle livre à l'incendie dure plusieurs jours et plusieurs nuits, et Moscou, l'immense bazar de l'Orient, est presque entièrement consumée. Des soldats de la police russe, obéissant aux ordres du gouverneur Rostopchin, attisaient le feu avec des lances goudronnées ; des femmes en haillons et hideuses, des hommes ivres portaient partout des brandons enflammés : lorsque les Français les rencontraient, ils leur abattaient les mains ou les bras à coups de sabre, ou les fusillaient sans pitié ; mais la populace sortie des caves s'agenouillait alors et baisait les pieds des suppliciés. Les flammes s'étendaient du nord au midi ; agitées par les vents, elles s'élevaient jusqu'au ciel. Napoléon, assiégé par cet océan de feu, se vit réduit à abandonner le Kremlin et à attendre à deux lieues de Moscou que l'incendie se fût apaisé de lui-même. Quelques jours après il rentra dans cet amas de décombres, et l'armée y établit des cantonnements provisoires : les Russes ne cessèrent de harceler nos avant-postes et de ruiner le pays autour de nous, afin de nous ensevelir dans le désert. Il y eut plusieurs combats livrés, dans lesquels Murat et Poniatowski signalèrent leur brillante valeur.

Fallait-il prendre des quartiers d'hiver sur les débris de Moscou? Devait-on profiter du déclin de l'automne pour suivre la route de Saint-Pétersbourg? Se replierait-on sur Wilna et la Pologne? Napoléon hésita longtemps, et pendant qu'il agitait ces pensées, des hordes de Cosaques débordaient de toutes parts sur nos ailes. L'armée se livrait d'ailleurs à une funeste sécurité; elle avait sauvé de Moscou des trésors considérables, des étoffes précieuses, des liqueurs fortes; elle n'avait oublié dans le pillage que ce qui pouvait la garantir plus tard des atteintes du froid. Cependant on avait fait venir de Paris les acteurs de la Comédie-Française, et l'on donnait des représentations théâtrales sur le volcan tiède encore.

L'empereur, trop longtemps abusé par l'espérance de la paix, et voyant qu'Alexandre et Kutusoff, par des promesses trompeuses, ne cherchaient qu'à l'amener à l'hiver, s'arrêta enfin, mais trop tard, à l'idée de battre en retraite. Le 18 octobre, l'armée commença son mouvement rétrograde sur la Pologne. Les Russes se bornèrent à couper aux Français la route de l'Ukraine, qui traversait un pays fertile, et à leur abandonner celle de Smolensk, déjà parcourue, et qui traversait des régions désolées par la guerre et l'incendie.

On était à peine à quelques jours de marche en deçà de Moscou, qu'on entendit un bruit pareil à un tremblement de terre : c'était le Kremlin que le maréchal Mortier venait de faire sauter, en exécution des ordres de l'empereur. Quelques jours après, dix-huit mille hommes, Français et Italiens, commandés par le vice-roi, soutenaient vaillamment à Malo-Jaroslawetz le choc de quatre-vingt mille Russes, et ces derniers s'éloignaient à leur tour après avoir perdu dix mille des leurs. On revit avec stupeur le champ de bataille de la Moscowa, encore couvert de cadavres à demi dévorés par les bêtes fauves. Bientôt on atteignit Gjatz et ensuite Wiasma, que défendaient une armée régulière et des nuées de Cosaques. L'armée française s'ouvrit un chemin après cinq heures d'une action meurtrière, et continua sa pénible route vers Smolensk.

Mais déjà un ennemi plus terrible que les hordes de Tartares se déchaînait sur nos soldats : l'hiver de la Moscovie avait commencé son règne; les vents du nord soufflaient avec violence, et des tourbillons de neige enveloppaient les régiments, les chevaux et l'artillerie. Le thermomètre de Réaumur descendit à vingt degrés; ce fut le signal d'un désastre sans exemple. A l'exception de la vieille garde, qui eut la force de maintenir la discipline, et de l'héroïque arrière-garde placée sous la conduite de Ney, l'armée entière fut en peu de jours démoralisée par la souffrance, décimée par la faim et par le froid. Ce fut un spectacle pitoyable de voir ces masses de malheureux se traîner péniblement sur la neige, cherchant des abris et des vivres que leur refusait l'inclémence du sol. Les soldats à demi nus, vêtus au hasard de pelleteries de femmes et de lambeaux d'uniformes, souvent privés de chaussure et de pain, marchaient pêle-mêle, sans distinction de grades et sans autre sentiment que celui d'un affreux désespoir. Celui qui s'arrêtait pour se reposer ne tardait pas à succomber à l'engourdissement, et à dormir du sommeil de la mort. Les blessés, les malades étaient abandonnés en chemin et imploraient en vain la pitié, demeurée sourde à leurs plaintes. Ceux qui s'attardaient ou se trompaient de route étaient impitoyablement égorgés par les Cosaques ou massacrés par les paysans. On ne se nourrissait que de la viande des chevaux, et encore cette triste ressource manquait-elle souvent. A peine un cheval succombait-il en route, que des masses de misérables faméliques se jetaient sur son cadavre et s'en disputaient les lambeaux; les hommes résistaient d'ailleurs mieux que les animaux à ces horribles épreuves; en peu de nuits l'artillerie et la cavalerie se trouvèrent presque démontées; il fallut enclouer les pièces de canon et les jeter dans les lacs. On abandonna ainsi les dépouilles inutiles, les richesses pesantes et la grande croix d'Ivan, dernier trophée que Napoléon avait voulu ravir au Kremlin. Rien de plus affreux que le spectacle des bivouacs, le lendemain des nuits passées sur la neige; sur une vaste étendue, on distinguait à des monceaux de cadavres la place sur laquelle l'armée avait campé. La voix des officiers, des colonels et des généraux n'était plus entendue; le cri d'un immense désespoir troublait seul de temps à autre la morne stupeur de l'agonie; il était venu pour la France et Napoléon ce moment suprème duquel Dieu avait dit : « Mais voici ce qui arrivera : lorsque « j'aurai accompli mes desseins; je visiterai le cœur du « superbe Assur, et la gloire et l'orgueil de ses regards. » (Isaïe, chap. X.)

Le 7 novembre, on atteignit Smolensk; mais la nécessité commandait de ne faire qu'une courte halte sous les

ruines de cette ville incendiée. A ce point de la retraite,
de la grande armée qui avait franchi le Niémen il ne
restait plus que huit cents cavaliers et trente-six mille
fantassins encore sous les armes, et leurs souffrances
commençaient à peine ! La garde royale d'Italie avait été
détruite ; son digne chef, le prince Eugène, ne continuait pas moins, un fusil à la main, à donner aux
soldats l'exemple de la patience et du courage. L'armée
de Murat n'existait plus ; les troupes polonaises elles-
mêmes avaient succombé à la rigueur du froid. Les Russes, grâce aux fausses manœuvres de Schwartzenberg,
venaient de s'emparer de nos magasins de Minsk. Le 16
novembre, Kutusoff, à la tête de soixante-dix mille fantassins et de trente mille cavaliers, entreprit de couper
nos colonnes, non loin de Krasnoï et à dix lieues de
Smolensk. Cette poignée de Français qui combattait encore fit face à l'ennemi et le contraignit à fuir, après un
engagement que l'Anglais Wilson appelle à juste titre la
bataille des héros. Le seul nom de Napoléon épouvantait les Barbares et sauvait les débris de nos troupes.
Eugène avait été délivré, mais Davout et Ney se trouvaient encore enveloppés au loin par les Russes ! Davout
se dégage le premier ; Ney, qui n'a plus que six mille
hommes sous ses ordres, se retire devant les masses
énormes qui ferment sa route, surprend le passage du
Borysthène, se fait jour a travers des essaims de Cosa
ques, et parvient, après deux jours de fatigues héroïques,
à rejoindre l'armée. Cependant deux corps ennemis nous
attendent sur la Bérésina, pendant que Kutusoff, Wittgenstein et Tschitchakoff nous suivent et nous harcèlent
sur les ailes : Napoléon conserve à peine en cette extrémité seize mille hommes en état de combattre ; le reste

de l'armée présente le spectacle d'une horde de quatre-
vingt mille malheureux fuyant au hasard et luttant sans
énergie contre les horreurs de la famine ou des tempêtes.

Il fallait traverser la Bérésina, large rivière qui coule
au milieu de vastes marécages. Peut-être alors la rigueur
du froid eût-elle sauvé notre armée en lui permettant de
franchir ces obstacles sur les glaces, et voilà que la température s'étant pour un moment adoucie, le dégel vient
offrir aux Français une nouvelle chance de destruction.
Napoléon, par une inspiration soudaine, réussit à dérober trois marches à l'ennemi ; il ordonne au duc de
Reggio de jeter deux ponts au gué de Studzianka, et
au duc de Bellune de contenir les efforts de Wittgenstein ; lui-même donna le change à Tschitchakoff en l'at-
tirant sur un point plus éloigné. Le 26 novembre, à une
heure de l'après-midi, l'un des ponts était achevé ; le
corps d'Oudinot franchit le premier la Bérésina ; à
quatre heures, ce qui restait d'artillerie passe sur le
second pont, plus solide et plus large ; le corps de Ney
débouche ensuite par la route qu'a suivie Oudinot. Le
27, le quartier général traverse la rivière, la garde le
suit ; le duc de Bellune avec une poignée d'hommes protége cette opération difficile. L'ennemi, cependant, attaque à la fois l'armée sur les deux rives avec des forces
considérables ; nos soldats, embarrassés dans la boue des
marais, épuisés de lassitude ou de faim, résistent avec
un dévouement sans exemple, et parviennent à contenir
les hordes moscovites.

L'armée continue à franchir la rivière ; mais l'un des
ponts fléchit sous le poids des caissons et des attelages,
l'autre est encombré d'hommes et ne peut plus suffire

à l'immense cohue de malheureux qui cherchent à atteindre la rive droite. Des masses de fugitifs se rassemblent alors aux abords de ce pont et sur les glaçons fangeux de la rivière; on se dispute le passage; les blessés font entendre de lamentables cris, les femmes élèvent leurs enfants, les soldats poussent d'horribles imprécations et écartent par la violence tous les obstacles vivants qui les retardent. Tout à coup l'armée russe, qui s'est lentement rapprochée du lieu de cette désolante scène, fait tomber ses boulets au milieu de la foule : c'est le signal d'une épouvantable calamité dont nous renoncerons à dérouler le tableau. Les misérables que foudroie le canon de l'ennemi, et qui se voient exposés à une mort certaine, s'élancent en foule en avant. Alors s'engage une effroyable lutte entre le malheur et la force. Les cavaliers se jettent le sabre à la main sur les ponts encombrés par la foule, et se fraient un passage à travers les blessés et les mourants : ceux-ci, avec l'énergie que donne le désespoir, se couchent sous les pieds des chevaux et les étreignent convulsivement, la plupart se précipitent dans le fleuve et cherchent à le traverser à la nage ou sur les glaces, mais presque tous périssent noyés ou écrasés. Enfin un autre genre de désespoir succède à cet affreux paroxisme : la foule de ceux qui n'osent espérer un passage s'arrête comme frappée d'imbécillité et d'atonie; elle se couche à terre, s'abandonnant au canon et à la mort, sans chercher à s'y soustraire; en vain le passage devient libre, elle ne songe point à en profiter; le troisième jour, cependant, l'arrière-garde, commandée par Victor, pousse en avant cette multitude et la détermine à se remettre en marche; mais alors la confusion et la lutte de la veille recommencent. Enfin les Russes enveloppent les masses de traînards, leur ferment toute issue, et il ne reste plus de cette grande armée, naguère encore l'effroi de l'Europe et le digne objet de l'admiration du monde, que des corps épars et des bandes fugitives que Ney, Oudinot et Eugène parviennent encore à rallier sous les aigles.

Jusque-là Napoléon avait partagé les périls et les angoisses de son armée : un bâton à la main, il marchait dans les rangs, encourageant de la parole et du geste les malheureux que son ambition avait conduits à ce désastre ; sa figure était demeurée impassible, et si les soucis les plus cuisants dévoraient son cœur, il n'en conservait pas moins le front serein et la pensée libre ; il apparaissait plus grand peut-être au milieu de ces spectres affamés qui se pressaient autour de lui, que dans son cercle de rois des Tuileries et de Dresde. Alors on retrouvait en lui le général de l'armée d'Italie ; alors les illuminations de son courage relevaient le moral de l'armée et réveillaient au fond des âmes le mépris de la crainte et l'orgueil de la victoire. Les Russes, saisis d'effroi à l'aspect de cet homme dont le seul regard changeait nos blessés et nos fuyards en formidables héros, reculaient et n'osaient forcer dans le dernier retranchement de sa fortune le César de l'empire français. Tant que son génie éclaira l'armée comme une étoile, l'espoir ne fut jamais entièrement éteint dans les cœurs ; mais qui pourrait rendre la désolation du soldat, lorsqu'on apprit à Smorgone, le 5 décembre, que l'empereur, après avoir confié le soin de la retraite au roi de Naples, était parti pour sa capitale ? L'armée éclata en longues plaintes et se crut désertée ; mais Napoléon n'avait fait qu'obéir aux pressants devoirs de sa situation.

La France et l'Europe étaient devenues pour lui de justes sujets d'inquiétudes ; mais l'audacieuse tentative qui porte dans l'histoire le nom de conspiration Malet excita surtout ses plus vives alarmes.

Charles-François de Malet, gentilhomme franc comtois, né en 1754, avait acquis le grade de général de brigade à la suite de brillants services militaires. Sous l'empire, la franchise de ses opinions républicaines le rendit suspect ; il fut rappelé et resta sans emploi. Ayant pris part, en 1807, aux manœuvres de la Société des *Philadelphes,* organisation secrète qui avait ses ramifications dans l'armée, il fut arrêté et mis en prison ; mais ce traitement ne fit qu'exalter ses ressentiments révolutionnaires. Deux autres généraux, Guidal et Lahorie, étaient alors enfermés à la Force, sous prévention d'intrigues républicaines. Après plusieurs années de captivité, Malet obtint d'être transféré dans une maison de santé ; dans cet établissement il fit connaissance avec l'abbé Lafon, détenu pour affaires de l'Église, et tous deux concertèrent une résolution inouïe, le renversement du gouvernement impérial. Napoléon était alors campé sur les cendres de Moscou ; son éloignement favorisait le complot. Malet fit clandestinement imprimer un faux sénatus consulte qui proclamait la mort de Napoléon, la déchéance de sa famille et l'établissement d'un gouvernement provisoire. Le 22 octobre, à dix heures du soir, l'abbé Lafon et Malet s'évadent de leur maison de santé ; le général revêt son grand uniforme, et, suivi de prétendus aides-de-camp, ses complices, il se rend à la caserne de Popincourt, où était la dixième cohorte dè gardes nationales. Malet se fait introduire auprès du colonel qui la commandait, lui donne lecture des ordres dont il se dit porteur, lui annonce la mort de l'empereur, et lui enjoint de mettre sa cohorte à la disposition du général Lamothe : le présent ordre signé Malet, gouverneur de Paris. Le colonel obéit, et Malet, sous le faux nom de Lamothe, lit à la cohorte la proclamation du sénat à l'armée, et emmène cette troupe qui le suit avec confiance. Par ses ordres, le colonel Soulier va occuper l'Hôtel-de-Ville ; pour lui, il se dirige vers la Force, et fait mettre en liberté Guidal et Lahorie, entièrement étrangers à la conspiration. En peu de mots, il leur explique l'état des affaires, leur remet leurs nominations, et leur donne à chacun un détachement, à l'aide duquel ils sont chargés de s'emparer du préfet de police et des ministres de la police et de la guerre. Un Corse, nommé Boccheciampo, est mis en liberté, et nommé préfet de la Seine.

Malet marcha ensuite à la place Vendôme, et se rendit à l'hôtel du général Hullin, gouverneur de Paris ; il lui annonça les événements et lui fit connaître qu'il était chargé de le remplacer : « Montrez-moi vos ordres, » lui dit Hullin ; pour toute réponse, Malet lui tira un coup de pistolet, et Hullin tomba baigné dans son sang.

Malet se porta ensuite à l'état-major de la première division militaire, situé aussi place Vendôme, fit arrêter le chef de bataillon Laborde, entra chez l'adjudant-commandant Doucet, et lui remit ses pièces. Là il fut reconnu par un inspecteur de police, qui lui reprocha de sortir sans autorisation de sa maison de santé. Malet voulut encore répondre en faisant usage de ses armes, mais on se jeta sur lui, on le terrassa, et la conspiration fut terminée.

Le commandant Laborde descendit sur la place, dé-

trompa la troupe, et les soldats firent retentir l'air du
cri de *vive l'empereur !*

Sur ces entrefaites, Guidal s'était emparé de la préfec-
ture de police et avait envoyé le préfet, **M. Pasquier**, à
la Force. Laborie en avait fait autant au duc de Rovigo,
ministre de la police générale, et le préfet de la Seine,
M. Frochot, trompé par le faux sénatus-consulte, avait
donné des ordres pour qu'on préparât à l'Hôtel-de-Ville
le local destiné au gouvernement provisoire. Le commandant Laborde, survenant à la tête des troupes, rétablit tout dans l'ordre, et s'assura de la personne des
conspirateurs. A neuf heures du matin, Paris jouissait
d'une tranquillité parfaite, et personne ne s'était douté
du complot (24 octobre).

Les généraux Malet, Laborie, Guidal, le colonel
Rabbe, Soulier, Rateau, et dix-huit officiers furent traduits devant une commission militaire présidée par le
général Dejean. Interrogé sur le nombre de ses complices, Malet répondit avec audace : « Toute la France,
« et vous-même, si j'avais réussi. » Il se trompait de peu.
Sur vingt-cinq accusés, la commission en acquitta dix ;
quinze autres, parmi lesquels figuraient ceux dont les
noms précèdent, furent condamnés à être fusillés, et
subirent leur peine, à l'exception de Rabbe et de Rateau,
qui, plus tard, obtinrent leur grâce. Malet, en marchant
à la mort, se fit remarquer par son sang-froid et son
courage. « Jeunes gens, dit-il à ceux qui se pressaient
sur son passage, souvenez-vous du 23 octobre. »

On dit que Napoléon blâma *cette boucherie*, mais il
lui était commode d'être clément après coup. Quoi qu'il
en soit, la conspiration Malet, si habilement concertée,
si énergiquement conduite, étonna l'opinion et la disposa

à la chute prochaine de l'empereur. Le public éprouva des sympathies pour les conjurés, et l'on se perdit en conjectures sur le but réel de Malet, sur le parti dont il servait les espérances. Les uns ont affirmé, d'après certains témoignages, qu'il agissait en vue de faire triompher la cause des Bourbons; d'autres n'ont voulu voir dans cette tentative qu'une conspiration républicaine. Cette dernière hypothèse s'accorde mieux avec les opinions bien connues de Malet et de ses principaux complices.

Napoléon, à la nouvelle de ce complot, avait compris que sa puissance ne tenait qu'à un fil, et qu'il était facile de le rompre. D'un autre côté, la Prusse et surtout l'Allemagne tressaillaient d'espoir en entrevoyant de loin les calamités de l'expédition de Russie; il fallait se hâter de les traverser et de revenir sur le Rhin avant que la nouvelle certaine de la destruction de nos armées se fût répandue à Berlin et à Vienne; sans cette précaution, il est probable que le nouveau *Cœur de lion* aurait retrouvé dans sa retraite un autre archiduc d'Autriche disposé à le plonger dans les fers. Napoléon pressentait ces malveillantes pensées, et il avait hâte de les prévenir; aussi, après s'être jeté dans un traîneau, suivi seulement des ducs de Frioul, de Vicence et du comte de Lobau, il traversa inconnu, et au milieu de mille dangers, la Pologne, la Prusse et l'Allemagne, pour venir demander à la France de nouvelles ressources de vengeance ou de salut.

Le départ de l'empereur fut le signal d'infortunes plus grandes encore pour les débris de son armée; Murat, si brave sur le champ de bataille, ne montra dans la retraite que du découragement et de la faiblesse. Le roi de Naples commit la faute d'abandonner Wilna et les im-

menses magasins que renfermait cette ville. Pour surcroît
d'épreuves, la température s'abaissa à vingt-huit degrés,
et quarante mille hommes périrent en quatre jours. L'armée fuyait dans la direction de Kowno; au défilé de
Ponari, elle se trouva en face d'une montagne de verglas
et de glace, et il fallut abandonner au pied de la côte
l'artillerie, les bagages, tout le matériel. A Kowno, le
soldat passa sans transition d'une disette inouïe à une
excessive abondance, et se jeta avec fureur sur les pro-
visions et les magasins. Cette imprudence coûta la vie à
beaucoup de victimes; là, le roi de Naples abandonna
son poste et s'enfuit vers ses États. C'est ici que Ney
conquit dignement le titre de brave des braves, à la tête
de trente grenadiers, un fusil à la main, et ayant à ses
côtés le général Gérard, il osa soutenir à Kowno l'attaque
des Russes, et son dévouement assura la retraite. Eugène,
de son côté, succédant à Murat, répondit généreusement à l'attente de la France et de l'empereur. Cependant
l'armée, trahie par les Prussiens qui, sous la conduite
du général York, passèrent sous le drapeau des Russes,
fut contrainte de se replier d'abord en arrière du Niémen, puis derrière la Vistule, puis enfin jusqu'à la
Warta et à l'Oder.

Depuis le 11 novembre, date du dernier bulletin, la
France ignorait le sort de l'empereur et de l'armée; on
savait seulement que la retraite avait commencé dans les
steppes glacés de la Russie, et le champ le plus vaste
s'ouvrait aux alarmes. Enfin, le trop célèbre vingt-neu-
vième bulletin, daté de Smolensk, annonça à l'empire
que la grande armée n'était plus, et que quatre cent
mille familles devaient prendre le deuil. Cette effroyable
nouvelle retentit dans tout l'Occident, et répandit dans la

France une désolante consternation. Alors on commença à maudire la guerre et cette fatale manie des conquètes, qui nous coûtait le plus précieux de notre sang et nous livrait sans défense à la colère de l'étranger. Le bulletin se terminait d'ailleurs par cette consolation ou cette menace : « La santé de l'empereur n'a jamais été meilleure. » On y vit une insulte à la misère publique ; mais l'Europe comprit la portée de cette révélation, car, mieux que la France encore, elle savait que Napoléon valait à lui seul des murailles et des armées.

Dans la nuit du 19 décembre, une modeste voiture s'arrête devant les grilles des Tuileries : on refuse de les ouvrir ; mais Napoléon se nomme, et tout obstacle disparaît. Au point du jour le canon annonce à la capitale le retour de l'empereur, mais cette fois la population demeure morne et silencieuse. Vainement les corps constitués, le conseil d'État et le sénat viennent-ils apporter leurs adulations accoutumées ; la douleur publique empreinte sur tous les visages dément ces hommages trompeurs. L'avenir s'est déjà revêtu des teintes les plus sombres.

CHAPITRE IX.

La Russie apparaissait victorieuse sur la Vistule ; nos armées étaient bloquées en Espagne ; l'Angleterre soulevait contre nous les rois et les peuples ; la Suède nous menaçait de la guerre ; la Prusse secouait notre joug : l'Autriche ne nous offrait d'autres garanties qu'une neutralité douteuse ; le roi de Naples préparait sa prochaine trahison ; les départements situés entre le Rhin et l'Elbe n'attendaient qu'un moment propice pour la révolte. Pour faire face à tant de dangers, nous avions quelques milliers de braves enfermés à Dantzick et quelques vétérans ralliés aux confins de l'Allemagne sous le commandement d'Eugène.

La France, en cette extrémité, ne fit point défaut à sa gloire ; elle ne manqua pas à l'empereur. Si la fatale campagne de Moscou avait détruit sa grande armée, elle aimait à se dire, avec un noble orgueil, qu'elle n'avait été vaincue par aucun ennemi vivant, que des fléaux plus puissants que la nature humaine avaient seuls triomphé de ses enfants et de son chef. Tant qu'il restait du sang à ses veines, elle voulait lutter, afin de mourir debout et comme il convenait à la reine des nations. C'était chez elle une résolution froidement arrêtée, et, sans l'inconsolable désespoir des mères que la conscription dépouillait de leurs fils adolescents, aucune voix ne se serait élevée pour contester la nécessité de la guerre et la sainteté des derniers sacrifices réclamés au nom de la patrie.

Napoléon obtint du sénat de nouvelles levées d'hommes: quarante mille marins, inutiles sur l'Océan, vont renforcer les cadres de l'infanterie ; on tire de l'Espagne des officiers aguerris et fidèles ; on réorganise l'artillerie et les services des hôpitaux et des vivres ; la cavalerie laisse beaucoup à désirer ; on manque de chevaux pour les remontes et pour les attelages. Une activité inouïe est imprimée à tous les préparatifs de la guerre.

L'empereur obtient ensuite un sénatus-consulte qui détermine la constitution de la régence. Encore ému des inquiétudes qu'a fait naître en lui le hardi complot de Malet, il ne veut point exposer sa dynastie au berceau au hasard d'un coup de main. Déjà il a destitué le préfet de la Seine qui s'est laissé surprendre par le conspirateur : il regrette de ne pouvoir désarmer de même, par un décret de destitution, les idées libérales qui renaissent menaçantes. « C'est à l'idéologie, dit-il, « c'est à ses ténébreuses machinations qu'il faut imputer « tous les malheurs de la France. » Ailleurs il s'écrie :

« Nos pères avaient pour maxime : le roi est mort, vive
« le roi ! » et il convie les magistrats à se rallier autour
du berceau de son fils , comme au principe de salut qui
sert de base à l'ordre et aux monarchies. Il ajoute : « La
« plus belle mort serait celle d'un soldat qui tombe sur
« le champ de bataille, si celle d'un magistrat qui meurt
« en accomplissant ses devoirs n'était pas plus glo-
« rieuse encore!... » Rassuré, s'il est possible, par les
protestations de servile dévouement qui accueillent ses
paroles, il songe, à sa manière, à mettre fin aux maux
de l'Église de France, et ne parvient qu'à les aggraver
encore.

Des conférences avaient été ouvertes, de la part du pape
et de l'empereur, entre plusieurs cardinaux et évêques.
Dans la soirée du 19 janvier, Napoléon , accompagné de
Marie-Louise, se rendit inopinément au palais de Fontainebleau , qui servait de prison au souverain pontife.
Pie VII était en proie à une fièvre lente ; ce n'était plus
qu'un vieillard débile, affaibli par la maladie et les persécutions , et dont l'énergie morale semblait éteinte.
L'empereur se présente à lui et l'embrasse. Le pape,
qui depuis longtemps languissait loin de tous , fut ému
de cette démarche et en éprouva une trompeuse consolation. Napoléon ne perdit pas l'effet de ces dispositions
si favorables pour lui. Il s'installa pendant plusieurs
jours auprès du saint-père, et, soit ruse , soit menace,
il parvint à arracher à son captif une renonciation à la
souveraineté temporelle de Rome , et un acquiescement à
d'autres prétentions non moins injustes, telles que, sur
certains points, l'abandon de la plénitude du pouvoir
spirituel. Ce traité, fruit de la violence et de la capta-
tion , fut immédiatement promulgué dans tout l'empire ,

et reçut le nom de Concordat de Fontainebleau. Il était nul par lui-même et par les causes qui l'avaient amené; il n'eut donc aucun effet: aussi, le pape, rendu à la santé et retrouvant la fermeté dont il avait fait preuve aux plus mauvais jours de l'outrage et de l'exil, ne tarda-t-il pas à protester lui-même contre le prétendu concordat imposé par la force. Il écrivit à l'empereur pour lui signifier que cet acte n'avait aucune valeur, et qu'il entendait l'abolir en vertu des pouvoirs que le divin Maitre a transmis à son Église. Ainsi fut généreusement réparée la faute qui avait contristé les fidèles. « Bien « qu'elle coûte à notre cœur, la confession que nous « allons faire à V. M., mandait le pieux vieillard à Na- « poléon, la crainte des jugements divins dont nous « sommes si près, attendu notre âge avancé, nous doit « rendre supérieur à toute autre considération. Con- « traint par nos devoirs, avec cette sincérité, cette « franchise qui conviennent à notre dignité et à notre « caractère, nous déclarons à V. M. que, depuis le 25 « janvier, jour où nous signâmes les articles........, les « plus grands remords et le plus vif repentir ont conti- « nuellement déchiré notre esprit qui n'a plus ni repos, « ni paix. De cet écrit que nous avons signé, nous di- « sons à V. M. cela même qu'eut occasion de dire notre « prédécesseur Pascal II (en 1117), lorsque, dans une « circonstance semblable, il eut à se repentir d'un « écrit qui concernait une concession faite à Henri V. « Comme nous reconnaissons notre écrit *fait mal*, nous « le confessons *fait mal*, et, avec l'aide du Seigneur, « nous désirons qu'il soit cassé tout à fait, afin qu'il « n'en résulte aucun dommage pour l'Église. » L'acte se terminait par ces mots qu'on a considérés comme ayant

levé l'excommunication prononcée contre l'empereur :
« Nous offrons à Dieu les vœux les plus ardents, afin
« qu'il daigne répandre lui-même sur V. M. l'abondance
« de ses bénédictions. »

Le jour même où cette lettre fut adressée à l'empereur,
le pape réunit les cardinaux présents à Fontainebleau, et
déclara, dans une allocution pontificale, qu'il regardait
comme nuls le prétendu concordat et une concession ana-
logue que la violence lui avait arrachée à Savone. Dès ce
moment, et après cette réparation éclatante, il reprit son
sourire et sa sérénité d'âme, comme un homme sauvé de
l'agonie ou délivré d'un fardeau rigoureux.

On dit qu'en recevant la missive pontificale, Napoléon
s'écria : « Si je ne fais sauter la tête de dessus les épaules
« de quelques-uns de ces prêtres de Fontainebleau, on
« n'accommodera jamais ces affaires. » On ajoute encore
que dans l'une de ses entrevues avec le pape, il se passa
une scène étrange : l'empereur pour déterminer le saint-
père à de nouvelles concessions, venait de mettre en
œuvre toute la grâce de son esprit ; il n'avait épargné ni
les séductions, ni les promesses, ni les témoignages multipliés d'une feinte pitié : peu sensible à ces hypocrites
démonstrations, le pape regarda l'empereur avec un visage tranquille et lui dit : *Comediante !* Alors Napoléon,
irrité du mauvais succès de ses caresses, éclata en menaces et en paroles violentes. Pour toute réponse, Pie VII
lui dit sans s'émouvoir : *Tragediante.* Il n'est point vrai,
d'ailleurs, comme le bruit s'en répandit alors, que l'empereur ait porté la main sur le pape pour le frapper, ou
qu'il ait osé tirer les cheveux de ce vieillard vénérable :
« Non, disait plus tard Pie VII à ceux qui le question-
« naient à cet égard, il ne s'est pas porté à une telle indi-

« gnité, et Dieu permet qu'à cette occasion nous n'ayons
« pas à proférer un mensonge. »

De nouvelles négociations furent entamées, mais elles
demeurèrent sans résultat : le pape persista à déclarer
qu'il ne voulait conclure aucun traité tant qu'il serait
retenu hors de Rome. Une circonstance d'intérêt et qui
surprendra beaucoup de personnes, c'est que le pape et
l'empereur s'aimaient personnellement et rendaient réci-
proquement justice à leurs qualités, si différentes d'ailleurs : la persécution même n'effaça point cette affection
du cœur du persécuté, et nous avons vu déjà que Napoléon se plaisait à faire l'éloge des hautes vertus et de la
douceur angélique du pontife. La captivité du saint-père
dura jusqu'au 23 janvier 1814, date de son départ de
Fontainebleau : toutefois son voyage jusqu'aux Alpes fut
encore pour lui une source de nouvelles tribulations dont
le récit n'appartient pas à cette histoire, l'empereur y
étant demeuré étranger.

Cependant la conscription avait impitoyablement appelé sous les drapeaux les divers bans de la jeunesse.
La guerre d'Espagne et la guerre du Nord devaient être
menées de front. Trois cent mille hommes, la plupart
encore adolescents et arrachés du sein de leurs mères
désolées, devaient être échelonnés sur l'Oder, sur l'Elbe,
sur le Rhin et sur le Mein : l'armée d'Espagne devait être
portée à un pareil chiffre de combattants. L'empire entier était transformé en un grand arsenal ; mais ces préparatifs démesurés correspondaient à peine à l'ardeur
guerrière de l'Europe.

Le 1ᵉʳ mars, un traité d'alliance offensive et défensive
avait été signé entre la Prusse et la Russie : deux jours
après, la Suède s'unissait à l'Angleterre et venait grossir

le nombre des ennemis de la France. L'armée qu'elle envoya combattre sous les drapeaux de la coalition avait pour chef ce même Bernadotte, devenu prince royal de Suède, et qui, des rangs les plus obscurs de notre armée, s'était élevé au grade de maréchal de l'empire. Ennemi personnel de Napoléon, il saisissait avec ardeur une occasion favorable d'abaisser l'orgueil de son ancien maître; Suédois par l'adoption dont sa nouvelle patrie l'avait honoré, il venait mettre un frein à la puissance de sa terre natale. Cependant l'Autriche, avertie par le mouvement de l'Europe, consentait à peine à garder une paix douteuse; les princes de la confédération rhénane, à l'exception du roi de Saxe, hésitaient encore à passer dans les rangs de nos adversaires; mais le cri de leurs peuples les poussait malgré eux à secouer le joug.

Jamais l'Allemagne, depuis les temps où elle lutta contre Varus et Marc-Aurèle, ne s'était soulevée pour une cause plus digne de son courage et de son dévouement. Après avoir servi durant vingt ans de champ de bataille à la France, d'arsenal à Napoléon, elle pressentait enfin la chute de la tyrannie impériale; elle s'armait pour porter le dernier coup au colosse qui pesait sur le monde. C'était au nom de la patrie et de la liberté que ses enfants accouraient en foule dans les camps et quittaient le palais ou le chaume de la famille, les soins de l'industrie ou les études de l'Université. Pendant plusieurs années l'association secrète *de la vertu* (tugnd-bund) avait étendu des racines dans toute la Prusse et dans tous les pays de la ligne du Rhin; les affidés s'étaient engagés par serment à délivrer la Germanie de la présence de nos aigles et à venger sur nous les humiliations d'Iéna et de Wagram Hélas! en rappelant le souvenir de

cette guerre si funeste pour la France et qui nous frappa
au cœur, pourquoi faut-il que nous ayons à reconnaître
que la cause de nos ennemis était vraiment juste et
sainte?... Proclamons-le cependant, ne fût ce que pour
adoucir l'amertume des longues misères que nous avons
endurées. Il n'était pas, dans toute l'Europe, un coin de
terre qui n'eût porté l'empreinte du fer de nos chevaux
ou participé aux épreuves imposées par notre amitié.
Aussi, aux jours des revers, ne devions-nous rencontrer
partout que des ennemis jurés de notre fortune. De la
Save et des fleuves de l'Épire jusqu'au cercle polaire,
du rocher de Cadix, où siégeaient les cortès espagnoles,
jusqu'aux extrémités de l'Asie et aux frontières de la
Chine où s'étendait la souveraineté d'Alexandre, ce
n'était qu'un cri de haine poussé par les peuples contre la
France et Napoléon.

Le 15 avril, l'empereur, après avoir confié la régence
à Marie-Louise, quitta Paris pour aller prendre le commandement de son armée d'Allemagne. Le 29, entre
Naumbourg et Mersebourg, il opérait sa jonction avec
les débris de l'armée de Russie commandés par le vice-
roi. Le même jour, un engagement contre les Prussiens
avait lieu à Weissenfeld, en Saxe; l'ennemi, un moment
déconcerté, se repliait devant nous; mais promptement
rallié et supérieur en nombre, il nous présentait bataille
le 2 mai, dans les plaines de Lutzen, déjà illustrées par
Gustave-Adolphe.

L'armée française ne se composait guère que de recrues
sans expérience de la guerre : aussi, dès les premiers
chocs, fut-elle ébranlée et rompue sur plusieurs points.
Mais Napoléon se porta au milieu de cette multitude de
conscrits, et sa présence en fit des soldats aguerris et in-

trépides. Le prince Eugène, les maréchaux Ney, Mortier,
Macdonald, Marmont ; les généraux Compans, Ricard,
Souham, Drouot, Latour-Maubourg, se montrèrent dignes de l'empereur, et donnèrent comme lui, à la jeune
armée, l'exemple du courage et du dévouement. Pendant
quatre heures d'une lutte acharnée et meurtrière, la victoire demeura douteuse ; les Russes parvinrent même à
s'emparer du village de Kaya, position formidable d'où
dépendait le sort de la journée. L'empereur, en ce moment de crise, mit en avant seize bataillons de la jeune
garde et six de la vieille garde, et les fit soutenir par une
batterie de quatre-vingts pièces de canon. Les Russes,
écrasés par l'artillerie française, commencèrent à battre en
retraite, et ce mouvement rétrograde décida le triomphe
de nos armes. Il eût été complet, si le défaut de cavalerie n'eût empêché Napoléon de poursuivre l'ennemi et
d'inquiéter sa retraite. Cependant, grâce à cette journée
glorieuse, Leipsick fut pris, Torgau fut débloqué, l'ennemi fut vaincu à Borna, à Gerdof, à Coldits, et l'empereur porta ses troupes sur la rive droite de l'Elbe.

La bataille de Lutzen, au dire de Napoléon, était une
bataille d'Italie; elle fut l'œuvre de l'artillerie et de
l'infanterie. L'ennemi la disputa vigoureusement, et les
pertes furent énormes de part et d'autre : « Soldats, dit
« l'empereur à ses troupes, je suis content de vous, vous
« avez rempli mon attente... Vous avez défait et mis en
« déroute l'armée russe et prussienne, commandée par
« l'empereur Alexandre et le roi de Prusse. Vous avez
« ajouté un nouveau lustre à la gloire de mes aigles ;
« vous avez montré tout ce dont est capable le sang fran-
« çais... Nous rejetterons les Tartares dans leur affreux
« climat, qu'ils ne doivent pas franchir ; qu'ils restent

« dans leurs déserts glacés , séjour d'esclavage, de bar-
« barie et de corruption, où l'homme est ravalé à l'égal
« de la brute. Vous avez bien mérité de l'Europe civilisée.
« Soldats ! l'Italie, la France et l'Allemagne, vous rendent
« des actions de grâces ! »

Mais l'ennemi, supérieur en nombre et en discipline , ne devait pas tarder à reprendre l'offensive. Le 20 mai, Napoléon le rencontra à Bautzen , et, après une bataille longue et meurtrière, le contraignit encore à se retirer. Notre perte avait été plus grande qu'à Lutzen, nos avantages furent moins considérables encore. Cette victoire nous ouvrait les routes de la Silésie, mais il fallait les conquérir par une autre bataille plus sanglante et plus décisive. Elle commença le lendemain , au lever du jour, à Wurtchen ; les Prussiens et les Russes obtinrent d'abord sur les troupes du maréchal Oudinot un premier succès, que répara le général Gérard. Quelques heures après, le corps du maréchal Ney déboucha sur le flanc droit de l'armée prussienne, chassant devant lui les corps des généraux Yorck et Barclay de Tolly. La lutte devint générale : elle tourna à la gloire de nos armées. Vers six heures du soir, l'ennemi nous abandonna un vaste champ de bataille couvert de cadavres. Par la plus habile des combinaisons, Napoléon avait tourné à la ruine de ses adversaires l'avantage des positions formidables que dix mille hommes avaient fortifiées soigneusement pendant trois mois, et qui semblaient promettre la victoire aux alliés. L'empereur, pour perpétuer le souvenir de cette mémorable journée, ordonna , par un décret, qu'il serait élevé sur le mont Cenis un monument destiné à manifester sa reconnaissance envers ses peuples de France et d'Italie.

Bessières, duc d'Istrie, avait été tué au début de la campagne ; le lendemain de la bataille de Wurtchen, au combat de Reichenbach, le général Bruyères fut emporté par un coup de canon, et un boulet, après avoir frappé mortellement le général Kirgener, atteignit au ventre le grand maréchal Duroc, duc de Frioul, un de ceux que Napoléon chérissait le plus. L'empereur, profondément affligé de ce malheur, passa toute la nuit dans sa tente, sans proférer une parole et sans que personne osât le distraire de son chagrin. C'est du moins ce que racontent les bulletins ; mais des documents très-dignes de foi révoquent en doute cette circonstance et les détails de l'entrevue funèbre que Napoléon aurait eue avec son compagnon mourant : au dire du *Moniteur*, l'empereur se serait rendu près du lit de mort de Duroc et lui aurait dit : « Il « est une autre vie ; c'est là que vous irez m'attendre et « que nous nous rejoindrons un jour. » Duroc aurait répondu : « Toute ma vie a été consacrée à votre service, « et je ne la regrette que pour l'utilité dont elle pouvait « vous être encore. Oui, Sire, nous nous retrouverons « un jour ; mais ce sera dans trente ans, quand vous « aurez triomphé de vos ennemis et réalisé les espérances « de votre patrie. J'ai vécu en honnête homme ; je ne « me reproche rien ; je laisse une fille ; V. M. lui tiendra « lieu de père. » Il paraît prouvé que ce discours a été arrangé comme celui que le premier consul avait fait tenir à Desaix, après la bataille de Marengo. On dirait que Napoléon avait pris dans Homère l'usage de faire parler les héros au moment de leur mort. Les douleurs atroces qu'éprouvait Duroc l'empêchèrent évidemment de tenir ce langage apprêté, et l'on assure que, voyant la visite de l'empereur se prolonger sans nécessité, il se

retourna péniblement sur le côté gauche en disant : « Ah !
« Sire, laissez-moi du moins mourir tranquille. » La
mort de Duroc produisit un fâcheux effet sur l'esprit
public : Napoléon perdait coup sur coup ses amis et ses
lieutenants, et paraissait abandonné de Dieu.

Un parlementaire ennemi vint demander un armistice
qui fut accordé : ce fut une faute de Napoléon, qui, au
lieu de poursuivre ses avantages, donnait ainsi aux vaincus le temps de se remettre en ligne et d'organiser leurs
réserves. Cette trêve inopportune devait se prolonger
jusqu'au 20 juillet.

L'armée d'Espagne avait été affaiblie pour faire face
aux besoins de la guerre d'Allemagne. L'ennemi, n'ayant
pas su tirer parti de notre désastre des Arapiles, avait
perdu un temps précieux devant le fort de Burgos. Le 20
octobre 1812, Wellington avait été contraint de lever le
siége de cette ville ; le 10 novembre, il s'était retiré sur
Ciudad-Rodrigo, abandonnant le fruit de sa victoire.
Madrid était de nouveau tombé en notre pouvoir : les savantes manœuvres du maréchal Soult nous avaient rendu
une partie de l'Espagne ; mais cet habile général fut appelé
en Allemagne, et la fortune changea, en dépit des efforts
de Marmont et de Suchet. Le 28 mai 1813, Wellington
reprit l'offensive et força une troisième fois le roi Joseph
à fuir de Madrid ; le 21 juin, ce roi incapable et sans énergie perdait sa couronne à Vittoria, journée fatale à notre
puissance et à l'honneur de nos armes : Joseph Bonaparte,
ayant tout abandonné à l'ennemi, armée, bagages, trésors, royauté, se réfugiait à Bayonne, et les Anglais,
vainqueurs, menaçaient la frontière des Pyrénées. Un
avantage obtenu sur eux, le 25 juin, par le général Foy,
les arrêta cependant en Biscaye, et donna au maréchal

Soult le temps d'arriver à Bayonne pour y réorganiser l'armée.

La compression des événements obligea le maréchal Suchet d'abandonner le royaume de Valence, théâtre de ses succès et où il s'était couvert de gloire. L'Aragon et la Catalogne furent évacués. Le 8 septembre, les Anglais entrèrent à Saint-Sébastien après un siége sans gloire, et s'y livrèrent aux plus épouvantables excès. Les hommes furent tués, les femmes outragées, la ville incendiée : il ne resta debout que trente-six maisons. Pendant que ces revers nous enlevaient l'Espagne, cette terre qui, depuis la trahison de Bayonne, avait été le tombeau de cinq cent mille Français, le prince Eugène organisait une armée en Italie, et se préparait à défendre cette contrée. Il était temps : l'Autriche, après avoir offert sa médiation, qu'il avait fallu accepter, ne devait pas tarder à s'unir à nos ennemis et à tromper les espérances que Napoléon, seul de son empire, avait placées dans son alliance avec Marie-Louise.

Les départements de la trente-deuxième division militaire, situés entre le Weser et l'Elbe, étaient tombés au pouvoir des Russes, et avaient un moment secoué le joug de Napoléon : le général Vandamme, à la tête d'un corps d'armée, les replaça sous notre pouvoir, et exerça de cruelles représailles contre la malheureuse ville d'Hambourg.

Le 5 août 1813, Napoléon, après avoir visité les places de l'Elbe et les garnisons de l'Oder, revint à Dresde à la faveur de l'armistice, qui durait encore, grâce au silence de l'Autriche. Dans cet intervalle, le général Moreau avait reparu en Europe. Les souverains armés contre la France lui avaient confié un commandement contre

nous, et le vainqueur de Hohenlinden s'était résigné au
honteux honneur de conduire une armée contre sa patrie.
Bernadotte, au moins, avait cessé d'être Français lorsqu'il vint nous combattre; mais rien ne saurait justifier
la défection de Moreau. Peu de jours après, l'Autriche,
mettant fin à ses hésitations calculées, déclarait la guerre
à la France.

Ainsi se termina le congrès de Prague : Napoléon, s'il
eût sincèrement voulu la paix, eût pu l'obtenir en faisant de nombreuses concessions à ses ennemis; quelles
que fussent ces concessions, elles auraient laissé à l'empereur tout le territoire de l'ancienne Gaule, et d'importantes provinces au delà des Alpes. Mais Napoléon se
révoltait à l'idée d'abandonner le fruit de ses conquêtes :
endurci par son orgueil, il refusait de considérer l'épuise-
ment de la France et d'entrevoir pour l'avenir la possibilité des revers.

L'armistice lui avait permis de faire venir des renforts
pour compléter ses cadres; mais l'ennemi en avait profité pour multiplier ses armements et doubler ses moyens
d'attaque. Au 15 août 1813, nous avions deux cent
quatre-vingt mille combattants en Allemagne; ils étaient
répartis en plusieurs armées, et la moitié de ceux qui les
composaient n'avaient point encore vu le feu. L'ennemi
nous opposait plus de cinq cent mille hommes; mais Napoléon n'avait rien perdu de ses déplorables illusions.
Pressé entre les rois et les peuples acharnés à sa ruine,
il rêvait encore des conquêtes...

Le plan des alliés était d'attaquer Napoléon sur trois
points en se dirigeant à la fois sur Dresde, par un triple
mouvement de Berlin, de la Silésie et de Prague. L'empereur avait pensé qu'avant que leur grande armée,

débouchant de la Bohême, pût arriver sous le feu des redoutes construites aux abords de Dresde, il aurait le temps de faire une opération combinée sur Berlin et de lancer sur Breslau son armée de Silésie. Il voulait aussi pousser une reconnaissance en Bohême, et prévenir, s'il le pouvait, la jonction des alliés de Silésie avec les Autrichiens. Mais Blücher l'avait prévenu : quatre jours avant celui qui était marqué pour la reprise des hostilités, Blücher les avait avancées, par une coupable violation des droits de la guerre. Napoléon n'en poursuit pas moins son plan : en trois jours il porte ses drapeaux en avant dans la Silésie. Il se retourne ensuite comme un lion vers la Saxe : déjà la grande armée ennemie était descendue des monts de Bohême et menaçait Dresde. Napoléon laisse soixante-quinze mille hommes en Lusace, et charge Macdonald de contenir à leur tête les cent vingt mille soldats de Blücher. Oudinot, de son côté, reçoit l'ordre de marcher sur Berlin. Pour l'empereur, il accourt vers Dresde, suivi de troupes qui ont fait quarante lieues en quatre jours. Cette ville était déjà cernée de toutes parts, et les ennemis s'en croyaient maîtres. Napoléon pénètre dans ses murs, salue un moment le roi de Saxe, et remonte à cheval pour diriger tous les mouvements de son armée. Son apparition imprévue, à la tête de la garde, répand partout la terreur. L'ennemi, repoussé sur tous les points, recule, et Dresde, dont la perte nous eût coupé la retraite sur le Rhin, est sauvée par l'empereur. Le lendemain, l'armée étrangère entreprend de venger sa défaite; elle reparaît plus ardente et plus résolue que jamais, et couronne les hauteurs qui dominent la capitale de la Saxe. Elle espérait nous attirer dans les plaines et nous écraser d'en haut par son artillerie en même temps que sa cavalerie nous envelopperait dans les basses terres. Napoléon, aux approches du jour, parcourt les abords de la ville et inspecte les positions de l'ennemi. Un éclat de bois qu'un boulet prussien fait voler sur lui le frappe à la tête et le renverse. Il se relève et dit froidement : « Tout serait fini s'il avait touché le « ventre, » et il continue sa tournée. Il reconnaît que l'extrême gauche des alliés, placée entre Priesnitz et la vallée de Plauen, ne communique pas avec le centre, et c'est par ce vide qu'il compte commencer l'attaque. Ses ordres reçoivent une prompte exécution, malgré la pluie qui tombe par torrents. Murat nous garde encore une fidélité équivoque, mais son courage n'a point failli ; il se jette à la tête de la cavalerie sur les masses prussiennes, les entame, les rompt et les met en fuite. Vingt-cinq mille hommes restent sur le champ de bataille, et, comme si la victoire voulait accorder un dernier sourire à Napoléon, le premier coup de canon qu'a tiré la garde a frappé Moreau, et le déserteur armé contre la France meurt avec le regret d'avoir assisté au triomphe de son rival.

Mais un incident imprévu vient encore saisir Napoléon dans sa fortune et confondre ses desseins. Une maladie qu'on attribue à la fatigue, à la pluie dont son corps a été trempé, à un mets grossier qui lui a été servi (tant des circonstances petites en apparence influent sur le sort des nations et nous apprennent que Dieu se joue des conseils de l'homme !), une maladie de quelques heures oblige l'empereur à s'arrêter à Dresde et à laisser l'ennemi réparer, sans être inquiété, les désastres de la bataille. Alors il semble qu'un souffle de mort a paralysé dans toute l'Allemagne le génie de nos capitaines et l'élan de nos soldats. Le duc de Reggio est vaincu par Bernadotte sur la

route de Berlin ; le duc de Tarente est battu sur les bords
de la Katzba, le prince de la Moscowa à Dennewitz. Ces
échecs sont graves, mais Napoléon pourrait encore y porter remède, lorsque le général Vandamme, victime d'une
témérité impardonnable que ne rachètent point les prodiges de sa valeur, est vaincu et réduit à poser les armes
non loin de Culm : cette défaite a privé Napoléon d'un
général et d'une armée : pour surcroît d'épreuves, les
pluies d'automne ont fait déborder les rivières, et les
divers corps de l'armée française sont coupés entre eux
par des inondations et des marécages.

Napoléon comprend les dangers de sa situation : il se
multiplie pour y faire face. D'abord il fortifie Dresde et
réorganise l'armée de Vandamme ; puis il force Blücher
à repasser la Neiss et la Queiss, et revient à Dresde. Il
s'en éloigne de nouveau pour battre Schwartzenberg et
le rejeter dans la vallée de Tœplitz, puis il rentre dans la
capitale saxonne, et, après quelques heures de repos, la
quitte encore pour aller secourir le duc de Tarente et repousser Blücher derrière la Sprée ; enfin, après des prodiges d'activité et d'audace, il reparaît à Dresde à la tête
de toutes ses forces ; mais l'ennemi, de son côté, a rallié
ses troupes ; les quatre armées d'Autriche, de Prusse, de
Russie et de Suède, se sont réunies pour achever d'un
seul coup, s'il est possible, la délivrance des peuples
d'Allemagne. Pendant que ces événements se passent en
Saxe ; le vice-roi se replie derrière l'Isonzo, et nos alliés
de Bavière et de Wurtenberg abandonnent notre cause ;
les Westphaliens, débarrassés du roi Jérôme, s'arment
à leur tour contre nous. De tous nos alliés, il ne nous reste
que les Saxons et les Polonais.

Le 15 octobre 1813, l'armée française arrive devant

Leipsick : quatre armées ennemies débouchaient sur cette ville pour nous la disputer et hâter de leurs efforts l'heure suprême de la lutte. La journée entière se passa à prendre position ; le lendemain , trois batailles s'engageaient sur trois points différents , à une lieue d'intervalle. Cinq cent mille hommes, de part et d'autre, se renvoyaient la mort: le feu épouvantable de l'artillerie ébranlait le sol d'un continuel tremblement. Des cris de guerre, de victoire ou de désespoir, poussés en six langues diverses, retentissaient jusqu'au ciel.

C'était la journée si longtemps désirée pour la vengeance de l'Europe ; c'était la *bataille des nations*, comme la nomment encore aujourd'hui les peuples d'Allemagne. Nos ennemis avaient sur nous l'immense supériorité du nombre; le souvenir de la gloire paternelle enflammait nos soldats d'un noble orgueil. Là, par les mains de ces travailleurs robustes, se creusait la tombe où , selon l'issue du combat , on devait coucher la France ou l'Allemagne. Du côté de Vachau, nos troupes repoussèrent Schwartzenberg et le général Klenau ; Poniatowski défendit avec intrépidité les bords de la Pleiss, et mérita, sur le champ du carnage, le grade de maréchal de l'empire ; nous enlevâmes Gossa après une lutte acharnée : il serait trop long de suivre tous les mouvements qui nous donnèrent et nous enlevèrent tour à tour la victoire ; repoussés sur la Partha, nous étions vainqueurs sur la Pleiss et à Lindenau. Nous avions conquis notre retraite et tué ou blessé trente mille de nos ennemis ; cependant la nuit vint suspendre pour quelques heures l'effusion du sang.

Le troisième jour, la bataille recommença du côté de Leipsick : les ennemis, renforcés de plus de cent mille hommes, nous cernèrent sur tous les points et rencon-

trèrent partout une résistance invincible. La victoire était
douteuse, et peut-être allait-elle encore récompenser l'héroïque dévouement de nos soldats, quand l'armée saxonne
et la cavalerie wurtenbergeoise qui combattaient sous
nos aigles, nous abandonnèrent traîtreusement et tournèrent contre nous leurs canons et leurs chevaux. Ah !
sans doute, pour des cœurs allemands, il devait être
dur de participer à cette guerre fratricide où les peuples
germaniques combattaient sous des drapeaux opposés,
alors qu'un seul intérêt, celui de la commune patrie,
aurait dû armer tous leurs bras contre Napoléon ; mais
l'histoire flétrira justement cette lâche désertion consommée au milieu de la bataille.

Elle fut le signal de notre ruine : jusqu'à ce moment
cent soixante-quinze mille Français avaient su contenir et
rendre vains les efforts de trois cent trente mille alliés ;
ils ne pouvaient plus rien dès lors qu'une de leurs ailes
se tournait contre eux et les livrait par tous les points à
l'ennemi. Ils ne firent pas moins bonne contenance jusqu'à
la nuit.

Le lendemain il fallait battre en retraite : notre artillerie, depuis cinq jours, avait tiré deux cent cinquante
mille coups de canon ; elle manquait de munitions, et c'é-
tait pour nous un autre contre-temps non moins terrible.
L'empereur rentra dans Leipsick, et refusa de livrer aux
flammes les faubourgs de cette ville pour arrêter les progrès de l'ennemi. Pendant que l'armée se retirait à la
hâte derrière l'Elster, Marmont, Reynier, Ney, Poniatowski et Lauriston la protégeaient encore en combattant dans les faubourgs, et en disputant pied à pied le
terrain. Au milieu de la confusion de ce mouvement, un
accident terrible vint mettre le comble à nos désastres.

Napoléon avait ordonné qu'on fît sauter le pont de l'Elster aussitôt que ses troupes auraient défilé à l'autre bord de la rivière : par un malentendu dont la responsabilité fut rejetée sur un subalterne, et qui accuse de la part de l'empereur une coupable insouciance, on mit le feu à la mine lorsque vingt mille hommes de l'arrière-garde et de nos meilleures troupes combattaient encore aux abords de Leipsick : ces vieux soldats, échappés de trente batailles rangées, ne songèrent plus qu'à vendre chèrement leur vie ; ils périrent, pour la plupart, sous les décombres des maisons ou dans les eaux bourbeuses et profondément encaissées de l'Elster. Ainsi mourut le prince Poniatowski, le héros de cette célèbre journée, qui venait d'être blessé en faisant des prodiges de valeur. Le carnage ne cessa que vers deux heures après midi, et l'on n'entendit alors d'autre bruit que la clameur lamentable des blessés et des mourants. Deux cent cinquante pièces de canon, ainsi que neuf cents caissons, restèrent au pouvoir de l'ennemi. L'armée française perdit quatre-vingt mille hommes tués ou blessés : la perte de l'ennemi ne fut pas moins énorme et ne lui permit pas de poursuivre les débris de nos troupes. La retraite s'opéra pendant quelque temps sans être inquiétée.

La bataille de Leipsick fut le châtiment d'une témérité inconcevable. Napoléon porta la peine des fautes de stratégie qu'il avait commises depuis les débuts de la campagne. L'immense ligne d'opération par lui adoptée était hors de proportion avec la faiblesse numérique de ses armées ; sa confiance irréfléchie dans ses vassaux allemands et dans l'amitié de l'Autriche l'aveugla sur les défections et sur les obstacles qu'il eût dû prévoir et faire entrer en ligne de compte. Au lieu de cantonner dans

les places de la Vistule des garnisons qui valaient des
armées et qui ne lui furent d'aucun secours, la prudence
lui conseillait de les retirer à lui et de fortifier ainsi son
armée offensive. Le même sentiment devait le retenir sur
les bords de la Saale : là, au moins, il était maître du
terrain, il s'appuyait sur son vaste empire, il donnait à
ses conscrits le temps de se former à la guerre, il attendait ses renforts et fermait à l'ennemi les frontières de
la France, sans commettre sa fortune au résultat d'une
seule journée; il préféra la ligne de l'Elbe, et se laissa
abuser par le prestige de ses anciennes campagnes de
Prusse et d'Autriche, au point d'oublier que tout était
changé, ses soldats et ses ennemis, les temps et les peuples. Il accorda un armistice et une trève de deux mois,
qui ne profita qu'aux étrangers, pendant qu'il eût dû
retenir l'Autriche dans son alliance moins par des promesses que par de nouvelles victoires Enfin le champ de
bataille de Leipsick fut très-désavantageusement choisi :
Napoléon n'eût jamais dû accepter le combat dans une
position où il n'avait sur ses derrières que des canaux
multipliés, des plaines marécageuses et des rivières dégarnies de ponts. Au lieu de s'obstiner à vouloir abattre
d'un seul coup les quatre armées ennemies, il eût dû
manœuvrer en arrière, chercher un terrain propice et
attendre, pour en profiter, les fautes de ses adversaires.
Ainsi, en comparant cette expédition aux anciennes campagnes, ainsi eussent agi Turenne et Moreau. Mais Napoléon, séduit par de longs succès, n'avait guère retenu d'autre tactique que celle qui consistait à aller en
avant et à vaincre : il n'était jamais préparé aux éventua-
lités d'une défaite; il en était venu à gagner des batailles
par le seul secours de l'artillerie et par d'immenses sacri-

fices de sang : *A la guerre,* disait-il, *les hommes ne sont rien, les minutes sont tout;* et c'est ainsi qu'il réalisait ce qu'avait dit de lui le célèbre Kléber : *C'est un général à six mille hommes par jour.*

Le 23 octobre, l'armée vaincue atteignit Erfurth et y fit une halte de vingt-quatre heures. Après ce repos de si courte durée, elle continua sa marche sur le Rhin. Le 30, l'armée bavaroise, commandée par le général de Wrède, s'étendit dans la forêt de Hanau, et entreprit de lui couper la retraite. Elle espérait donner à Blücher le temps de joindre les Français, à la grande armée de Bohême d'atteindre leur flanc gauche, à l'armée suédoise d'arriver sur leur droite ; placés dans la nécessité de percer cette masse de troupes fraîches, les Français fondent sur elles en les écrasant. Les généraux Curial et Nansouty, à la tête de la vieille garde, et le général Drouot avec cinquante pièces d'artillerie, ouvrent un passage à Napoléon et triomphent pour la dernière fois au delà du Rhin. Douze mille Bavarois sont tués, blessés ou faits prisonniers : notre perte est plus grande encore, mais l'ennemi renonce à son entreprise, et les débris de nos armées ont enfin conquis leur salut. On avait combattu pendant deux jours. Le 2 novembre, Napoléon, fugitif et devançant la tête des colonnes, arriva à Mayence : nos troupes le suivaient de près, mais d'autres fléaux leur étaient réservés sur le territoire de l'empire. La contagion et le typhus se mirent dans leurs rangs : en moins de six semaines soixante mille hommes moururent, presque sans secours, dans les hôpitaux de la frontière du Rhin. La grande armée de 1813 était de nouveau détruite, et toutes les portes de la France ouvertes à l'étranger.

Ici commencèrent les dernières convulsions de l'em-

pire : un million d'hommes assiégeaient nos frontières
du nord au sud; l'Europe victorieuse campait sur les
Pyrénées, sur l'Elbe, sur l'Adige et sur le Rhin. Nous
n'avions à lui opposer qu'une poignée de vétérans et des
gardes nationales déjà plusieurs fois décimées par la
conscription; les familles n'avaient plus d'enfants à
donner. Vainement le sénat avait-il décrété une levée de
trois cent mille hommes, la France, comme un malade
dont le sang est tari, était hors d'état de suffire aux
coupes réglées prescrites par la loi.

Le 2 décembre, Napoléon fait déclarer aux alliés, par
le duc de Vicence, qu'il est prêt à souscrire aux bases de
la paix qu'il avait refusée à Dresde; il était trop tard.
Pour garantir son empire du côté des Pyrénées, il a
l'idée de rendre au roi Ferdinand le trône des Espagnes;
vaine concession, déjà nos armées étaient rejetées sur
notre territoire par lord Wellington.

Cependant l'empereur ouvrit la session législative;
les corps de l'État, rassemblés autour de lui, gardaient
un morne silence. « D'éclatantes victoires, dit Napoléon,
« ont illustré les armes françaises dans cette campagne;
« des défections sans exemple ont rendu ces victoires
« inutiles. Tout a tourné contre nous; la France même
« serait en danger sans l'énergie et l'union des Français.
« Dans ces grandes circonstances, ma première pensée a
« été de vous appeler près de moi. Mon cœur a besoin de
« la présence et de l'affection de mes sujets. *Je n'ai
« jamais été séduit par la prospérité* : l'adversité me
« trouvera au-dessus de ses atteintes. J'ai plusieurs fois
« donné la paix aux nations lorsqu'elles avaient tout
« perdu. J'ai élevé des trônes pour des rois qui m'ont
« abandonné J'avais conçu et exécuté de grands desseins

« pour la prospérité et le bonheur du monde... Séna-
« teurs, conseillers d'État, députés, vous êtes les organes
« naturels de ce trône; c'est à vous de donner l'exemple
« d'une énergie qui recommande cette génération aux
« générations futures. Qu'elles ne disent pas de nous....
« Ils ont reconnu les lois que l'Angleterre a cherché en
« vain pendant quatre siècles à imposer à la France!... »

Ainsi l'empereur faisait appel à la nationalité du pays
et au courage des pouvoirs publics ; mais les corps de
l'État, les chefs de l'armée, les courtisans et les grands
fonctionnaires, à l'exception d'un petit nombre d'hommes
dévoués, sentirent défaillir leur persévérance et leur fidélité. Les uns fléchissaient avec la fortune et cherchaient
de quel point de l'horizon s'ouvrait pour eux un port où
il leur fût donné de se soustraire, eux et leur orgueil,
au grand naufrage de la patrie : les autres, et parmi
eux plusieurs maréchaux et d'autres vieux compagnons
d'armes que l'empereur avait comblés d'honneurs et de
richesses, entrevoyaient avec inquiétude leur avenir menacé : ils aspiraient au repos, ils maudissaient en secret
l'humeur guerrière de leur maître et ne retrouvaient
plus, pour le servir, cet ancien élan des premières
campagnes. Napoléon, au contraire, avait subitement
grandi jusqu'au niveau de son malheur ; il était prêt à
recommencer les prodiges de Lodi et d'Arcole, à égaler
Annibal, à faire revivre César.

Le sénat accourt aux Tuileries lui donner un dernier
gage de foi et prendre cet engagement qui, pour paraître
sublime, aurait eu besoin d'être tenu jusqu'au bout :
« Nous combattrons, disait-il, nous mourrons pour la
« patrie, entre les tombeaux de nos pères et les berceaux
« de nos enfants. » Napoléon répondait avec l'effusion

du désespoir : « Ma vie n'a qu'un but, le bonheur des
« Français ; cependant le Béarn, l'Alsace, la Franche-
« Comté, le Brabant sont entamés. Les cris de cette
« partie de ma famille me déchirent l'âme. J'appelle les
« Français au secours des Français .. Les abandonne-
« rons-nous dans leur malheur? Paix et délivrance
« de notre territoire doit être notre cri de ralliement.
« A l'aspect de tout un peuple en armes, l'étranger fuira
« ou signera la paix : il n'est plus question de recouvrer
« les conquêtes que nous avions faites. » Ainsi, les illusions de sa politique aventureuse venaient de s'évanouir :
il faut le dire, d'ailleurs, en ce moment extrême où pour
arriver à Napoléon l'étranger passait par la France, la
cause de l'empereur devenait celle de la patrie. Qu'importait alors qu'il nous eût lui-même poussés à cet abîme
de maux? que son injuste ambition eût fait couler notre
sang par fleuves et accumulé sur nous d'immenses misères? L'étranger avait franchi nos frontières, et la
guerre redevenait sainte.

CHAPITRE X.

MIL HUIT CENT QUATORZE.

Après quatorze ans de silence et de servilité, le corps législatif reparaît enfin ; il se réveille au bruit de nos désastres, il se lève à la vue de la fumée qui monte des camps ennemis ; ce n'est plus cette assemblée muette qui a jeté sans résistance l'élite de la population, les adolescents et les hommes mûrs, dans le gouffre toujours ouvert de la guerre. Elle a été sourde aux cris des mères ; elle a eu sa complicité de toutes les mesures oppressives qui ont pesé sur l'Europe et sur l'empire, et jamais elle n'a trouvé la parole que pour aduler le conquérant et encenser le despote. Vient-elle aujourd'hui réclamer sa part des revers et briguer une place dans la défense commune ? Un tel rôle lui appartient : c'est son devoir de défendre ce qu'elle a adoré et de s'ensevelir sous les ruines qu'elle a préparées de longue main. Eh bien ! non ; le corps législatif n'ose signaler son existence que pour ajouter encore aux obstacles de la situation. Il se rappelle tardivement que la constitution a fait de lui un corps politique : il balbutie le nom d'une liberté inopportune ; il parle de paix ; mais ce mot, prononcé comme une menace, ne signifie dans sa bouche que malveillance ou révolte. Fatale aberration de l'esprit de parti ! Les hommes qui manquaient ainsi aux besoins de la France étaient pourtant des hommes honorables, d'une vertu longtemps éprouvée, et qui croyaient n'obéir qu'à l'impérieuse nécessité de la conscience, tant il est vrai qu'au milieu des orages les meilleurs sont aveuglés et font fausse route; et qui, dans ces jours où les principes et les faits sont si étrangement confondus, jugera les autres sans se condamner ?

L'année 1814 s'ouvrit aux Tuileries sous de sombres auspices. L'empereur paraissait irrité, il lançait des regards farouches. Quand ce fut le tour de la députation du corps législatif de lui présenter ses hommages, il interpella vivement les membres présents et leur adressa sans ménagement et avec une trivialité de style qui parut étrange, les reproches que la conduite de l'assemblée lui semblait mériter : « J'ai supprimé votre adresse, leur
« dit-il; elle était incendiaire... Ce n'est pas dans le
« moment où l'on doit chasser l'ennemi de nos frontières
« que l'on doit exiger de moi un changement dans la con-
« stitution ; il faut suivre l'exemple de l'Alsace, de la
« Franche-Comté et des Vosges. Les habitants s'adressent
« à moi pour avoir des armes... Vous n'êtes point les
« représentants de la nation... Je vous ai rassemblés
« pour avoir des consolations; ce n'est pas que je manque

« de courage, mais j'espérais que le corps législatif
« m'en donnerait. Au lieu de cela, il m'a trompé; au
« lieu du bien que j'en attendais, il m'a fait du mal,
« peu de mal cependant, parce qu'il n'en pouvait pas
« beaucoup faire... Moi seul je suis le représentant du
« peuple. Et qui de vous pourrait se charger d'un pareil
« fardeau? Vous avez voulu me couvrir de boue; je suis
« de ces hommes qu'on tue et qu'on ne déshonore pas...
« Qu'est-ce que le trône? Quatre morceaux de bois
« recouverts de velours; tout dépend de celui qui s'y
« assied... La France a plus besoin de moi que je n'ai
« besoin d'elle... Vous parlez d'abus, de vexations; je
« sais cela comme vous; cela dépend des circonstances
« et du malheur des temps; pourquoi parler à l'Europe
« de nos débats domestiques? Il faut laver son linge sale
« en famille. Qu'êtes-vous dans la constitution? rien.
« Vous n'avez aucune autorité; c'est le trône qui est
« dans la constitution. Tout est dans le trône et moi. .
« Je suis au-dessus de vos misérables déclamations...
« Mes victoires écraseront vos criailleries... Dans trois
« mois l'ennemi sera chassé du territoire, nous aurons
« la paix, ou je serai mort, etc. » Ce langage violent et
sans dignité produisit une mauvaise impression; il en
fut de même d'un décret impérial rendu contre les lois,
et qui ajournait le corps législatif.

Cependant tous les esprits étaient tournés vers la
guerre. L'ennemi avait franchi le Rhin et envahi une
portion du royaume d'Italie : les jugements de Dieu
s'accomplissaient.

Les alliés avaient rassemblé sur nos frontières onze
cent mille combattants. Napoléon leur opposait au midi
l'armée des Pyrénées commandée par le maréchal Soult,

et l'armée d'Italie, réorganisée à la hâte par Eugène;
sur le Rhône, un corps de vieilles troupes placé sous les
ordres d'Augereau; sur la Meuse, l'Escaut et le Rhin, des
garnisons et la ceinture des places fortes de Belgique;
enfin il mettait en ligne soixante-douze mille soldats
réunis dans les départements de l'est et appuyés sur les
Vosges. C'est avec ces forces disproportionnées qu'il
s'agissait de contenir les armées étrangères. Mais déjà
l'empire tombait pièce à pièce. La Hollande venait de
proclamer son indépendance et de briser notre joug.

L'ennemi avait conçu un projet hardi, c'était de pénétrer à Paris par une marche rapide, de surprendre
Napoléon au centre même de ses opérations militaires;
tout semblait favoriser ce plan. La Suisse, notre alliée,
fut la première à ouvrir passage aux armées étrangères.
Les colonnes de Schwartzenberg pénétrèrent sans résistance au cœur de la Franche-Comté, et se répandirent en
Alsace. Trois mille Autrichiens se présentèrent aux portes
de Genève : cette ville, bien que sans murailles, avait
une garnison et pouvait se défendre. Abandonnée par le
baron Capelle, préfet du Léman, elle tomba sans résistance au pouvoir de l'ennemi et ouvrit aux Autrichiens
la route de Lyon. Les armées étrangères ne rencontraient aucun obstacle, et les populations, frappées de
terreur, fuyaient au hasard. Ce fut ce moment que choisit
Murat pour se déclarer contre son beau-frère et sa patrie.
Après avoir conclu avec l'Angleterre et l'Autriche un
traité par lequel la possession du trône de Naples lui était
garantie, il s'empara de Rome et envahit les départements
de la Toscane et le royaume d'Italie.

L'ennemi s'était rendu maître de tout le pays qui
s'étend entre Manheim et la Moselle; il bloquait Mayence :

en peu de jours il surprit Épinal et Vesoul, et investit
Besançon. Les maréchaux Victor et Marmont demandaient à grands cris des renforts qu'on ne pouvait leur
envoyer, et sans lesquels il leur était impossible de défendre la chaine des Vosges : cette barrière de la Lorraine
fut forcée par les Bavarois, les Wurtenbergeois et les
Russes. Ce fut alors que plusieurs princes de la maison
de Bourbon reparurent sur le sol français, après vingt
ans d'exil. Ils revenaient, et leur présence à Vesoul et à
Saint-Jean-de-Luz annonçait à Napoléon que les jours de
son règne étaient comptés.

L'ennemi, maître des défilés du Jura et du fort l'Écluse,
marche sur Lyon et campe sur la Saône. Au nord, la
Belgique est envahie; Anvers seul résiste encore et tient
jusqu'au bout. Là, commande Carnot, ancien collègue
de Robespierre; le vieux régicide veut effacer dans le sang
de l'ennemi la tache que le sang de Louis XVI a imprimée à son nom. Après dix ans de disgràce, il a sollicité
de Napoléon malheureux l'honneur de combattre sous
ses ordres et de retarder la victoire de l'étranger.

Trois armées d'invasion occupent une ligne qui s'étend
de Langres à Namur, sur un développement de soixante-
dix lieues. Leurs masses, postées sur la Meuse et sur la
Marne, sont en mesure d'agir sur Paris; les maréchaux
Marmont, Ney, Victor, se sont repliés sur Châlons, où le
maréchal Macdonald accourt à marches forcées pour les
soutenir. Le général Maison, contraint d'abandonner la
Belgique, couvre encore la France et l'Artois par de savantes manœuvres. Mais déjà les étrangers sont arrivés
au cœur de la Champagne, et le théâtre de la guerre vient
d'être porté à deux jours de Paris.

Cependant les habitants de l'Alsace et de la Lorraine

s'arment sur les derrières de l'ennemi , organisent des
corps de partisans et inquiètent les convois. La population , revenue de sa première surprise, retrouve la vieille
énergie des premières guerres ; mais tout lui manque,
les bras , les munitions et les armes.

En cette extrémité Napoléon ne pouvait tarder davantage à se mettre à la tête de sa faible armée de Champagne,
dernière ressource de son empire. Le 25 janvier il réunit
autour de lui la garde nationale de Paris, si longtemps
objet de ses défiances. Il parcourut les rangs , se mêlant
aux officiers et aux soldats, leur représentant les dangers
de la patrie et la nécessité d'y faire face ; puis, après
avoir confié à leur fidélité ce qu'il avait de plus cher au
monde , sa capitale, l'impératrice et le roi de Rome, il
remit de nouveau la régence à Marie-Louise, et jura de
ne rentrer à Paris qu'après avoir vaincu l'ennemi et sauvé
la France. Cette scène fut grande et solennelle : elle arracha des larmes à ceux qui en furent les témoins ou les
acteurs. On assistait au dénoûment de la merveilleuse
épopée militaire inaugurée autrefois à Valmy, dans cette
même Champagne , où les légions étrangères déployaient
maintenant leurs drapeaux victorieux.

Le 26 janvier, l'empereur porte son quartier général à
Châlons-sur-Marne : le lendemain il attaque les Russes et
les chasse de Saint-Didier ; le 28, après une marche forcée
que n'interrompt ni la neige, ni la pluie, ni la boue, il
se rapproche de cette ville de Brienne dans laquelle se
sont écoulées plusieurs années de son enfance, et dont les
souvenirs lui sont demeurés si chers : elle était occupée
par l'armée de Blücher, appuyée sur deux armées russes.
Napoléon , qui ne croit point avoir affaire à cette masse
d'ennemis , commande l'attaque et engage un combat long

et meurtrier; Blücher se retire enfin, mais c'est pour opérer
sa jonction avec le prince de Schwartzenberg, et après
avoir livré aux flammes le château et la ville de Brienne.
Cet engagement peu décisif a coûté aux Français plusieurs
milliers de braves. Deux jours après, cent cinquante mille
hommes de l'armée ennemie cernaient, dans les plaines
de l'Aube, l'armée de Napoléon réduite à quarante-cinq
mille hommes. La retraite nous était fermée : il fallait
combattre pour chercher une position moins désavanta-
geuse. Après onze heures d'une lutte acharnée, les Français abandonnèrent le champ de bataille; ils avaient perdu
six mille hommes tués, blessés ou faits prisonniers, et
cinquante pièces de canon. La bataille de la Rothière dé-
couragea l'armée et les généraux; elle acheva de dissiper
ce prestige qu'on attachait à la présence de Napoléon.
Cependant l'ennemi n'osa point profiter de ses avantages :
l'empereur put se replier sur Troyes et s'établir sur la
rive gauche de l'Aube. Pendant cette lutte qui commençait par des revers, des simulacres de négociations avaient
lieu à Châtillon-sur-Seine. Un congrès s'était ouvert dans
cette ville, mais le but des puissances alliées semblait être
d'endormir Napoléon par l'espoir d'une paix chimérique.
La France était représentée à ce conseil par le duc de
Vicence.

Le 5 février, l'armée de Silésie occupa Châlons-sur-
Marne, conformément aux plans déterminés par les souverains alliés; depuis la bataille de la Rothière, cette
armée devait côtoyer la Marne et marcher sur Paris par
les deux routes, tandis que la grande armée étrangère
s'avançait par les deux rives de la Seine. Ce plan reçut
en partie son exécution, et le 7 février Napoléon ayant
quitté Troyes pour suivre l'armée de Blücher, cette ville

fut enlevée par l'ennemi. Ce même jour, des partisans de
la cause royaliste se déclarèrent à Troyes, pour le gouvernement des Bourbons; d'un autre côté, les puissances
alliées signifièrent à Napoléon qu'elles étaient prêtes à
consentir à la paix, pourvu que la France reprît ses
anciennes limites de 1789. Certes, comme l'avait dit le
corps législatif, c'eût été là encore un puissant empire;
mais l'honneur défendait à Napoléon de souscrire à ces
conditions extrêmes. Lorsqu'il avait usurpé le trône, la
France était maîtresse de ces limites du Rhin : les abdiquer, c'eût été proclamer lui-même que son règne n'avait
eu d'autre résultat que de nous déshériter des conquêtes
de la république. Empereur issu de la révolution, Napoléon pouvait bien être détrôné ou tué, mais il ne devait
point consentir à une déchéance dont la responsabilité
eût remonté à lui seul. Telle était sa position désespérée.

Il essaie de tenir tête aux ennemis qui l'accablent. La
victoire de Champaubert, qu'il remporte sur les Russes
(10 février), est suivie le lendemain de la victoire de
Montmirail; trois jours après, l'armée prussienne est
mise en déroute à Vauchamp. Les troupes que commandaient Alsufieff, Sacken et Blücher fuient dans un affreux
désordre à travers les plaines de la Marne. En cinq jours,
l'armée de Silésie a été vaincue et dispersée; la victoire a
souri à nos aigles, et la capitale voit défiler de longues
hordes de prisonniers ennemis.

Mais si nous étions vainqueurs sur la Marne, l'armée
du prince Schwartzenberg ne poursuivait pas moins sa
marche dans les vallées de la Seine. Déjà elle avait dépassé Moret et Provins, elle menaçait Melun. En ce
péril pressant l'empereur laisse respirer Blücher et se
rejette impétueusement sur Nangis; il y remporte une

nouvelle victoire et sauve la capitale ; à Dormans, les Autrichiens fuient devant son ascendant victorieux ; à Montereau, il écrase les Wurtenbergeois ; à Méry-sur-Seine, il repousse le corps de Sacken ; deux jours après, le 24 février, il reprend Troyes et y exerce d'impolitiques vengeances contre les hommes dont les sympathies ont éclaté en faveur de l'ancienne dynastie. Vains efforts, répression inutile ! Déjà s'est formé un parti puissant qui rappelle les Bourbons, et s'apprête à relever pour eux la couronne de Napoléon du jour où elle sera tombée sur un champ de bataille.

Les fausses manœuvres du duc de Bellune avaient permis à l'ennemi de passer la Seine ; Napoléon s'en montre vivement irrité et ordonne au vieux maréchal de quitter l'armée. Victor s'indigne à la pensée d'un tel outrage et déclare que, s'il est disgracié comme maréchal, il veut au moins servir comme soldat ; il prend ensuite le fusil d'un simple grenadier. L'empereur, ému de cette résignation sublime, lui tend la main et pardonne.

Mais les hommes de la trempe de Victor étaient rares : beaucoup de généraux, les uns rebutés par tant de fatigues, les autres énervés par les jouissances de la fortune, commençaient à servir mollement et se disposaient à de prochaines défections. A Paris, les conspirateurs marchaient tête levée, les amis de l'étranger dissimulaient à peine leurs coupables espérances. Tous les ressorts de l'empire étaient détendus ; un vaste réseau de trahison enveloppait l'empereur et sa dynastie ; lui seul, opiniâtrément voué à l'espoir de triompher de tant d'obstacles, se flattait de ressaisir son ancienne puissance. A ceux qui lui parlaient de la paix, il répondait : « Je suis plus « près de Vienne qu'ils ne le sont de Paris. » Et personne n'osait accepter la mission de le détromper. Tous ceux qui l'entouraient, comme les maudits du poëme de Dante, avaient *laissé l'espérance* et ne servaient plus qu'à regret. Le découragement avait pénétré les âmes fidèles; l'égoïsme avait desséché les autres. Jusques au sein même du gouvernement, parmi les ministres, dans le conseil de régence, il se trouvait des traîtres qui calculaient ce qu'ils avaient à gagner à vendre l'empire.

Deux ministres sincèrement dévoués à Napoléon entreprirent d'ouvrir ses yeux sur la situation qui l'entraînait; mais, pour transmettre de sages conseils à cet homme que l'adversité rendait farouche, et qui, aveuglé sur la trahison, confondait la prudence, il fallait un homme dont le courageux attachement ne pût être suspecté par l'empereur. On jeta les yeux sur le baron de Saint-Aignan, beau-frère du duc de Vicence, qui, après avoir rempli une mission à Paris, allait retourner au quartier impérial. A peine arrivé près de Napoléon, M. de Saint-Aignan accomplit la tâche qu'il avait acceptée, celle de faire connaître à l'empereur les périls certains dont il était environné, la tendance hostile de l'esprit public, les alarmes du peuple de Paris, et les défections qui menaçaient sa couronne. C'était le moment où l'empereur rêvait l'alliance de l'Autriche et se berçait de trompeuses chimères : au lieu de considérer la déchéance de sa fortune et de s'y soumettre (s'il en était temps encore), il entra dans un violent accès de fureur, et se prononça pour la dernière fois contre une paix qu'il croyait humiliante.

Le prince de Schwartzenberg s'était retiré derrière l'Aube, voulant servir de centre aux opérations pendant que ses lieutenants, formant les ailes, se déploieraient

au nord et au midi. Blücher, à la droite de la Marne,
était sur le point d'opérer sa jonction avec les corps de
Bulow et de Wintzingerode ; ce mouvement allait lui
permettre de reprendre l'offensive et de marcher sur
Paris par la vallée de la Marne, en écrasant de ses masses
les corps d'armée des maréchaux Marmont et Mortier.
L'empereur, pour neutraliser ces projets, a dû morceler
ses faibles troupes. Par ses ordres, Macdonald et Oudinot
auront à surveiller Schwartzenberg ; Victor et Ney seront détachés sur la gauche de Blücher ; lui-même, avec
huit mille hommes seulement, se tiendra prêt à marcher
vers la Seine ou vers la Marne, selon les circonstances.
Soudain Schwartzenberg sort de son inaction : quarante
mille Austro-Russes repoussent, à Bar, Oudinot et ses
quinze mille hommes ; Macdonald est attaqué à la Ferté,
et forcé de battre en retraite ; Soissons tombe au pouvoir de Bulow : la faiblesse de l'officier qui commande
cette place laisse Paris et la France à découvert du
côté du nord. Troyes est de nouveau abandonné à l'ennemi.

Le 1er mars, les puissances alliées signèrent, à Chau-
mont, un traité, non plus contre Napoléon, mais contre
la France ; elles se garantirent mutuellement l'abaissement de ce pays et son retour à ses anciennes limites.
C'est ce traité, sinistre pour notre avenir, qui a fait, depuis lors, la base du nouveau droit public de l'Europe,
et qui a cimenté, en l'organisant, la confédération de
tous les grands États contre la France.

Napoléon répondit à ce traité en proclamant une guerre
d'extermination. « Tous les citoyens français, ordonna-
« t-il, sont non-seulement autorisés à courir aux armes,
« mais requis de le faire, de sonner le tocsin lorsqu'ils

« entendront le canon de nos troupes s'approcher d'eux ;
« de se rassembler, de fouiller les bois, de couper les
« ponts, d'intercepter les routes et de tomber sur les
« flancs et sur les derrières de l'ennemi. Tout citoyen
« français pris par l'ennemi et qui serait mis à mort sera
« sur-le-champ vengé par la mort, en représailles, d'un
« prisonnier ennemi. » Mais ces ordres absolus, ces
mesures, qu'un dévouement sauvage pouvait seul accomplir jusqu'au bout, devaient demeurer stériles et
vaines. Le pays s'abandonnait lui-même, ou, pour mieux
dire, il abandonnait Napoléon.

Le 7 mars, trente mille Français soutiennent pendant
une journée entière les efforts de cent mille hommes
commandés par Blücher ; cette action, engagée près de
Craonne, à trois lieues de Laon, leur coûte huit mille
soldats tués ou blessés ; trois jours après, l'empereur
échoue devant Laon, défendue par l'armée alliée ; Marmont est battu non loin de cette ville, et la défaite qu'il
essuie est pour nos armes un désastre qu'il n'est plus au
pouvoir de personne de réparer. Le lendemain, 12 mars,
le duc d'Angoulême, fils de Monsieur, comte d'Artois,
entre à Bordeaux aux acclamations du peuple : le drapeau blanc flotte sur les murs de cette grande cité, la
première qui ose proclamer Louis XVIII.

Le 19 mars, Napoléon comprend que la paix est le
seul salut de sa couronne ; il cède enfin la Belgique, il
ne demande à conserver de nos conquêtes que la Savoie,
le comté de Nice et l'île d'Elbe ; il réclame la couronne
d'Italie pour le vice-roi. Mais les alliés rejettent ces
tardives propositions, et le congrès de Châtillon est dis-
sous.

Une victoire avait rendu Reims à l'empereur ; le 20

mars, il quitta cette ville pour se joindre au corps de
Macdonald, et se porter sur l'Aube contre la grande
armée de Schwartzenberg. Au plus fort du danger, la
vieille garde se forme en carré en avant d'Arcis. L'ennemi faisait pleuvoir sur cette poignée de braves une
masse énorme de boulets et de mitraille. Un obus venait de tomber à l'angle du carré, et occasionnait un
flottement dans les rangs ; Napoléon poussa son cheval
vers le projectile et lui fit flairer la mèche allumée ;
puis, se tournant vers ses soldats, il leur demanda froidement comment des hommes formés à la guerre pouvaient faire attention à de pareilles choses ; comme il
achevait sa réprimande, l'obus éclata, mais ni l'empereur, ni son cheval, ni personne ne fut atteint. Le jour
même où Napoléon donnait l'exemple d'une intrépidité
aussi rare, la trahison d'Augereau livrait Lyon aux armées autrichiennes.

Pendant que Lyon, Bordeaux, Bruxelles et les points
les plus rapprochés de Paris étaient successivement oc-
cupés par les armées alliées, une poignée de conscrits et
de vieillards défendaient la frontière des Alpes dauphi-
noises. Mais l'Italie échappait au prince Eugène, et les
provinces du midi, mal garanties par les Pyrénées,
étaient envahies du côté du Béarn. Le maréchal Suchet
tenait encore en Catalogne, et le maréchal Soult disputait pied à pied le territoire du Languedoc.

Lord Wellington, à la tête de soixante-douze mille
soldats aguerris, avait passé la Bidassoa le 7 octobre ;
trois mois après il se trouvait encore au pied des glacis
de Bayonne : l'armée du maréchal Soult protégeait les
abords de cette place. Le 22 février, l'armée anglaise,
deux fois supérieure en nombre à celle du duc de Dalma-

tie, réussit à nous repousser sur Orthez. Jamais frontières de France ne furent défendues avec plus de science
et de fermeté. Le 26, une action générale s'engagea dès
le matin et dura jusqu'au soir. Soult, contraint de céder
au nombre, se replia en bon ordre jusqu'à Saint-Gau-
dens, puis vers Toulouse. C'est là que, plus fidèle que
la fortune, il sut encore signaler sa résistance par un
dernier et sublime effort.

Depuis deux mois Napoléon et sa faible armée avaient
contenu la multitude des alliés dans les plaines de la
Champagne; l'empereur espérait encore couvrir Paris :
il pensait que ses ennemis, effrayés par l'impétuosité de
ses attaques, ne risqueraient point le passage de l'Aube
et se détermineraient à se réfugier du côté de Langres.
Mais son attente devait être trompée : les alliés n'avaient
point en vain dégagé les routes de Paris; l'armée de Silésie reçut l'ordre de s'avancer vers la capitale par Montmirail et la Ferté-sous-Jouarre; la grande armée, par
Sézanne et Coulommiers. L'armée du nord devait suivre
ce mouvement, pendant que Wintzingerode, avec une
nombreuse cavalerie et une artillerie formidable, mar-
cherait sur Saint-Dizier et attirerait sur ce point toute
l'attention de l'empereur.

Ces événements se succédaient avec une inconcevable
rapidité : le 25 mars, les maréchaux Mortier et Marmont,
attaqués séparément par des masses ennemies détachées
de l'armée de Silésie, sont défaits l'un après l'autre et
perdent neuf mille hommes et soixante pièces de canon.
Le lendemain, Napoléon disperse la cavalerie de Wintzingerode; mais alors seulement il découvre par le petit nombre de ses adversaires, que les armées étrangères sont en
marche sur Paris. Après de longues incertitudes, il se

déterminé à marcher au secours de la capitale, au lieu de rallier à lui les garnisons du Rhin et de la Moselle. Le 27 mars, il s'élance de Bar-sur-Aube à Troyes, pour arriver, s'il est possible, en arrière de la forêt de Fontainebleau ; le 28, les armées alliées se dirigent en trois colonnes contre Paris, par la rive droite de la Marne, qu'elles franchissent sur trois points ; le même jour, les maréchaux Mortier et Marmont sont refoulés à Saint-Mandé, à Charonne, à Vincennes, aux portes mêmes de Paris ; le quartier général de l'empereur de Russie et du roi de Prusse est à Bondi, celui de Napoléon est encore a Troyes.

L'incapable, le timide Joseph, que l'empereur a chargé du soin de défendre la capitale, ce fantôme de roi qui n'a trôné à Madrid que pour s'y ménager trois fois l'occasion de fuir honteusement devant l'ennemi, commence alors à pressentir le danger qui menace la dynastie de son frère ; il se réveille de ses léthargiques plaisirs, et fait placarder sur les murs une proclamation menteuse : « Citoyens de Paris, dit-il, *je reste avec vous...* Armons-« nous pour défendre cette ville, ses monuments, ses « richesses, nos femmes, nos enfants, tout ce qui nous « est cher. Que cette vaste cité devienne un camp, et que « l'ennemi trouve sa honte sous ses murs qu'il espère « franchir en triomphe. L'empereur marche à notre se-« cours ; secondez-le par une courte et vive résistance, « et conservons l'honneur français. » Et un jour ne se sera point écoulé, que celui qui parle ainsi d'honneur et de courage prendra ignominieusement la fuite !

Ici commence cette série de lâchetés et d'intrigues qui mit à nu le cœur des traîtres. Les hommes que Napoléon avait placés au premier rang de la défense défaillirent l'un après l'autre ; le conseil de régence fut paralysé par la cupidité ou par la peur. Résolu à ne point tenter une bataille dont il prévoyait l'issue, il songea à pourvoir à sa propre sûreté. La présence de Marie-Louise dans la capitale était pour l'empire une dernière chance de salut ; elle encourageait les habitants et ralliait encore leur courage autour de cette cause condamnée : le conseil engagea l'impératrice à se retirer à Blois avec son fils. Indigne petite-fille de Marie-Thérèse, l'épouse de Napoléon consent à obéir. Un instinct plus généreux anima le roi de Rome au moment de ce fatal départ : comme on l'emportait de force hors des Tuileries, qu'il ne devait plus revoir, le noble enfant poussa des cris violents et cramponna ses petites mains aux portes du palais. Marie-Louise ne comprit pas la leçon que lui donnait son fils : elle espérait d'ailleurs fléchir son père et le déterminer à la paix ; mais l'arrêt avait été porté contre Napoléon, et les liens du sang avaient été rompus par la vengeance et la politique. Le départ de Marie-Louise fut le signal d'une vaste trahison, un sauve-qui-peut du pouvoir. Chacun, dans ces régions élevées, arracha quelques lambeaux de sa fortune passée ; on prépara un pacte d'alliance avec les nouveaux maîtres réservés par la victoire. L'armée, la garde nationale et la population des faubourgs demeuraient étrangères à ces défections ; elles se résignaient à combattre, elles demandaient des armes. Mais rien n'avait été organisé pour une défense sérieuse ; les fusils et la poudre manquaient. Qu'on se représente, s'il est possible, l'immense consternation de Paris : la veille encore capitale du monde, et aujourd'hui entourée de toutes parts d'un océan de barbares !

Joseph Bonaparte a sous ses ordres les maréchaux

Mortier et Marmont, commandant les débris de leurs corps d'armée; la garde nationale obéit au maréchal Moncey, vétéran déjà blanchi par l'âge. Paris est ouvert sur tous les points, et n'a d'autre défense qu'un mur d'octroi à peine suffisant à contenir des maraudeurs de cabaret, et des tambours de bois élevés à la hâte aux abords des barrières. L'artillerie peut à peine disposer de soixante-quinze pièces, lorsqu'il en faudrait seize cents ; le ministre Clarke, devenu général sans combattre, n'a répondu à la confiance de Napoléon qu'en exposant Paris au hasard d'un coup de main.

Le plan des alliés consistait à porter les principales attaques sur les hauteurs de Montmartre et de Belleville, et à couronner les collines qui dominent la capitale dans la direction du nord-est. L'empereur avait prescrit de défendre Paris jusqu'à l'extrémité, de barricader les rues et de créneler les maisons : ordres stériles et méconnus d'avance.

Le 30 mars, au moment où le jour commençait à poindre, le canon ennemi annonça la bataille, et nos tambours battirent dans tous les quartiers, appelant la population aux armes. Le maréchal Marmont déploya quelques régiments de Montreuil aux prés Saint-Gervais; le maréchal Mortier, qui n'avait sous lui qu'un faible corps d'armée, s'étendit jusqu'à la Chapelle. Quelques détachements furent laissés à Saint-Maur, à Charenton, à Saint-Denis, à Neuilly, à Vincennes. Six mille gardes nationaux, ayant à leur tête le vieux Moncey, se portèrent en dehors de l'enceinte; l'artillerie était servie par des invalides et par les élèves de l'École Polytechnique. C'était avec ces faibles ressources qu'il fallait contenir deux cent mille hommes.

Cependant le dévouement de la population et de l'armée est égal à la grandeur des circonstances. Les villages de Romainville et de Pantin sont plusieurs fois pris et repris; l'ennemi gagne lentement du terrain, mais il n'avance qu'en perdant l'élite de ses troupes. A onze heures, l'armée prussienne vient soutenir les efforts de l'armée russe; mais les Français tiennent encore avec énergie. Pendant huit heures les étrangers reçoivent la mort, et ne doivent qu'à la force numérique si supérieure de leurs masses de pouvoir sans cesse reformer leurs lignes : toujours repoussés, toujours ils reviennent à la charge. Et pourtant les défenseurs de Paris ne s'élèvent qu'à trente mille hommes : cinquante mille gardes nationaux et trente mille ouvriers demandent en vain des armes; l'administration, livrée aux conseils de la trahison ou de la peur, laisse leur dévouement stérile; Joseph Bonaparte a fui lâchement, laissant aux maréchaux le pouvoir de capituler. Il est quatre heures : les efforts de Marmont n'ont pu arrêter l'ennemi; les Russes se rendent maîtres de Ménilmontant, puis de Charonne, et lancent des obus dans les faubourgs; le prince royal de Wurtenberg menace les barrières de Bercy; l'armée de Silésie, triomphant de l'héroïque résistance de Mortier, emporte coup sur coup Aubervilliers, la Villette, la Chapelle, Montmartre et la barrière de Neuilly. Quelques heures de plus cependant, et l'empereur, qui accourait de Troyes à marches forcées, allait atteindre l'arrière-garde de l'ennemi; à la tête de son armée de Champagne, il pouvait encore jeter les alliés entre deux feux et sauver d'un seul coup de tonnerre sa dynastie et sa capitale. Mais il était trop tard!... Marmont, ignorant les approches de l'empereur, a craint d'exposer Paris aux horreurs d'un grand pillage; abandonné d'ailleurs de Joseph, et n'espérant aucun secours humain, il a pris sur lui de capituler, il a signé la convention qui livre aux étrangers la métropole de la France.

A dix heures du soir, Napoléon, qui, des bords de l'Aube, et depuis deux jours, se précipitait vers Paris, Napoléon apprit à la Cour-de-France, à une étape de la capitale, que les portes de la ville s'ouvraient aux ennemis victorieux. Il refoule alors au fond de l'âme son grand désespoir, et, se soumettant à ce qu'il nommait l'arrêt des destinées, se replie vers Fontainebleau; son armée, toujours fidèle, prend position sur les hauteurs de Lonjumeau et d'Essonne. Le duc de Vicence seul se rend à Paris, et vient de nouveau ouvrir des négociations désormais impossibles. Ainsi s'écoule la nuit qui précède le 31 mars.

Bientôt se lève pour l'empire le jour qui devait couronner le triomphe des armées et des rois de l'Europe. Alexandre et Frédéric-Guillaume, à la tête de leurs soldats, franchirent nos barrières et traversèrent nos rues silencieuses. Certes, en cet instant de deuil, peu de cœurs regrettaient Napoléon et déploraient sa chute; mais la population buvait le calice de l'opprobre, et confondait dans ses malédictions et les barbares que cette fois la vierge de Nanterre n'avait point écartés de nous, et l'homme dont la folle ambition avait préparé ce jour funèbre.

Ces sentiments étaient ceux de l'armée, de la garde nationale et des faubourgs. Il faut reconnaître que tout le monde ne les partageait point : les mères de famille acceptaient avec empressement le désastre qui terminait la guerre et détrônait la conscription; le commerce, paralysé si longtemps, espérait de cette dernière crise la fin de ses souffrances; la rente montait à la bourse; puis les sympathies royalistes, que la sanglante révolution de 1789 avait comprimées, et qui, depuis le 13 vendémiaire, n'avaient pas eu la moindre lueur de triomphe, se réveillaient enfin avec une brillante ivresse. En présence de l'empereur abattu elles oubliaient trop promptement que la France partageait sa disgrâce; elles saluaient par des acclamations fiévreuses les souverains étrangers. Des hommes, des femmes, appartenant aux plus hautes conditions sociales, embrassaient, en pleurant de joie, les genoux des vainqueurs; du haut des riches balcons on jetait aux soldats prussiens et tartares des rubans, des guirlandes et des couronnes. Les barrières de Paris étaient encore inondées de sang français, et déjà on décernait aux ennemis victorieux les témoignages d'un aveugle enthousiasme et d'une étrange allégresse. Cependant des attroupements composés de jeunes gens d'une noble origine parcouraient les rues de Paris, après avoir arboré la cocarde blanche et le drapeau des Bourbons; ils faisaient retentir l'air des cris mille fois répétés de *Vive Louis XVIII! A bas le tyran!* Parvenus sur la place Vendôme, ils entourèrent d'un câble la statue de Napoléon qui dominait la colonne de la grande armée, et ils essayèrent longtemps de la faire tomber à terre. Cette tentative ne réussit point; mais l'autorité ne tarda pas elle-même à la seconder, et fit disparaître l'effigie impériale.

Les actes publics se succédaient. Ce fut d'abord une proclamation de l'empereur Alexandre à la nation française. Le czar de Russie déclarait en son nom et en celui de ses alliés qu'ils ne traiteraient plus désormais avec Na-

poléon Bonaparte ni avec aucun de sa famille, qu'ils res-
pecteraient l'intégrité de l'ancienne France, et invitaient
le sénat à établir un gouvernement provisoire. De son
côté, le conseil général et municipal fit afficher une sorte
de manifeste adressé au peuple de Paris, et dans lequel
la personne et le règne de Napoléon étaient l'objet des
récriminations les plus vives; il y était dit : « Vous devez
« tous les maux qui vous accablent à un seul homme;
« c'est lui qui, chaque année, par la conscription, dé-
« cime nos familles. Qui de nous n'a perdu un frère, un
« fils, des parents, des amis? Pour qui tous ces braves
« sont-ils morts? Pour lui seul, et non pour le pays.
« Pour quelle cause? Ils ont été immolés, uniquement
« immolés à la démence de laisser après lui le souvenir
« du plus épouvantable oppresseur qui ait pesé sur l'es-
« pèce humaine... C'est lui qui nous a fermé les mers
« des deux mondes... A lui nous devons la haine de
« tous les peuples sans l'avoir méritée, puisque, comme
« eux, nous fûmes les malheureuses victimes bien que
« les tristes instruments de sa rage... Qu'importe qu'il
« n'ait sacrifié qu'un petit nombre d'hommes à ses haines,
« ou bien à ses vengeances particulières, s'il a sacrifié
« la France, que disons-nous la France? toute l'Eu-
« rope à son ambition sans mesure?... Voyez ce vaste
« continent de l'Europe, partout couvert des ossements
« confondus de Français et de peuples qui n'avaient rien
« à se demander les uns aux autres, qui ne se haïssaient
« pas, que les distances affranchissaient des querelles,
« et qu'il n'a précipités dans la guerre que pour remplir
« la terre du bruit de son nom. Que nous parle-t-on de
« ses victoires passées? quel bien nous ont-elles fait, ces
« funestes victoires? la haine des peuples, les larmes de

« nos familles, le célibat forcé de nos filles, la ruine de
« toutes les fortunes, le veuvage prématuré de nos
« femmes, le désespoir des pères et des mères, à qui,
« d'une nombreuse postérité, il ne reste plus la main d'un
« enfant pour leur fermer les yeux ; voilà ce que nous
« ont produit ses victoires ; ce sont elles qui amènent au-
« jourd'hui dans nos murs les étrangers... C'est au nom
« de nos devoirs mêmes, et des plus sacrés de tous, que
« nous abjurons toute obéissance envers l'usurpateur
« pour retourner à nos maîtres légitimes. » Que de justice dans ces accusations ! mais ceux qui les formulaient
ainsi avaient eux-mêmes prodigué la flatterie et l'encens
à l'auteur des misères publiques.

Le duc de Vicence, demeuré fidèle jusqu'au bout à la
fortune de Napoléon, fut chargé de porter à Alexandre
des ouvertures que l'empereur jugeait susceptibles de le
désarmer. M. de Caulaincourt plaida en vain la cause
de Napoléon, celle de Marie-Louise et du roi de Rome ;
les souverains alliés se refusèrent à toutes négociations.
Le même jour, 1er avril, le sénat, réuni au nombre de
soixante-quatre membres seulement, dont neuf étrangers à la France, proclama la déchéance de Napoléon et
délia les Français du serment de fidélité qu'ils lui avaient
prêté. Un gouvernement provisoire, dont M. de Talleyrand fut nommé président, eut pour mission de diriger
l'administration publique. Les membres du corps législatif, présents à Paris, et la cour de cassation adhérèrent
à ces grands changements ; de toutes parts les magistrats, la population, les gardes nationales et les corps
constitués manifestaient leur assentiment au nouvel ordre
de choses.

L'empereur pouvait continuer la guerre et se replier

sur la Loire, il y aurait rallié des troupes encore dé-
vouées et aurait combiné ses mouvements avec ceux
de l'armée d'Augereau et de l'armée du maréchal Soult.
Pendant trois jours il hésita, passant d'une incertitude
à l'autre et témoin des trahisons nouvelles que chaque
heure faisait éclater autour de lui. Jamais le courage et
la fermeté ne lui firent défaut à ce point. Il s'abandonna
lui-même, au milieu de cette grande défection de la
fortune et des hommes. Au dernier moment, une étincelle de génie parut se réveiller. « Eh bien! dit-il, puis-
« qu'il faut renoncer à défendre plus longtemps la France,
« l'Italie ne m'offre-t-elle pas encore une retraite digne
« de moi? Veut-on m'y suivre encore une fois? Marchons
« vers les Alpes! » Un silence morne répond seul à son
appel : la fortune de tous est faite, lui seul peut vouloir
recommencer la sienne. Alors, voyant les cœurs froids,
les yeux éteints, les visages glacés, il se résigne à accorder à ceux qui l'entourent encore cette abdication qu'ils
sollicitent de lui afin d'avoir un prétexte honorable de
l'abandonner. Il prend une plume et écrit les lignes suivantes : « Les puissances alliées ayant proclamé que
« l'empereur était le seul obstacle au rétablissement de
« la paix en Europe, l'empereur, fidèle à son serment,
« déclare qu'il renonce pour lui et ses enfants aux trônes
« de France et d'Italie, et qu'il n'est aucun sacrifice,
« même celui de la vie, qu'il ne soit prêt à faire aux in-
« térêts de la France.

« NAPOLÉON. »

La nuit qui suivit cette abdication, Napoléon prit une
résolution désespérée, indigne d'une âme généreuse et
d'une grande renommée. Comme il portait sur lui du

poison que lui avait donné son médecin Corvisart, il en mêla à ses aliments et résolut de sortir de la vie par la porte obscure et coupable du suicide. Soit que la dose eût été mal calculée, soit toute autre circonstance, il en fut quitte pour une crise violente dont les soins de l'art abrégèrent la durée. Quelques jours après, le 13 avril, il signa le traité qui réglait sa destination future et le sort de sa famille ; la souveraineté de l'île d'Elbe lui fut donnée ; on lui permit d'emmener dans ses nouveaux États quatre cents hommes de bonne volonté ; on le sépara pour toujours de sa femme et de son fils. Le 20 avril fut le jour marqué pour son départ.

La cérémonie de ses adieux à ses compagnons d'armes rappelle, par sa touchante simplicité, les grands drames de l'histoire ancienne. Sa garde impériale, composée de l'élite de l'armée, et qui comptait dans ses rangs des soldats de toutes les batailles de la révolution et de l'empire, avait été rangée dans la cour du palais de Fontainebleau pour cette dernière et funèbre revue. Lorsque Napoléon parut et descendit lentement l'escalier du perron, des acclamations, des cris, des plaintes partirent de toutes les bouches, des larmes coulèrent de tous les yeux ; il n'y eut pour ces vieux grenadiers et pour leur chef qu'un même sentiment d'amour et de consternation : on eût dit une famille étroitement unie recevant les derniers soupirs d'un père, et pour cette foule d'hommes vieillis dans les camps, Napoléon était plus qu'un père idolâtré, il était en quelque sorte un Dieu objet de leur culte. « Soldats de ma vieille garde, leur dit-il, je vous « fais mes adieux. Depuis vingt ans que nous sommes « ensemble, je suis content de vous ; je vous ai constam- « ment trouvés sur le chemin de la gloire ; toutes les

« puissances de l'Europe se sont armées contre moi.
« Quelques-uns de mes généraux ont trahi leur devoir
« (il faisait allusion au duc de Raguse), et la France elle-
« même a voulu d'autres destinées. Avec vous et les
« braves qui me sont restés fidèles, j'aurais pu entrete-
« nir la guerre civile; mais la France eût été malheu-
« reuse. J'ai donc sacrifié tous mes intérêts à ceux de la
« nation; je pars; vous, mes amis, continuez à servir
« le nouveau prince de la France; son bonheur était
« mon unique pensée, il sera toujours l'objet de mes
« vœux. Ne plaignez pas mon sort. . j'écrirai les gran-
« des choses que nous avons faites ensemble. Soldats,
« je ne puis vous embrasser tous, mais j'embrasse votre
« chef. Venez, général Petit, que je vous presse sur
« mon cœur. Qu'on m'apporte l'aigle, que je l'embrasse
« aussi. Ah ! chère aigle, puisse le baiser que je te donne
« retentir dans la postérité!... » Il dit, et, se dérobant
aux transports des officiers qui baignent de pleurs ses
mains et ses vêtements, il donne le double signal du départ et de l'exil.

Les généraux Bertrand, Drouot et Cambronne suivaient l'empereur; Napoléon était en outre escorté de
commissaires anglais et prussiens. Leur voyage commençait au moment où la glorieuse bataille de Toulouse,
livrée par le maréchal Soult à un ennemi trois fois supérieur en nombre, venait de consoler l'orgueil de la
France. Jusqu'au delà de Lyon, la route de l'empereur
fut presque triomphale; il reçut partout les hommages
de ses partisans et de tous ceux qu'attristait la défaite
de l'aigle française. Mais d'autres manifestations commencèrent dans le département de la Drôme; d'abord ce fut
Augereau, grossier soldat, qui, sans respect pour le

malheur, osa parler à son ancien maître en le tutoyant et en gardant la tête couverte ; puis des paysans attroupés firent entendre des menaces. Ce fut bien autre chose dans le département des Bouches-du-Rhône ; Napoléon était détesté par le peuple de Provence : les haines commerciales et maritimes que son système continental avait soulevées s'étaient fortifiées, dans ce pays dont l'esprit est peu militaire, de toutes les misères nées de la guerre et de la conscription. Aussi, plus d'une fois, faillit-il être assassiné lâchement, et les autorités locales ne prirent aucune disposition propre à le garantir du danger. Pour se soustraire à une mort certaine, en traversant Orgon l'empereur fut réduit à revêtir l'habit d'un piqueur de sa suite. Enfin il atteignit le terme de ce voyage pénible, et s'étant embarqué à bord d'une frégate anglaise, sur les mâts de laquelle il avait fait arborer le pavillon elbois, il arriva, le 5 mai, à Porto-Ferrajo, chef-lieu de son étroite domination. Après avoir gouverné le plus puissant empire du monde, il en était venu à régner sur une île de peu d'étendue et peuplée de quelques milliers de pauvres gens, uniquement livrés à la pêche ou à l'exploitation du minerai.

Ce fut là qu'il séjourna l'espace de dix mois. Comme ce tyran de Syracuse qui, chassé de Sicile, recherchait encore l'ombre de la royauté dans l'exercice des fonctions de maître d'école, Napoléon, dépouillé de la pourpre de France et d'Italie, déshérité du sceptre de Charlemagne, prit au sérieux sa nouvelle destinée et se mit à donner des lois aux villages de l'île d'Elbe. Ce rocher, durant son règne de courte durée, sembla prendre une face nouvelle. Il y fit construire, sur de très-petites proportions, un palais, des édifices publics et des casernes ;

il occupa sa faible garnison à niveler les canaux et à élever
des aqueducs : des arbres furent plantés le long des routes, on ouvrit de nouveaux chemins, on organisa l'instruction, on donna un rapide accroissement à la richesse
agricole et commerciale. L'île d'Elbe était d'ailleurs le
rendez-vous des curieux et des voyageurs de toutes les
nations ; les Anglais y affluaient. De tous les points du
monde on venait contempler Dioclétien à la charrue. Pour
Napoléon, dans les heures de loisir que lui laissait son
étrange royauté, il se renfermait dans un pavillon vitré,
attenant à sa modeste demeure, et du haut duquel ses
regards étaient sans cesse attachés vers la France.

Il n'entre point dans les limites de ce récit de raconter
les événements qui signalèrent la première Restauration.
Le 3 avril 1814, un acte du sénat avait rappelé au trône
de ses pères Louis-Stanislas-Xavier, frère de Louis XVI et
héritier de l'infortuné Louis XVII. Le 12, le gouvernement
provisoire avait été confié à Monsieur, comte d'Artois,
frère du nouveau roi ; le même jour, ce prince prit en
main les rênes de l'administration, sous le titre de lieute-
nant-général du royaume ; le 24, Louis XVIII débarqua à
Calais ; le 2 mai, il donna à la France, sous le nom de
déclaration de Saint-Ouen, la promesse d'une constitution politique calquée sur le régime anglais ; le 3, l'auguste vieillard et la fille de Louis XVI, Madame Royale,
l'orpheline du Temple, firent leur entrée solennelle à
Paris. Le 4 juin, le roi promulgua et octroya sa charte
constitutionnelle. On espérait la réconciliation des partis : on convoquait les armées de Valmy et d'Austerlitz,
et avec elles les armées de la Vendée et de Coblentz, à
grouper en faisceau leurs armes sous l'ombre du drapeau
blanc ; on demandait aux vaincus et aux vainqueurs,

aux persécuteurs et aux victimes, aux émigrés et aux régicides, l'oubli complet du passé, et, pour l'avenir, l'union, la concorde et la paix. Ce furent de généreuses mais vaines illusions. Du côté des hommes de la révolution et de l'empire, on vit se réveiller les jalousies et les rancunes ; du côté des serviteurs revenus d'un long exil à la suite du roi, et après les revers de nos armes, on vit se produire les prétentions les plus irritantes, les menaces les plus hostiles aux institutions nouvelles et à un passé trop glorieux pour être oublié. Le roi, les princes de sa famille et leurs fidèles amis se faisaient d'ailleurs une idée fausse de la direction des esprits. Ce mot de concorde qui parut si beau : « Rien n'est changé en France, » était l'expression d'une grande erreur ; tout était changé au contraire, et, sous peine de se briser contre les nouveaux intérêts et les idées en possession de l'opinion publique, il fallait tenir compte de la situation nouvelle du pays et comprendre les faits contre lesquels on se révoltait en paraissant les subir. Aussi les ennemis de la Restauration purent-ils à loisir profiter des fautes de leurs adversaires et calomnier leurs intentions. Les bravades des émigrés, leur jactance irréfléchie, leur dédain pour les droits nouveaux n'aidaient que trop à indisposer les esprits contre le pouvoir qu'on rendait solidaire de ces fautes ; c'est pourquoi les partisans de la république et de l'empire trouvaient beaucoup de crédit dans le peuple lorsqu'ils allaient semant le bruit du rétablissement prochain des priviléges féodaux, du retour des dîmes et de la confiscation, au profit des émigrés spoliés, de toutes les propriétés qu'on appelait nationales.

La liberté de la presse avait été comprimée, les tribunaux épurés, la sanctification du dimanche prescrite par une loi empreinte d'une profonde moralité : ces mesures furent dénaturées par les mécontents et signalées comme autant de menaces aux principes et aux hommes du dernier régime. L'opinion, avec sa crédulité ordinaire, ne manquait pas de prendre le change.

L'armée avait été vivement froissée par des réformes imprudentes ou devenues indispensables par la nécessité de diminuer les charges publiques. Elle avait vu avec un vif déplaisir la création d'un corps privilégié de gardes recrutés dans le sein de la noblesse; elle s'était indignée de la profusion avec laquelle on avait distribué aux courtisans l'étoile de la Légion d'honneur; elle s'affligeait de voir la plupart de ses officiers réduits à la demi-solde.

La France enfin, car il faudrait bien se garder de la confondre avec les mécontents dont nous venons d'indiquer les griefs; la France, disons-nous, espérait et commençait à jouir des biens qu'amènent la prospérité et le repos. Toutefois l'honneur du pays, humilié par les derniers désastres, souffrait encore et réclamait des réparations. Après avoir été la reine de l'Occident et la maîtresse des peuples, la France déplorait maintenant la perte de ses frontières du Rhin et celle de ses immenses domaines d'Italie : encore émue du tressaillement de l'invasion, elle se trouvait partagée entre les deux sentiments, le désir de la paix et l'opprobre de la défaite.

CHAPITRE XI.

LES CENT JOURS.

Il nous reste à esquisser un drame fatal, à raconter
une de ces révolutions prétoriennes que Tacite a flétries
sans pouvoir en prévenir le retour ; cette phase étrange
dont nous avons été témoins, dont nous avons touché
du doigt les acteurs, ne devait point manquer à la vie
de Napoléon et à l'histoire de son armée, nous allions
dire au châtiment de la France.

Le 25 février, une petite flottille, composée du brick
l'Inconstant et de quelques légers navires, cinglait en
pleine mer vers les côtes de France. Elle portait Napoléon et neuf cents hommes de sa vieille armée, la veille
encore ses compagnons d'exil, aujourd'hui associés à la
dernière fortune de l'impérial aventurier. Ils revenaient
sur ces mêmes eaux qui, quinze ans plus tôt, les avaient

ramenés d'Égypte pour détrôner le Directoire. Seront-ils également heureux dans leur lutte contre les héritiers de Hugues Capet ? ils l'ignorent : ils se voient réduits à éviter avec le plus grand soin la plus petite croisière anglaise, et pourtant ils vont se mesurer contre un gouvernement qui dispose (il le croit du moins) du sang et des bras de vingt-huit millions d'hommes. Entreprise téméraire ou insensée !

Le soir, on découvrit deux frégates ; à six heures un bâtiment de guerre français, *le Zéphyr*, vint droit sur la flottille ; ayant reconnu le pavillon elbois, un drapeau blanc parsemé d'abeilles, il se borna à demander des nouvelles de l'empereur : Napoléon répondit lui-même qu'il se portait bien. Le 25, on passa en vue d'un vaisseau de ligne, qui ne daigna pas s'occuper de la pauvre flottille ; le 1er mars, à trois heures, on entra dans le golfe de Juan ; à cinq heures, on jeta l'ancre sur la plage de Cannes, en Provence. Le premier bivouac fut établi dans une plantation d'oliviers : « Beau présage ! s'écria le fataliste « empereur, puisse-t-il se réaliser ! » Un paysan qui se trouvait là et avait servi sous Napoléon, déclara ne plus vouloir le quitter : « Eh bien ! Bertrand, dit l'empereur « au grand maréchal, voici déjà du renfort. » Son premier soin fut de détacher un capitaine et vingt-cinq hommes sur Antibes ; ils y entrèrent aux cris de : Vive l'empereur ! Mais le commandant Corsin, fidèle au serment qu'il avait prêté à Louis XVIII, fit fermer derrière eux les portes de la ville, et les retint prisonniers. Ce contre-temps en faisait prévoir d'autres.

A onze heures du soir, la petite colonne se mit en route du côté des montagnes ; elle fit d'abord vingt lieues en vingt-deux heures. Le 2, elle s'arrêta à Cérénon ; le 3, au

village de Barême ; le 4 , à Digne , et le 5 , à Gap. C'est
là que Napoléon fit imprimer les deux proclamations qu'il
adressait au peuple et à l'armée; il les avait dictées en
mer à ses soldats. La première se terminait ainsi :
« ... Français ! dans mon exil, j'ai entendu vos plaintes
« et vos vœux ; vous réclamiez ce gouvernement de votre
« choix , qui seul est légitime. Vous accusiez mon long
« sommeil , vous me reprochiez de sacrifier à mon repos
« les intérêts de la patrie.

     « J'ai traversé les mers au milieu des périls de toute
« espèce ; j'arrive parmi vous reprendre mes droits, qui
« sont les vôtres. Tout ce que les individus ont fait, écrit
« ou dit depuis la prise de Paris, je l'ignorerai toujours ;
« cela n'influera en rien sur le souvenir que je conserve
« des services importants qu'ils ont rendus, car il est des
« événements d'une telle nature, qu'ils sont au-dessus de
« l'organisation humaine.

     « Français ! il n'est aucune nation, quelque petite
« qu'elle soit, qui n'ait eu le droit et ne se soit sou-
« straite au déshonneur d'obéir à un prince imposé
« par un ennemi momentanément victorieux. Lorsque
« Charles VII rentra à Paris et renversa le trône éphé-
« mère de Henri V, il reconnut tenir son trône de la
« vaillance de ses braves et non d'un prince régent d'An-
« gleterre.

     « C'est aussi à vous seuls et aux braves que je faisais
« et ferai toujours gloire de tout devoir. »
Voici maintenant quelques traits de sa proclamation
à l'armée :

     « Soldats ! nous n'avons pas été vaincus : deux hommes
« sortis de nos rangs ont trahi nos lauriers , leur pays ,
« leur prince, leur bienfaiteur... Arrachez ces couleurs

« que la nation a proscrites ; arborez cette cocarde tri-
« colore ; vous la portiez dans nos grandes journées...
« Venez vous ranger sous les drapeaux autour de votre
« chef ; son existence ne se compose que de la vôtre ;
« ses droits ne sont que ceux du peuple et les vôtres...
« La victoire marchera au pas de charge ; l'aigle, avec
« les couleurs nationales, volera de clocher en clocher
« jusqu'aux tours de Notre-Dame... Dans votre vieil-
« lesse, entourés et considérés de vos concitoyens, ils
« vous entendront avec respect raconter vos hauts faits ;
« vous pourrez dire avec orgueil : « Et moi aussi, je fai-
« sais partie de cette grande armée qui est entrée deux
« fois dans les murs de Vienne, dans ceux de Rome, de
« Berlin, de Madrid, de Moscou, qui a délivré Paris
« de la souillure et de la trahison que la présence et les
« armes de l'ennemi y ont empreintes... »

En Provence, Napoléon avait trouvé sur sa route un
peuple curieux, mais indifférent ou hostile à sa cause.
Aucun individu notable n'avait grossi sa troupe : dès
qu'il eut franchi la Durance, la scène changea. Les montagnards du Dauphiné accouraient en foule sur son passage et poussaient de vives acclamations. A Saint-Bonnet,
dans les Hautes-Alpes, ils voulaient sonner le tocsin et
faire lever les villages ; Napoléon les en dissuada. Jusque-
là tout le pays avait été trouvé dégarni de soldats ; mais
le 7 mars au matin, sur le territoire du département de
l'Isère, on découvrit un bataillon détaché de la garnison
de Grenoble qui était venu barrer le chemin à Napoléon :
cette troupe campa près des lacs de Laffrey. Cambronne
s'approcha pour parlementer, mais on refusa de l'entendre. Tout semblait perdu : Napoléon, pour dernière
ressource, s'approcha de ses adversaires, et leur dit, en

découvrant sa poitrine : « S'il en est un de vous qui
« veuille tuer son empereur, il le peut; me voici. » A
cette vue, un frémissement agita le bataillon tout entier.
Les soldats qui, un moment auparavant, se disposaient à
le combattre, sentirent leurs yeux se remplir de larmes ,
et , déposant leurs fusils, s'écrièrent avec transport :
Vive Napoléon! vive l'Empereur! puis ils foulèrent aux
pieds leurs cocardes blanches et reprirent les couleurs de
l'empire.

Ce moment était décisif; Napoléon, dont les forces
étaient doublées, accélère sa marche. Comme il sortait de
Vizille, commune célèbre dans les fastes révolutionnaires,
vint à sa rencontre, au pas de course, le 7ᵉ de ligne,
commandé par le jeune Labédoyère. Les deux troupes
mèlèrent leurs rangs avec enthousiasme et poursuivirent
leur route vers Grenoble. Le général Marchand avait fait
fermer les portes et avait donné l'ordre de défendre la
ville. La garnison couvrait les remparts. Elle se composait de quatre vieux régiments, et parmi eux figurait le
4ᵉ d'artillerie, dans les rangs duquel, vingt-cinq ans au -
paravant, Napoléon avait servi comme capitaine. La population était rangée derrière cette troupe. Soldats et
peuple se taisaient encore : soudain, à la lueur de flam-
beaux, car il était nuit, on vit apparaître les compagnons
de Napoléon , marchant en avant, l'arme renversée en
signe de fraternité, et criant : *Vive Grenoble! vive la
France!* la garnison et la foule répondirent par les cris
de : *Vive Napoléon! Vive la garde!* et les portes tombèrent
devant l'empereur. Ce moment fut sans exemple dans
l'histoire de cet homme. Napoléon se vit en un clin d'œil
emporté par mille mains, promené comme en triomphe ,
et intronisé à la façon des rois de la première race. Alors

son règne recommença : les autorités, les magistrats,
vinrent le saluer du titre d'empereur ; il se trouva maître d'une place de guerre, de vastes arsenaux et d'une
armée de six mille vétérans. Cependant il sentait le besoin de se concilier les populations : chaque parole qui
sortait de sa bouche était une protestation peu sincère
en faveur de la paix et de la liberté : il flattait le sentiment révolutionnaire que pendant tout son règne il
n'avait cessé de comprimer. Le 8 mars, il passa ses troupes en revue; le 9, il se mit en marche vers Lyon :
Monsieur, comte d'Artois, frère de Louis XVIII, et le
duc d'Orléans s'étaient rendus dans cette ville pour lui
en disputer l'entrée ; mais ils essayèrent en vain de contenir la garnison dans le devoir; trahis par leur escorte
et abandonnés de tous, ils s'éloignèrent. Un seul garde
national osa demeurer fidèle au comte d'Artois et l'accompagner dans sa retraite. Napoléon, pour témoigner son
estime à ce serviteur courageux, lui envoya la croix
d'honneur.

La nouvelle du débarquement de l'empereur avait été
répandue à Paris dans la journée du 6. Une ordonnance
royale déclara Napoléon hors la loi, et prescrivit à chaque habitant de lui *courir sus* et de le combattre. Le 8,
le gouvernement royal affectait une sérénité qu'il essayait
de communiquer à l'opinion. Tantôt il faisait annoncer
que « Bonaparte, cerné de toutes parts, était réduit à
« fuir dans les montagnes; » tantôt que « Grenoble tien-
« drait jusqu'au bout; » aussi les partisans de la monarchie des Bourbons étaient-ils pleins d'une trompeuse
crédulité. La censure ne permettait pas aux journaux de
faire connaître la vérité.

Louis XVIII seul ne s'abusait pas sur le danger : il

manda le maréchal Ney et lui confia le commandement de
l'armée royale destinée à arrêter la marche de Napoléon.
Le prince de la Moscowa, ému de cette marque de confiance, promit au roi de lui amener son rival prisonnier
dans une cage de fer ; mais cet homme, si brave sur le
champ de bataille, était faible lorsqu'il s'agissait de garder une résolution. A peine fut-il arrivé à Lons-le-Sau-
nier, que la seule approche de son ancien maître réveilla
chez lui le fanatique dévouement dont l'armée entière
était animée pour Napoléon : aussi donna-t-il aux soldats
l'exemple de la désertion. Quand cette armée eut passé
sous ses aigles, Napoléon ne rencontra plus d'obstacles
sérieux, et il devint évident pour tout le monde que la
cause des Bourbons était perdue. Vainement Louis XVIII
convoqua-t-il les deux chambres en séance royale ; vainement jura-t-il de nouveau fidélité à la Charte, et plaça-
t-il son trône sous la protection des gardes nationales
du royaume : les larmes qui coulèrent des yeux de ses
serviteurs devaient être impuissantes pour conjurer la
chute du trône. Dans la nuit du 19 au 20 mars, l'auguste vieillard dut reprendre la route de l'exil et se dérober, par une prompte retraite, aux approches de l'empereur. Quelques heures après son départ, Napoléon
entrait à Fontainebleau ; le 20 mars était pour lui un
jour heureux, celui de la naissance du roi de Rome (le
jour suivant ramenait l'anniversaire de l'assassinat du
duc d'Enghien). Ce fut donc le 20 mars, à neuf heures
du soir, que Napoléon voulut reparaître à Paris. Quand
il arriva au Carrousel, la foule était trop grande pour
qu'il pût marcher ; comme à Grenoble, on l'enleva de son
cheval, on le porta de bras en bras, et c'est ainsi qu'à la
lueur des torches qui faisaient étinceler les casques, les

sabres et les baïonnettes, l'empereur, sans avoir brûlé une amorce depuis son départ de l'île d'Elbe, sans avoir versé une goutte de sang, occupa de nouveau le palais des Tuileries.

Il y était à peine, que la déclaration des puissances alliées, assemblées au congrès de Vienne, vint troubler les illusions de son triomphe : les souverains proclamaient dans ce manifeste que *Napoléon s'était mis au ban de l'Europe ; qu'il s'était livré à la vindicte publique ; qu'avec lui, désormais, il ne pouvait y avoir ni paix ni trêve.* Ces menaces ne devaient pas tarder à recevoir leur accomplissement.

Mais des résistances s'organisent au midi et sur plusieurs points de la France; elles furent successivement contenues. Le roi s'était retiré à Gand; le duc de Bourbon, nommé gouverneur général des cinq départements militaires de l'ouest, avait fait voile, le 6 avril, pour l'Espagne, après en avoir appelé à la fidélité bretonne. Madame la duchesse d'Angoulème s'était rendue à Bordeaux et y avait déployé les vertus héroïques de Marie-Thérèse, son aïeule. Moins heureuse que l'illustre princesse de Lorraine, elle avait été contrainte de fuir une seconde fois la terre natale. Son époux avait réuni à Toulouse une armée de douze mille volontaires royalistes, à l'aide desquels il venait de reprendre divers points importants de la Provence et du Dauphiné; au moment où il s'apprêtait à marcher sur Lyon et Grenoble, il fut cerné par les troupes du général Gilly, et réduit à signer une capitulation aux termes de laquelle il devait s'embarquer à Cette. Le général en chef Grouchy refusa de reconnaître cette convention ; mais Napoléon lui intima de la respecter et de veiller à ce que M. le duc d'Angou-

lème fût traité avec les égards dus à son rang. Le 18 avril,
cent coups de canon annoncèrent l'entière soumission
du midi ; le drapeau tricolore flottait à Toulon et à
Marseille.

Murat avait recueilli de sa récente trahison le mépris
des rois de l'Europe et du peuple français ; il ne voyait
pas moins sa couronne menacée par les souverains con-
voqués au congrès de Vienne ; dans cette situation pénible, il prit le parti de se déclarer ouvertement pour
Napoléon. ce dernier, qui savait à quoi s'en tenir sur la
fidélité de son beau-frère, fut plutôt compromis qu'aidé
par cette alliance. En effet, Murat, au lieu d'attendre le
mot d'ordre de l'empereur, entra à Florence sans déclaration de guerre, et força les Autrichiens de se replier
sur les bords du Pô. Dans les journées des 2 et 3 mai, il
fut vaincu à Tolentino et à Macerata ; ces deux revers lui
coûtèrent d'abord le trône et plus tard la vie.

L'état des esprits en France n'était point ce que le succès du 20 mars aurait pu le faire croire ; on peut dire que
Napoléon n'avait triomphé que par surprise, la véritable
nation s'étant isolée du mouvement et l'ayant laissé faire
sans le souhaiter, sans le contredire. La France n'était
plus ce que Napoléon l'avait trouvée à son retour
d'Égypte. Alors le pays cherchait des yeux un homme
vraiment fort, qui pût contenir les partis au dedans, et
au dehors repousser l'Europe : au mois de mars 1815, à
l'exception de l'armée et des serviteurs dépossédés de la
dynastie impériale, la grande majorité de la nation voulait
la paix, et, tout en s'honorant de la gloire du passé, elle
cherchait avant tout les satisfactions de l'industrie, du
commerce et du repos. Napoléon ne lui rapportait plus,
comme autrefois, l'ordre et la victoire ; il venait remuer

par sa présence tous les ferments de la révolution et convoquer de nouveau l'étranger à nous faire la guerre.
Aussi paraissait-on généralement épouvanté de l'avenir.
Napoléon lui-même était dévoré d'inquiétudes. Il n'avait
en France que deux points d'appui : l'un, son armée,
amoindrie, découragée par les revers des dernières campagnes ; l'autre, les hommes et les maximes de la révolution. Ceux-ci relevaient la tête et réclamaient les garanties. En vain l'empereur s'efforçait-il de donner le
change à leur impatience, il se trouvait tous les jours en
face de désappointements nouveaux : tantôt assiégé par
des idées démagogiques, dont au fond de l'âme il connaissait le danger, tantôt menacé d'un immense abandon ;
l'Europe en face, la république derrière. Les émigrés et
les royalistes avaient pénétré le secret de ses embarras ;
ils attendaient le moment favorable pour en profiter. Dans
la Vendée, les chefs politiques s'agitaient de nouveau,
une insurrection allait éclater, les paysans du Marais et
du Bocage s'enrégimentaient par paroisses et se grou-
paient autour des seigneurs.

L'empereur s'arrêta au parti de commencer la monarchie constitutionnelle ; il fit proclamer une nouvelle
charte, par lui nommée *acte additionnel aux constitu-
tions de l'empire.* Cette concession ne satisfit personne ;
aux uns elle révéla l'impuissance de Napoléon, aux autres son mauvais vouloir. De part et d'autre on murmura
et on attendit que la fortune des batailles vînt relever la
démocratie ou créer la dictature. Napoléon avait d'ailleurs
rappelé autour de lui les anciens coryphées de la république et de l'empire. A Carnot, il venait de donner le
portefeuille de la guerre ; à Fouché, vieilli dans les trahisons, le ministère de la police générale ; cet homme

vendait publiquement à l'étranger les secrets de la France. Quand Napoléon ouvrit les yeux, il n'était plus temps. Cependant, en vertu de la nouvelle constitution, on procédait à l'élection d'une chambre des représentants, on créait une chambre des pairs, on réorganisait l'administration, les finances, l'armée.

Dans les provinces de la Bretagne, de l'Anjou, de Bourgogne et du Lyonnais, il se forma des associations de fédérés : ceux qui en firent partie s'engagèrent, sous la foi du serment, à mourir plutôt que de souffrir le triomphe de l'étranger. Napoléon s'alarma de ces associations. « Cela est bon pour la France, disait il, et non « pour moi. » Dans une circonstance, il vit défiler devant lui les fédérés des faubourgs Saint-Antoine et Saint-Marceau. C'était une scène de 1791 : les piques du 20 juin et du 10 août avaient reparu ; aux cris de *Vive l'empire !* proférés par cette multitude, se mêlaient des cris d'extermination contre les nobles et les prêtres. Napoléon sentit qu'on voulait faire de lui le roi d'une nouvelle jacquerie, et il s'épouvanta de ce rôle. En résumé les classes moyennes se retiraient de lui, et il en était réduit aux sympathies des paysans de l'Est et des prolétaires en tablier de peau. Despote par instinct et profondément ami de la hiérarchie par calcul, il eut peur de ses propres auxiliaires, il comprit la faiblesse de sa situation nouvelle.

Toujours désireux d'imiter Charlemagne, il eut la pensée de convoquer en un champ-de-mai l'élite de l'armée et du peuple. Ce fut une étrange scène que celle dont Paris fut témoin le 1er juin 1815 : la vaste plaine du Champ-de-Mars était ce jour-là occupée par les représentants de l'armée, des provinces et des villes fédérées ; les deux chambres, la magistrature, les autorités et les princes de l'empire y avaient pris place ; les bannières des régiments et des départements flottaient dans les airs. Quatre ou cinq cent mille spectateurs couvraient les talus et entouraient cette immense assemblée d'une immense ceinture. A l'extrémité du Champ-de-Mars on avait élevé un autel, et l'on célébrait les saints mystères ; l'empereur était en face, sur son trône ; lorsque le bruit du canon annonça le moment de la consécration, cette multitude fléchit le genou et courba la tête ; on remarqua le recueillement de Napoléon. Après la messe, on proclama l'acceptation par le peuple de la nouvelle constitution impériale. Lorsque l'orateur qui parlait au nom du corps électoral eut terminé la lecture de son adresse, il se fit un roulement de tambours, et Napoléon répondit en ces termes :

« Empereur, consul, soldat, je tiens tout du peuple ; « dans la prospérité, dans l'adversité, sur le champ de « bataille, au conseil, sur le trône, dans l'exil, la France « a été l'objet unique de mes pensées et de mes actions.

« Comme ce roi d'Athènes, je me suis sacrifié pour « mon peuple, dans l'espoir de voir se réaliser la promesse donnée de conserver à la France son intégrité « naturelle, ses honneurs et ses droits.

« L'indignation de voir ces droits sacrés, acquis par « vingt années de victoires, méconnus et perdus à jamais, le cri de l'honneur français flétri, les vœux de « la nation m'ont ramené sur ce trône qui m'est cher, « parce qu'il est le palladium de l'indépendance, de « l'honneur et des droits du peuple...

« Français, vous allez retourner dans les départements : dites aux citoyens que les circonstances sont « grandes, qu'avec de l'union, de l'énergie, de la persévérance, nous sortirons victorieux de cette lutte

« d'un grand peuple contre ses oppresseurs ; que les gé-
« nérations à venir scruteront sévèrement notre conduite;
« qu'une nation a tout perdu quand elle a perdu l'indé-
« pendance !...

« Ma volonté est celle du peuple, mes droits sont les
« siens; mon honneur, ma gloire, mon bonheur ne peu-
« vent être autres que l'honneur, la gloire et le bonheur
« de la France. »

Beaucoup de personnes avaient pensé qu'au lieu de se
borner à prononcer ces paroles et à distribuer des aigles
aux légions de la garde nationale et de l'armée, Napoléon
aurait imité jusqu'au bout ce roi d'Athènes dont il avait
rappelé le dévouement : on eût voulu le voir abdiquer
solennellement la couronne impériale en faveur de son
fils, et désarmer ainsi les colères de l'Europe amassées
contre la France. Il ne le fit pas, et l'on se sépara, l'imagination émue par la singularité du spectacle, mais
effrayée des calamités de l'avenir. Peu de jours après,
Napoléon ouvrit la session des chambres : il leur demanda à l'aider à sauver la patrie ; elles le promirent,
et ne surent pas tenir leur engagement. On remarqua
cette phrase prophétique qui fut adressée par l'empereur
à la chambre des représentants. « N'imitons pas les Grecs
« dégénérés du Bas-Empire, qui se rendirent la risée du
« monde en discutant des questions abstraites lorsque le
« bélier brisait les portes de Constantinople. » Les représentants des Cent-Jours devaient se montrer encore
plus dignes de pitié que ces Grecs sans énergie. Déjà,
d'ailleurs, on voyait poindre parmi eux une opposition
sans générosité, sans grandeur, et que la victoire seule
pouvait réduire au silence. La liberté de la presse avait
été rendue aux journaux, et ils en profitaient pour dévouer

le pays à la vindicte de l'Europe, l'empereur aux ressentiments des régicides. Mais le parti républicain n'était
pas seul à protester : l'insurrection de la Vendée avait
étendu ses progrès dans le Poitou, dans l'Anjou, en Bretagne. Napoléon était prêt de ce côté; il envoya une
armée de vingt-cinq mille hommes, sous les ordres du
général Lamarque, occuper les départements de l'Ouest.
Lamarque, à l'exemple de Hoche, préféra la gloire du
pacificateur à celle du soldat, et réussit à conclure avec les
chefs royalistes une paix honorable pour les deux causes.

Replacé de nouveau sur le terrain des batailles, Napoléon était parvenu à rassembler, en deux mois, cinq
cent cinquante mille hommes, distribués en sept armées :
il avait rendu aux régiments ces noms glorieux d'*invincible*, de *terrible*, d'*incomparable*, d'*un contre dix*, qui
rappelaient tant de hauts faits d'armes; les frontières se
hérissaient de canons, la France entière avait été transformée en un vaste atelier livré à la fabrication des fusils
et des sabres. Mais, à l'exception des débris de la vieille
armée, ces troupes si nombreuses et levées à la hâte
étaient encore inhabiles au métier des armes. Et cependant l'Europe tout entière était en marche contre la
France, un million de soldats menaçaient nos frontières:
ce fut le 12 juin que Napoléon quitta Paris pour aller
prendre le commandement de l'armée du nord. Deux jours
après il adressa à ses troupes la proclamation suivante :
« Soldats ! c'est aujourd'hui l'anniversaire de Marengo et
« de Friedland, qui décida deux fois du destin de l'Eu-
« rope. Alors, comme après Austerlitz, comme après
« Wagram, nous fûmes trop généreux ! nous crûmes aux
« protestations et aux serments des princes que nous lais-
« sâmes sur le trône; aujourd'hui, cependant, coalisés

« contre nous, ils en veulent à l'indépendance et aux
« droits les plus sacrés de la France. Ils ont commencé
« la plus injuste des agressions : ne sommes-nous plus
« les mêmes hommes?

« Soldats! à Iéna, contre ces mêmes Prussiens aujour-
« d'hui si arrogants, vous étiez un contre trois, et à
« Montmirail, un contre six. Que ceux d'entre vous qui
« ont été prisonniers des Anglais vous fassent le récit de
« leurs pontons et des maux affreux qu'ils ont soufferts.

« Les Saxons, les Belges, les Hanovriens, les soldats
« de la confédération du Rhin, gémissent d'être obligés
« de prêter leurs bras à la cause de princes ennemis de
« la justice et des droits de tous les peuples... Les insen-
« sés! un moment de prospérité les aveugle. L'oppres-
« sion et l'humiliation du peuple français sont hors de
« leur pouvoir! s'ils entrent en France, ils y trouveront
« leur tombeau.

« Soldats! nous avons des marches forcées à faire,
« des batailles à livrer, des périls à courir; mais avec de
« la constance la victoire sera à nous; les droits, l'hon-
« neur et le bonheur de la patrie seront conquis. Pour
« tout Français qui a du cœur, le moment est arrivé de
« vaincre ou de périr. »

La grande armée anglaise, commandée par lord Wellington, couvrait une partie considérable du Brabant;
on évaluait ses forces à cent dix mille hommes. Le quartier général des Prussiens, placés au nombre de cent
vingt mille sous les ordres de Blücher, était à Namur.
Napoléon ne disposait que de cent trente mille hommes
réunis sous la Sambre, à Beaumont et en avant de
Philippeville. Il entreprit de percer la ligne de Wellington et de Blücher, à Charleroi, leur point de jonc-

tion. Ce plan était hardi et bien conçu : l'ennemi allait
le laisser s'accomplir en toute sécurité ; mais il fut, dit-
on , averti par des officiers sortis de nos rangs, des projets de l'armée française : les officiers dont il s'agit ont
repoussé cette imputation comme une odieuse calomnie.
Nous éviterons donc de les désigner plus clairement ; les
temps ne sont point venus d'approfondir ce pénible débat. Quoi qu'il en soit, l'ennemi, ayant réussi à pénétrer
le secret de Napoléon, se hâta de concentrer ses forces.
Le 15, dès la pointe du jour, l'armée française se porta
en avant sur trois colonnes, pour passer la Sambre sur
trois points ; les Prussiens, culbutés près de Thuin par
Jérôme Bonaparte et par l'avant-garde du deuxième corps,
se replièrent au delà de Charleroi, où Napoléon entra
à midi, poussant toujours l'ennemi. Le 16, l'empereur
livra aux abords de Fleurus, nom célèbre dans nos fastes
militaires, une bataille que les Prussiens perdirent encore. Mais si les ordres que Napoléon avait donnés au
maréchal Ney, qui commandait la gauche, eussent été
ponctuellement suivis, Blücher, au lieu de quelques
milliers d'hommes, perdait son armée entière. Échappé
à ce désastre, il réussit à rallier ses troupes le lendemain
même de sa défaite.

Une nouvelle bataille fut livrée à Ligny : la perte de
l'armée prussienne s'éleva à vingt-cinq mille hommes
tués, blessés ou pris. Celle de notre armée fut de sept
mille soldats. Blücher opéra sa retraite par Mont-Saint-
Guibert et par Gembloux ; il fut rejoint, pendant la
nuit, par le corps de trente mille hommes du général
Bulow.

Pendant que le centre et la droite de l'armée française
obtenaient ces avantages signalés, le maréchal Ney sou-

tenait en avant des Quatre-Bras un combat acharné contre les forces anglaises : Ney n'avait sous lui que vingt mille hommes, et ne pouvait rien contre un ennemi trop supérieur en nombre. Mais Wellington, ayant reçu avis des défaites de Blücher, ordonna la retraite sur Bruxelles et s'arrêta au village de Waterloo. Napoléon marcha contre lui avec soixante-huit mille hommes et deux cent quarante pièces de canon. Grouchy, de son côté, devait poursuivre Blücher ; mais, par un inconcevable malentendu, il lui laissa prendre les devants et compromit par sa lenteur le salut de notre armée. Napoléon ignorait ce contre-temps ; il agissait comme si son lieutenant eût exécuté fidèlement ses ordres.

Le 18 juin, au lever du jour, les armées française et anglaise se trouvaient rangées en bataille ; la nôtre, sur la chaussée de Charleroi à Bruxelles et en avant de la forêt de Soignes, occupait les hauteurs depuis le plateau qui domine Hougoumont jusqu'au penchant d'un autre plateau qui couronne les fermes de la Haie et de Papelotte ; Napoléon, avec la garde impériale, s'était porté sur les hauteurs de Rossamme, près de la ferme de Belle-Alliance. La pluie qui, pendant la nuit précédente, n'avait cessé de tomber par torrents, avait fortement détrempé le sol ; les fantassins et les chevaux avançaient avec peine sur la terre boueuse et au milieu des moissons à demi couchées.

A midi et demi Napoléon ordonne à son frère Jérôme d'enlever le bois d'Hougoumont ; cette position est plusieurs fois prise et reprise, enfin elle reste au pouvoir des Français. Sur la droite, le comte d'Erlon se porte vers le village de Mont-Saint-Jean. Sa formidable artillerie écrase l'infanterie anglaise et balaie le plateau. Déjà des cris de victoire éclatent dans nos rangs ; mais le Prussien Bulow marchait à pas précipités avec trente mille hommes au secours de l'armée anglaise ; celle-ci reprend l'offensive ; elle s'empare de nouveau des hauteurs de Mont-Saint-Jean. Le maréchal Ney, emporté par son ardeur et au mépris des ordres de Napoléon, charge à son tour et chasse encore l'ennemi de cette position ; Wellington voit ce mouvement intempestif, fait avancer son infanterie et lance sur les soldats de Ney toute sa cavalerie. L'empereur prescrit aux cuirassiers de Kellermann de dégager ce corps ainsi compromis ; mais les grenadiers à cheval et les dragons de la garde, spontanément et sans ordres, suivent ce mouvement et se jettent en aveugles sur les Anglais. Il en résulte un choc long et terrible ; cependant l'infanterie anglaise, pour résister à la tempête, se forme en carrés et dirige sans relâche sur nos escadrons un feu meurtrier et une abondante mitraille. La fureur de la cavalerie française augmente avec le danger. Vingt fois les carrés ennemis sont enfoncés, vingt fois ils se reforment. L'infanterie anglaise meurt avec un courage tranquille, avec une froide patience dont les annales de la guerre n'offrent point de modèles. Wellington verse des larmes en considérant ce dévouement magnanime ; il croit la journée perdue ; il ne lui reste plus d'autre espoir que l'arrivée de la nuit ou celle des Prussiens. A la fin, ses troupes cèdent en frémissant ; douze mille Anglais sont tués, les autres commencent à se replier, la route de Bruxelles est encombrée de fuyards et de bagages. Tout révèle une complète déroute.

Alors une vive fusillade se fait entendre dans le lointain, sur notre gauche, et notre armée pousse des cris

de joie : « Voilà Grouchy ! s'écrie-t-on de toutes parts ;
« encore un effort ! victoire ! » Fatale méprise ! au lieu
de cette réserve qu'on attendait, et qui devait d'un seul
coup terminer la bataille, tombe sur nous l'armée prussienne commandée par Blücher. Vainement Napoléon
ordonne-t-il un changement de front, la cavalerie et
l'infanterie perdent du terrain et plient devant les masses
qui les refoulent. Pour surcroît d'épreuves, des bruits de
trahison courent de rang en rang et pénètrent l'âme de
l'officier et du soldat. Des régiments entiers, se croyant
livrés à l'ennemi, quittent leur poste ; d'autres font entendre le cri sinistre de *sauve qui peut!* en un instant
Wellington a ressaisi la victoire. Les Anglais et les Prussiens se précipitent de tous côtés sur nos bataillons épars.
La nuit augmente le désordre et l'épouvante ; l'armée
n'est bientôt plus qu'une masse informe et confuse,
abandonnée à la fureur des troupes étrangères.

Napoléon, au milieu de ce désastre inattendu, rallie
à peine quelques escadrons ; l'épée à la main, il cherche
à s'ouvrir un passage. Le prince Jérôme, déjà blessé,
imite son exemple et s'écrie : « Dans cette journée tout
ce qui porte le nom de Bonaparte doit savoir mourir. »
Il disait vrai, mais la masse des fuyards les enveloppe et
les emporte malgré eux.

Restaient encore debout quelques débris de la vieille
garde, quelques fragments de ces armées de Sambre et
Meuse, d'Italie et d'Égypte, l'orgueil de la république et
de l'empire : ils étaient là, ralliés autour de leurs chefs
et du brave Cambronne, résolus d'attendre la mort, et
n'ayant point cessé de la donner : sommés de mettre bas
les armes, *ils moururent et ne se rendirent pas;* et tant
fut grand leur désespoir, que ceux là mêmes qu'épargnait

la pitié ou l'admiration de l'ennemi, renoncèrent volontairement à la vie et se fusillèrent entre eux. Ainsi , sur cette même terre de Belgique , les Gaulois et les Francs , encore barbares , se tuaient de leurs propres mains pour se soustraire à la honte de reconnaître un vainqueur.

L'armée française avait perdu vingt-cinq mille hommes tués, blessés ou pris ; la perte des ennemis n'était pas moins considérable. Le lendemain , un grand nombre de fuyards rejoignaient leurs aigles. Le corps de Grouchy était intact. A l'aide de ces ressources et des garnisons du nord, Napoléon pouvait encore organiser la défense des frontières de Belgique , rallier à Laon ou derrière la Sambre les débris de l'armée de Waterloo , et attendre de nouveaux renforts : peut-être même se fût il promptement trouvé en état de reprendre l'offensive ; mais il céda malgré lui aux conseils de ses généraux, et vint à Paris faire appel au patriotisme des chambres.

Il arriva dans la capitale en même temps que le bruit de sa défaite ; il venait demander des secours, une armée ; mais la chambre des représentants, comme le corps législatif de 1814 , comptait dans ses rangs une majorité d'idéologues soi-disant constitutionnels, hommes qui parlent théories libérales lorsqu'il faut se réfugier sous la dictature. Ces gens-là , depuis Péthion, leur type éternel, n'ont rien appris et rien oublié. Sur un volcan , ils discuteraient encore principes parlementaires et obéissance au règlement. Élus des classes moyennes, ils en ont sans doute les vertus ; mais ils tiennent d'elles un esprit étroit et jaloux, ennemi de toutes les résolutions grandes et généreuses. Ils détestaient Napoléon , parce qu'ils le supposaient peu favorable au régime représentatif. La sinistre nouvelle du désastre de Waterloo ne fut pour eux qu'une occasion de prendre une position hostile à l'égard du pouvoir impérial. Ils s'imaginèrent que le salut de la France dépendait de leurs votes, et que l'ennemi, en marche sur la capitale, s'arrêterait devant des phrases de tribune. Au lieu de se confier à Napoléon, ils se séparèrent de lui, sans savoir à qui aller, et avec la ferme intention de ne point souffrir le retour du roi. Les insensés prirent eux-mêmes, entre leurs mains impuissantes, ce fardeau que Napoléon pouvait seul porter. Pour sauver le gouvernement constitutionnel, ils commencèrent par le violer, et déclarèrent, en dépit des termes exprès de l'acte additionnel, que *quiconque oserait les dissoudre serait traître à la patrie.* C'était mettre Napoléon dans la nécessité d'abdiquer ou de renouveler la révolution du 18 brumaire. Cependant Napoléon, retiré au palais de l'Élysée-Bourbon, prenait tour à tour conseil de quelques amis et de quelques traîtres, et ne savait à quelle extrémité se résoudre.

L'empereur avait compris sa position. Abandonné par la bourgeoisie, dont les intérêts avaient fait son droit au 18 brumaire; vaincu lorsque la victoire pouvait seule l'entourer d'un prestige de force, il ne lui restait d'autre ressource, comme empereur, sinon comme aventurier, que de faire appel aux passions démocratiques et de remuer jusqu'à la lie tous les instincts de la révolution. Les faubourgs de Paris ne manquaient pas d'hommes aux bras nus, tout disposés à faire main basse sur les nobles et à promener sur des piques les têtes coupées des représentants constitutionnels; les campagnes de la Lorraine et de l'Alsace, les provinces de l'Est, comptaient encore de nombreux partisans très-dévoués à Napoléon, et qui, plaçant en lui d'odieuses espérances, attendaient qu'il les délivrât des émigrés et des prêtres, et leur donnât le signal de nouvelles proscriptions. Voilà sur quelles portions de la société Napoléon, isolé des chambres et contraint de se passer d'elles, était désormais condamné à régner. Ce n'était point tant les dangers militaires qui le préoccupaient; il pouvait en trois jours réunir autour de Paris quatre-vingt-cinq mille hommes, et il ne lui en avait pas fallu la moitié pour balancer, en 1814, les attaques de six cent mille étrangers. Mais prolonger la guerre, il ne le pouvait sans s'aliéner encore les sympathies de la propriété moyenne, de l'industrie et du commerce, sans aviser aux terribles expédients de la Convention. Le salut du pays était fort douteux, même à ces conditions, et l'eût-il obtenu, sur qui régner ensuite, sinon sur ce qu'il avait lui-même si justement nommé la jacquerie? Homme d'organisation et d'ordre, puissamment hiérarchique, doué d'un génie élevé, et responsable de sa gloire aux yeux de l'avenir, Napoléon recula devant la tâche qui lui restait à accomplir : il prit en dégoût cette couronne que lui offraient la garde prétorienne et les clubs; il comprit cette redoutable vérité que sa mission était arrivée à son terme, il se résigna.

Ce fut ce même Lucien, son complice du 18 brumaire, qui fut chargé de porter à la chambre des représentants la déclaration suivante :

« En commençant la guerre pour l'indépendance nationale, je comptais sur la réunion de tous les efforts, de toutes les volontés, et sur le concours de toutes les autorités constituées. J'étais fondé à en espérer le succès, et j'avais bravé toutes les déclarations des puissances alliées contre moi. Les circonstances me paraissent changées; je m'offre en sacrifice à la haine des

« ennemis de la France. Puissent-ils être sincères dans
« leurs déclarations et n'en avoir voulu qu'à ma per-
« sonne ! Ma vie politique est terminée : je proclame
« mon fils sous le titre de Napoléon II, *empereur des*
« *Français...* Unissez-vous tous pour le salut public et
« pour rester une nation indépendante.

 « Au palais de l'Élysée, le 22 juin 1815.

      « NAPOLÉON. »

La trahison de Fouché avait fortement contribué au
renversement de l'empereur : cet homme rendit illu-
soire la renonciation faite en faveur du roi de Rome. Il
fit partie d'un nouveau gouvernement provisoire. Vainement la chambre des représentants crut-elle devoir
proclamer Napoléon II, la commission gouvernementale
se borna à rendre des actes *au nom du peuple français.*
Tous les partis étaient en présence, ainsi que toutes les
prétentions. Les uns voulaient rappeler Louis XVIII,
d'autres aspiraient à proclamer le duc d'Orléans, quelques-uns penchaient pour Bernadotte; une très-faible
minorité songeait à rétablir le gouvernement républicain.

Cependant les chambres essayaient sans audace et sans
fermeté, mais avec quelque zèle, les moyens de contenir
les armées étrangères; elles avaient déclaré la guerre
nationale. De son côté, la commission provisoire de gouvernement avait confié au prince d'Essling (Masséna) le
commandement de la garde nationale de Paris; des dispositions défensives furent prises pour mettre la capitale
à l'abri d'un coup de main. On envoya une députation
auprès des puissances alliées; mais aucune négociation
n'était possible.

Fouché et les représentants craignaient de voir Na-

poléon reparaître à la tête des troupes , c'était d'ailleurs
sa pensée. Il avait fait offrir au gouvernement provisoire
de se mettre, comme simple général , au service du pays ,
promettant de renoncer au gouvernement aussitôt après
avoir repoussé les étrangers du territoire : on ne lui répondit que par un refus formel, il habitait alors la Malmaison. En apprenant le refus de Fouché, il donna les ordres
nécessaires pour le départ; puis, avec quelques serviteurs
et sous l'escorte du général Becker, il prit la route de
Rochefort. Il comptait s'y embarquer pour l'Amérique ,
mais les instructions secrètes émanées du gouvernement
provisoire, en contradiction avec les ordres officiels , empêchèrent la frégate qui devait le transporter d'appareiller
en temps utile. Le duc d'Otrante prétendait que les passe-
ports de l'empereur devaient être visés par lord Wellington. Plusieurs jours se passèrent en négociations in-
fructueuses; lord Wellington refusa son visa , et cette
prétendue sollicitude du gouvernement provisoire n'eut
d'autre résultat que de donner le temps aux croisières
anglaises d'arriver en vue de Rochefort. Dans cet intervalle, les armées alliées occupèrent de nouveau Paris; les
Prussiens campèrent aux abords du palais de la chambre
des représentants, le lendemain du jour où cette assemblée sans intelligence et sans force avait perdu un temps
précieux à discuter de vaines théories constitutionnelles
et des abstractions politiques devenues sans valeur. Napoléon était à l'île d'Aix lorsque le canon lui annonça la
seconde restauration de Louis XVIII. Cette nouvelle
acheva de lui ôter toute énergie; il se montra faible,
abattu, découragé. Quelques personnes lui suggérèrent
alors l'idée de demander un asile à l'Angleterre; il aurait
pu se confier avec plus de succès à la générosité de l'em-

pereur Alexandre ou aux sentiments de famille de son
beau-père, l'empereur d'Autriche ; mais il espéra davantage du gouvernement et du peuple anglais. Il se
rendit alors à bord du *Bellérophon*, commandé par le
capitaine Maitland, et fit connaître sa résolution au
prince régent d'Angleterre, en lui adressant cette lettre,
devenue fameuse :

« Altesse Royale,

« En butte aux factions qui divisent mon pays et à
« l'inimitié des plus grandes puissances de l'Europe, j'ai
« terminé ma carrière politique, et je viens, comme Thé-
« mistocle, m'asseoir au foyer du peuple britannique. Je
« me mets sous la protection de ses lois, que je réclame
« de Votre Altesse Royale comme du plus puissant, du
« plus constant et du plus généreux de mes ennemis. »

Ce fut à Plymouth que le prince régent et la nation
anglaise répondirent à cette noble confiance comme l'auraient fait, vingt siècles plus tôt, le sénat et le peuple de
Carthage : deux commissaires du gouvernement signifièrent à Napoléon qu'il était prisonnier de guerre, et
qu'il serait renfermé à Sainte-Hélène. L'empereur dut
céder à la force et à la trahison ; mais, avant d'obéir à
l'ordre de ses ennemis, l'illustre captif adressa à lord
Keith l'éloquente protestation qui signale au mépris de
la postérité les auteurs et les complices du guet-apens
dont il fut victime :

« Je proteste solennellement ici, à la face du ciel et
« des hommes, contre la violence qui m'est faite, contre
« la violation de mes droits les plus sacrés, en disposant
« par la force de ma personne et de ma liberté. Je suis

« venu librement à bord du *Bellérophon* : je ne suis pas
« prisonnier, je suis l'hôte de l'Angleterre ; j'y suis venu
« à l'instigation même du capitaine, qui a dit avoir des
« ordres du gouvernement de me recevoir et de me con-
« duire en Angleterre avec ma suite, si cela m'était
« agréable. Je me suis présenté de bonne foi, pour venir
« me mettre sous la protection des lois d'Angleterre.
« Aussitôt assis à bord du *Bellérophon*, je fus sur le
« foyer du peuple britannique. Si le gouvernement, en
« donnant des ordres au capitaine du *Bellérophon* de me
« recevoir, ainsi que ma suite, n'a voulu que me tendre
« une embûche, il a forfait à l'honneur et flétri son pa-
« villon. Si cet acte se consommait, ce serait en vain que
« les Anglais voudraient parler désormais de leur loyauté,
« de leurs lois et de leur liberté, la foi britannique se
« trouvera perdue dans l'hospitalité du *Bellérophon*.
« J'en appelle à l'histoire : elle dira qu'un ennemi qui fit
« vingt ans la guerre au peuple anglais vint librement,
« dans son infortune, chercher un asile sous ses lois.
« Quelle plus éclatante preuve pouvait-il lui donner de
« son estime et de sa confiance ? Mais comment répon-
« dit-on en Angleterre à une telle magnanimité ? On
« feignit de tendre une main hospitalière à cet ennemi,
« et quand il se fut livré de bonne foi, on l'immola.

« NAPOLÉON. »

Le gouvernement anglais avait hâte d'accomplir l'arrêt
que sa politique avait prononcé ; aussi bien, à la stupide
curiosité qu'une multitude immense faisait éclater autour du *Bellérophon*, pouvait succéder la pitié et l'indignation : on fit donc armer un autre vaisseau de Sa

Majesté britannique, *le Northumberland*, que deux fré-
gates escortèrent. On permit aux généraux Bertrand,
Montholon, Gourgaud, au chambellan Las-Cases et à
douze personnes de la maison de l'empereur de suivre
Napoléon à Sainte-Hélène. Le duc de Rovigo et le général
Lallemand ne purent obtenir la même faveur.

Lorsque l'escadre, voguant à pleines voiles, fut arrivée en vue du cap la Hogue, Napoléon versa des larmes
d'attendrissement en apercevant pour la dernière fois
cette terre de France à laquelle il disait adieu, et qu'il
ne devait plus revoir vivant.

La traversée dura trois mois, pendant lesquels Napoléon conserva un visage calme et serein : il inspirait une
curiosité respectueuse à l'équipage ; dans ses intervalles
de repos, il dictait à ses compagnons des notes sur l'histoire de ses premières campagnes ; il aimait à causer avec
les marins et les officiers anglais ; ce fut le 14 octobre
qu'il aperçut pour la première fois le rocher lointain qui
devait lui servir de prison et de tombe : le troisième jour
il mit pied à terre.

« Paix à toi, île de l'Océan ! Salut à tes brises et à tes
« vagues ! Vois la mer respectueuse couronner d'une
« blanche écume tes récifs révérés. L'histoire te prépare
« aussi une riche guirlande dont l'immortelle verdure
« décorera ton front, quand les peuples qui t'ignoraient
« jusqu'à ce jour auront courbé la tête sous le sceptre
« de l'oubli ! Éternelle de gloire, tu recevras l'hommage
« sacré des siècles !

« Des brises propices caresseront tes rivages, île de la
« gloire ! les pèlerins des nations les plus reculées y
« aborderont ; tu verras même parmi eux les messagers
« de ces peuplades libres comme tes vagues. Le naviga-

« teur jettera l'ancre à la vue de ta plage pour visiter
« une ile si célèbre ; chaque touffe de gazon, chaque
« pierre, chaque rocher, retarderont ses pas qui foule-
« ront avec respect une terre rendue sacrée par l'exil
« d'un grand homme ; tu lui devras un éclat divin ; le
« jour qui vit l'auréole de sa gloire s'éclipser vit l'aurore
« de la tienne. »

Le poëte anglais qui adressait en 1816 cette apostrophe
à l'ile de Sainte Hélène, commençait à peine l'expiation
que l'Angleterre doit encore au monde civilisé.

CHAPITRE XII

L'île de Sainte-Hélène est située au milieu de l'Atlan-
tique, à neuf cents lieues de la côte d'Afrique, à treize
cents de celle du Brésil, vers le 16ᵉ degré de latitude au
delà de l'équateur. Elle a vingt-huit milles anglais de cir-
cuit, à peu près la superficie de Paris. Du sommet du
pic de Diane, l'un de ses rochers, l'on signale à soixante
milles de distance tout bâtiment qui s'approche de l'île.
Dès lors toute surprise est impossible. Des fortifications
anciennes, ou récentes. un système de défense habile, des
batteries à fleur d'eau et une enceinte naturelle de rocs
qui ne s'ouvre que sur trois points, en font une position
imprenable.

Le sol de l'île est celui d'un volcan refroidi depuis des

siècles ; la seule pierre qu'on y trouve est spongieuse, rougeâtre, et si tendre qu'on la travaille à la main. Les sommités sont couronnées de bois, mais les vallées et les plateaux intermédiaires sont dépourvus de toute culture. La terre végétale ne se trouve que là où on a pu l'apporter. L'eau n'y existe qu'en des quantités insuffisantes pour les besoins d'une nombreuse garnison ; il en était ainsi, du moins, à l'époque où Napoléon fut relégué dans l'île ; depuis lors, de nombreux travaux hydrauliques ont changé cet état de choses. James-Town, capitale de l'île, serait un joli village d'Angleterre. La population de Sainte-Hélène s'élève à environ quinze cents âmes, en y comprenant la garnison. Les colons y sont, pour la plupart, d'anciens employés subalternes de la Compagnie des Indes ; la vie y est très-courte : il est rare qu'elle atteigne au terme de soixante ans. Le climat, assez favorable aux planteurs qui reviennent de l'Inde, est dévorant pour les Européens. Les variations de l'atmosphère y sont considérables, fréquentes et subites. La saison des pluies surtout y est morbifique : les maladies qu'elle engendre sont la dyssenterie et l'inflammation du foie. L'Angleterre avait bien choisi pour ses vengeances : si elle avait calculé sur le climat et spéculé sur les misères d'un semblable exil, ses prévisions ne devaient être que trop bien accomplies.

Après avoir passé deux mois à Briars, habitation d'un négociant anglais, Napoléon fut installé dans son nouveau logement de Longwood : c'était une maison de bois que pendant neuf mois de l'année moisissait l'humidité des pluies ou des orages, et que durant trois autres mois calcinait le soleil de plomb des tropiques. Napoléon ha-

bitait uue pièce teudue de nankin brun , et dont les deux
fenêtres s'ouvraient sur le camp du 5 1°, régiment préposé
à sa garde. Elle avait pour ameublement un canapé, quelques chaises , une commode. un guéridon , le lit de fer
d'Austerlitz, le réveil-matin du grand Frédéric et les
portraits des deux impératrices et du roi de Rome.

Longwood , dans l'origine , n'était qu'une sorte de
grange à l'usage de la Compagnie des Indes; cette maison, restaurée à la hâte, et tant bien que mal appropriée
à la résidence de l'empereur et de ses compagnons d'infortune , était située dans la portion la plus malsaine de
l'ile , assise sur un plateau élevé de deux mille pieds au-
dessus du niveau de la mer, sans cesse battu par des vents
impétueux ou couvert de nuages humides , dépouillé
d'arbres et de végétation. « Ce pays est mortel , disait
« Napoléon ; partout où les fleurs sont étiolées , l'homme
« ne peut pas vivre. Ce calcul n'a point échappé aux
« élèves de Pitt. » Il ajouta : « Transformer l'air en in-
« strument de meurtre, cette idée n'était pas venue au
« plus farouche de nos proconsuls ; elle ne pouvait ger-
« mer que sur les bords de la Tamise. »

Et pourtant ce fut là qu'il languit près de six ans,
sous la garde du général anglais sir Hudson Lowe. Cet
homme fut fidèle à la mission de haine qui lui avait été
confiée : il se montra geôlier plutôt que gouverneur,
sbire et non soldat. Chaque jour, dans son humeur inquiète et chagrine , il ajoutait de nouvelles privations à
celles que Napoléon devait endurer ; tantôt il taxait les
rations de vin des prisonniers, tantôt il leur refusait les
vivres nécessaires et forçait l'empereur, pour nourrir ses
compagnons , de vendre sa vaisselle ou son argenterie.

Vainement Napoléon demandait-il des journaux et des
livres, on ne lui en accordait que de loin en loin : on lui
interdit toute communication avec les habitants de l'île,
toute correspondance libre avec les siens, toutes relations avec les militaires de la garnison Il ne pouvait sortir
à cheval sans être surveillé par un officier anglais, et préféra s'abstenir de cet exercice. On ne lui communiquait
que les nouvelles affligeantes ; on ne laissait arriver jusqu'à lui que les brochures et papiers publics où son nom
était accompagné d'invectives. Il ne pouvait écrire à personne sans que ses lettres fussent livrées à l'examen du
gouverneur et des subalternes. Un voyageur qui arrivait
d'Europe, après avoir vu de près Marie-Louise et son
fils, ne put recevoir la permission de donner à ce père
infortuné des nouvelles de ces objets demeurés si chers
à son cœur. C'était par ces tortures impies qu'on espérait abattre ses forces morales et abréger la durée de son
existence.

Il fut sensible à ces peines, mais il ne perdit point le
sentiment de son ancienne dignité; le fidèle attachement
d'un petit nombre d'amis contribua à adoucir ses chagrins. Cependant sir Hudson Lowe éloigna successivement
le docteur O'Méara, dont les soins lui étaient nécessaires,
puis MM. Las-Cases et Gourgaud. Ils furent pénibles, les
adieux qu'il adressa à ses compagnons à jamais perdus
pour lui.

Par bonheur on avait laissé parvenir jusqu'à lui les
classiques et les vieux auteurs qu'affectionnait sa jeunesse ; il trouvait du charme à les relire, à les commen-
ter. C'était tantôt Polybe qu'il étudiait au point de vue
de la guerre, tantôt César dont il suivait les grandes
expéditions ; puis il récitait les belles pages de Corneille

et de Racine. Ayant un jour entrepris la lecture d'*An-dromaque*, et en étant venu à ces vers si connus :

> Je passais jusqu'aux lieux où l'on garde mon fils,
> Puisqu'une fois le jour vous souffrez que je voie
> Le seul bien qui me reste et d'Hector et de Troie ;
> J'allais, seigneur, pleurer un moment avec lui ;
> Je ne l'ai point encore embrassé d'aujourd'hui...

d'abondantes larmes remplirent ses yeux et il ferma le livre. Il songeait à cet autre Astyanax qu'il avait tant aimé, qu'il ne devait plus revoir, et qui devait à peine lui survivre de quelques années. Puis ses souvenirs se reportaient vers la Corse, théâtre de ses premiers jeux, berceau aimé de son enfance ; vers l'école de Brienne, où s'écoula sa jeunesse ; vers cette France, qu'il avait remplie de gloire et de deuil.

Il aimait à converser avec ceux qui étaient demeurés fidèles à son malheur : tantôt il rappelait les pompes de sa grandeur passée, tantôt il cherchait à justifier sa vie et son règne d'accusations trop bien méritées. Comme il pressentait qu'aucune de ses paroles ne serait perdue pour la postérité, et que toutes, au contraire, seraient soigneusement recueillies, il employait beaucoup d'art à donner le change sur ses véritables idées politiques : à l'entendre, il ne s'était jamais considéré que comme le représentant et l'instrument de la liberté ; il avait voulu d'abord rétablir l'ordre par la dictature, mais c'était dans l'intention arrêtée de rendre à la France beaucoup de prérogatives démocratiques; il avait fait de nombreuses guerres, mais toujours ses ennemis l'avaient attaqué; jamais la justice n'avait manqué à sa cause; que n'avait-il eu le temps nécessaire pour accomplir ses plans? pour-

quoi le succès avait-il trompé son attente à Moscou? sans
ces obstacles qui déjouèrent son système, la France et
l'Europe étaient par lui réservées à un long avenir de
gloire, de paix et de liberté. Puis il déclamait contre le
despotisme des souverains de son temps, contre l'aristocratie féodale, et il oubliait sur quelles institutions lui-
même avait naguère posé sa puissance, de quels principes
absolus il s'était étayé durant quatorze ans. Personne ne
s'est trompé à cette subite conversion : on n'y a vu qu'un
moyen adroit de pallier ses fautes ou de se faire absoudre
par l'avenir des calamités que le présent avait tenues
du régime impérial. Et comment le prendre au sérieux
lorsqu'il s'écriait : « Quel malheur que ma chute! J'avais
« refermé l'outre des vents, les baïonnettes l'ont déchi-
« rée! Je pouvais marcher paisiblement à la régénération
« universelle! »

Il aimait à dicter le récit de ses campagnes : les notes
que MM. de Montholon, Gourgaud et Las-Cases ont
écrites, d'après ses inspirations, seront précieuses à con-
sulter pour quiconque étudiera l'histoire stratégique des
guerres d'Italie et d'Allemagne. Souvent il interrompait
ses repas pour se livrer à ce travail. Une remarque bien
digne d'attention, c'est qu'au milieu des angoisses de
toute espèce de sa captivité, il ne se livra plus à ces
accès de colère qui, durant son règne, avaient paru si
indignes de sa grandeur : il se montra doux, affable,
résigné; ses rapports avec ses serviteurs furent ceux d'un
ami et d'un père; Dieu l'avait humilié, et il s'était courbé
sans convulsion sous la main de Dieu. C'est dans ce pénible repos de l'exil qu'il pouvait interroger à loisir la
grande énigme de sa mission et de son caractère.

Doué d'une intelligence puissante, d'un coup d'œil sûr

et d'une vaste science militaire, Napoléon Bonaparte, général, consul, empereur, proscrit, sous quelques formes
qu'on se le représente, apparaît aux regards de la postérité comme un de ces géants fantastiques qui semblent
grandir à mesure qu'ils s'éloignent. Son nom est écrit en
lettres de feu et de sang dans l'histoire contemporaine de
tous les peuples; les nations dont il fut le fléau, celles
qui lui servirent de marchepied, celles dans le sang desquelles il fit baigner son cheval jusqu'au poitrail ont
retenu ce nom magique; mais, par un mystère impéné-
trable, elles n'ont qu'une voix pour célébrer sa louange:
elles ont abdiqué de justes ressentiments, et remplacé les
cris de vengeance par l'hymne du pardon. Ce nom est
environné d'une auréole lumineuse et poétique qui cache
la vérité à l'historien, et fait disparaître, pour les peuples, le souvenir de leurs propres calamités. Entrez dans
l'humble cabane des montagnards du Dauphiné et des
Vosges, dans les pauvres huttes de la Champagne, dans
les fermes de la Vendée, et vous y trouverez toujours
l'image de l'empereur; il est là, comme le héros populaire:

> On parlera de sa gloire,
> Sous le chaume, bien longtemps.

On en parle avec orgueil dans les steppes marécageux
de la Pologne, sur les Apennins, le long des fleuves
allemands qui roulèrent à la mer tant de cadavres immolés à son ambition désastreuse : c'est le lion *du désert*
de Syrie, le *Bounaberdi* des veillées arabes.

La tâche de l'écrivain et du philosophe, en présence
de cette gloire vague, mais immense, est de dépouiller
de son prestige l'homme qu'on en a revêtu, et de le juger
froidement, selon les faits et non au gré des imaginations populaires. L'examen sérieux des événements de

cette vie que nous avons esquissée facilite l'accomplissement de ce devoir. Alors, tout en respectant le souvenir de Napoléon comme celui d'un homme extraordinaire, on le mesure sans prévention, et dépassât-il de
quinze coudées la taille de ses contemporains, on apprend
à se rendre compte de sa véritable grandeur. Cette appréciation est surtout facile à celui qui, se laissant peu
éblouir par l'éclat des renommées humaines, ne reconnaît dans un individu, si haut qu'il soit, qu'un faible
instrument de la volonté de Dieu, un peu de poussière
promise aux vers du tombeau, et qui n'est digne, par
elle-même, d'aucune louange.

Dieu qui protége la France, cette nation élue entre
toutes pour porter et glorifier la croix, avait permis qu'un
formidable orage révolutionnaire ravageât notre pays.
Le jour vint où sa miséricorde se reposa de nouveau sur
nous, et alors *elle suscita de l'Égypte* l'homme qui devait
terminer l'anarchie et relever les autels en ruines. Ce fût
vraiment alors Cyrus, prédit par les prophètes et réservé
pour mettre fin à la servitude du peuple de Dieu. Cette
mission était celle de Napoléon : il l'accomplit, en réta-
blissant le culte et en réorganisant la société. Il pouvait
la compléter par de sages travaux, par de puissantes institutions; mais, bien que sous ce rapport encore il ne soit
point demeuré oisif, il est juste de reconnaître qu'au lieu
de parfaire son œuvre, il la dépassa, qu'il la souilla par
le meurtre de l'innocent, par une suite de guerres criminelles, et que, destiné à être la consolation de sa patrie,
il aima mieux en être le fléau : c'est là que la justice divine le reprit pour le châtier.

Voilà sa mission : rendre la religion proscrite à la France,
restaurer l'ordre et les mœurs monarchiques; au delà, il

ne fut plus qu'un instrument de colère pour la France et pour les autres peuples. La France fut punie en lui et par lui de son fol amour pour la gloire des armes, comme elle avait été punie, dix ans plus tôt, par le règne des bourreaux et des clubs, du délire de ses principes et du dévergondage de ses désirs; l'avenir seul nous dira ce que l'Europe a gagné ou perdu aux guerres napoléoniennes, et, sous ce rapport, la mission de l'empereur nous échappe encore : il est permis de croire qu'il n'a pas seulement été le fléau des peuples; mais ceux-ci n'ont point encore entièrement recueilli le fruit des cruels enseignements qu'ils ont reçus.

Napoléon n'a donc été qu'un homme, un géant, si l'on veut, mais un géant de transition. Il a été placé entre le monde ancien et le monde nouveau comme une arche qui sert à les relier. Avant lui et avec lui, l'ère sauvage de la guerre; après lui, un autre droit des gens commence pour l'Occident, le glaive sera rejeté dans le fourreau, les questions se résoudront dans la paix, les peuples qui se sont unis pour sa chute s'efforceront de rendre impossible le retour des grandes exterminations d'hommes.

Comme législateur, il ne crée point; mais il a le rare mérite de simplifier et de coordonner. L'ensemble, si défectueux d'ailleurs, des codes qu'il a laissés à la France, est encore ce qu'il y a de plus complet et de plus clair, en ce genre, chez aucun peuple; de telle sorte que nos lois sont généralement un objet d'émulation ou d'envie. Elles ne contiennent d'ailleurs que le résumé des principes déjà consacrés par le droit romain, par la jurisprudence des parlements et par les sages édits de nos rois; mais c'est un grand mérite que d'avoir su les classer, les combiner, les codifier, comme l'a fait Napoléon assisté de son conseil d'État.

Comme militaire, sa grande renommée semble destinée à être un jour réduite à de plus justes proportions,
lorsque la fumée des vanités nationales se sera enfin dis-
sipée. Peu de capitaines illustres ont été aussi souvent
vainqueurs que lui; mais, à part la glorieuse campagne
par laquelle on le vit débuter et conquérir l'admiration
du monde, à part cette immortelle campagne d'Austerlitz,
dont les moindres incidents furent, pour ainsi dire, pré-
vus sous la tente du camp de Boulogne et réalisés trois
mois plus tard, on commence à reconnaître que l'engouement ou l'enthousiasme de ses louangeurs a souvent dépassé toutes bornes. Napoléon demeurera bien au-dessous
d'Alexandre : rien n'égale les résultats obtenus par le
héros macédonien avec les faibles ressources dont il pouvait disposer. Une poignée d'hommes braves lui suffit,
pendant dix ans, pour renverser l'empire de Perse et
conquérir plus de royaumes puissants qu'un voyageur
n'en saurait parcourir. Au bout de ce terme, il meurt
vainqueur et redouté par l'Europe et l'Asie. Napoléon,
au contraire, après avoir commencé comme Alexandre,
finit comme Darius et Cambyse. Il traîna des nations
entières dans ses camps et ne sut ni prévoir les revers,
ni préparer une retraite, ni organiser les subsistances ;
aussi ses immenses armées se fondirent entre ses mains.

Napoléon ne peut être mis en parallèle avec César :
le général romain feignait, il est vrai, de croire à son
étoile et à sa fortune, mais il ne s'estimait point le favori
des dieux à ce point qu'il négligeât les précautions nécessaires au salut de ses armées : on le voyait, au contraire,
soucieux d'épargner le sang du soldat, et ne se lançant
jamais en aveugle dans des entreprises chimériques. Rien,
dans ce que fit Napoléon, ne peut égaler la conquête des

Gaules, obtenue à l'aide de quelques légions, et en dépit
d'obstacles si nombreux, que l'imagination ne peut concevoir qu'ils aient été surmontés. Cependant Napoléon
tient d'Alexandre l'ardeur de l'attaque et l'impétuosité
des conceptions, de César l'inconcevable rapidité des
mouvements, cette promptitude mystérieuse avec laquelle il se porte presque en même temps sur tous les
points menacés ; à l'exemple de tous les deux, il sait inspirer aux troupes un amour et une confiance sans bornes.
On ne le comparera pas à Annibal ; rien n'est semblable,
dans les temps où ils agirent, dans les armées qu'ils
commandèrent, dans les ennemis qu'ils eurent à combattre ; on voudrait vainement l'assimiler à Charlemagne,
à ce colosse du moyen âge qu'il se proposa pour modèle
et qu'il ne suivit que de loin ; fallût-il même l'opposer à
Turenne, il faudra reconnaître que s'il surpasse ce grand
homme, le plus illustre des lieutenants de Louis XIV,
par son aptitude à faire mouvoir de grandes masses sans
confusion, il lui est très-inférieur dans la science des
mouvements défensifs et dans l'art de reconnaître le terrain. Sa gloire militaire est considérable, elle est juste ;
mais les droits de la vérité ne permettent pas que pour
l'exalter on ravale les renommées que nous venons d'opposer à la sienne ; nous proclamerons même, et il faut
quelque courage pour le faire dans un siècle où l'on
cherche à rapetisser la gloire de Louis XIV, que ce grand
roi, bien que né sur le trône et inférieur en génie à Napoléon, sut mieux que lui reconnaître les hommes dont
il avait besoin pour la prospérité de ses peuples et la
splendeur de sa couronne.

En résumé, comme militaire, les grandes fautes qu'il
fit ou laissa faire en Espagne, en Russie, en Allemagne,

après Waterloo, balancent souvent, sans le diminuer, le mérite de ses admirables conceptions et de ses brillantes victoires; comme organisateur, il tranche trop souvent les difficultés par la force, au lieu de s'attacher à les résoudre par une étude patiente des hommes et des choses, et s'il consolide l'unité par la hiérarchie et la centralisation, il faut reconnaître que l'Assemblée Constituante et même la Convention avaient déjà aux trois quarts accompli cette œuvre; comme chef de la société française, il ne sait tirer aucun parti de l'intelligence et même de l'art : il se complaît dans le calque ou dans la médiocrité, et jalouse les gloires littéraires auxquelles il ne peut aspirer.

Ces limites que nous avons indiquées à l'admiration qui gravite autour de sa renommée, ne sont point assez resserrées, qu'on ne doive reconnaître en Napoléon, malgré ses fautes et ses crimes, un de ces hommes étonnants qu'il plaît à Dieu de donner de loin en loin à la terre. Si haut qu'ils soient placés, ce n'est que de ce Dieu tout-puissant qu'ils relèvent : ils n'ont aucune force qui leur soit propre et qu'ils ne tiennent de lui. Malheur à eux le jour où ils peuvent se croire quelque chose par eux-mêmes, et reporter à la créature un honneur qui ne doit remonter qu'à l'auteur de leur gloire! alors le jour de la justice luira, et ils seront confondus; plus ils auront reçu, plus sévère sera le compte qu'ils auront à rendre.

Napoléon approcha enfin de ce redoutable moment; les années 1819 et 1820 s'écoulèrent dans des alternatives de maladie et de rétablissement, qui firent présager une dernière crise. Au commencement de 1821, le captif commença sensiblement à décliner; une comète ayant paru dans le ciel, il songea à celle de Jules César et regarda sa fin comme prochaine. Le 17 mars, des symp-

tômes fort graves se manifestèrent, les jours suivants la
maladie fit d'effrayants progrès, et tout espoir ne tarda
pas à s'éteindre :

> On dit qu'au dernier jour de sa longue agonie
> Devant l'éternité, seul avec son génie,
> Son regard vers le ciel parut se soulever :
> Le signe rédempteur toucha ce front farouche,
> Et même on entendit murmurer sur sa bouche
> Un mot qu'il n'osait achever (1)...

Il l'acheva cependant, et fit venir à son chevet l'abbé
Vignali, que lui avait envoyé son oncle, le cardinal
Fesch : l'humble prêtre reçut le dépôt redoutable de la
confession de l'empereur. Napoléon était agité par de
continuels vomissements ; son état ne permit pas qu'on
lui administrât l'Eucharistie, mais il se confessa trois
fois et reçut l'extrême-onction. Voici dans quels termes,
à cet instant, il fit part à M. de Montholon de ses sentiments intérieurs : « Je suis heureux d'avoir rempli mes
« devoirs ! je vous souhaite, général, à votre mort le
« même bonheur. J'en avais besoin, voyez-vous, car je
« suis Italien, enfant de classe de la Corse. Je n'ai pas
« pratiqué sur le trône, parce que la puissance étourdit
« les hommes ; mais j'ai toujours eu la foi. Le son des
« cloches me faisait plaisir, et la vue d'un prêtre m'é-
« meut. Je voulais faire un mystère de ceci, mais c'est
« de la faiblesse. Je veux rendre gloire à Dieu, général ;
« donnez des ordres pour qu'on dresse un autel dans la
« chambre voisine ; on y exposera le Saint-Sacrement. Je
« doute qu'il plaise à Dieu de me rendre la santé, mais

____

(1) M. de Lamartine. — *Méditations.*

« je veux l'implorer. Vous ferez dire les prières des qua-
« rante heures... » Puis se ravisant, l'empereur dit :
« Non, pourquoi vous charger de cette responsabilité?
« on dirait que c'est vous, noble et gentilhomme, qui
« avez tout commandé de votre chef. Je veux donner les
« ordres moi-même. »

Il les donna, en effet, et comme ces instructions
pieuses paraissaient faire naître un sourire sur les lèvres
de son médecin, le docteur Antomarchi, il lui dit avec
une dignité sévère : « Vous autres, médecins, vous êtes
« habitués à brasser la matière, et vous ne voyez rien
« au delà; pour moi, je crois à l'immortalité de l'âme.
« Je ne suis ni philosophe ni médecin; n'est point athée
« qui veut. » On était au 20 avril : cinq jours avant il
avait écrit la première partie de son testament qui commence en ces termes : « Je meurs dans le sein de la reli-
« gion catholique, apostolique et romaine, dans le sein
« de laquelle je suis né il y a plus de cinquante ans.

« Je désire que mes cendres reposent sur les bords de
« la Seine, au milieu de ce peuple français que j'ai tant
« aimé. »

Dans l'article 8 de ce testament, si différent d'ailleurs
de celui de Louis XVI, l'empereur essaye de se justifier
d'avoir fait mourir le duc d'Enghien. Il motive ce crime
sur les embûches dirigées contre sa vie. Il annonce qu'en
de semblables circonstances il agirait encore de même. Si
ce document célèbre eût été écrit après sa réconciliation
avec Dieu et non avant cette heure, il est probable qu'au
lieu de contenir cette approbation d'un crime, le testament eût porté à la postérité l'expression du repentir de
son auteur.

Un moment on crut reconnaître une amélioration dans

son état : « Vous vous réjouissez, dit-il, et vous ne vous
« trompez pas ; je suis mieux, mais je n'en sens pas moins
« ma mort prochaine ; lorsque je ne serai plus, chacun
« de vous aura le bonheur de revoir l'Europe et sa fa-
« mille. Moi, je reverrai mes braves dans les champs
« Élysées. Oui, ajouta-t-il solennellement, Kléber,
« Desaix, Bessières, Duroc, Ney, Murat, Masséna, Ber-
« thier, tous viendront à ma rencontre... En me voyant
« ils deviendront tous fous d'enthousiasme et de gloire.
« Nous causerons de nos guerres avec les Scipion, les
« Annibal, les César, les Frédéric ; à moins, ajouta-t-il
« en riant, que là-bas on n'ait peur de voir tant de guer-
« riers ensemble. »

Alors entra chez lui le docteur Arnold, chirurgien
d'un régiment anglais. « C'en est fait, lui dit Napoléon,
« le coup est porté. Je touche à ma fin : je vais rendre
« mon corps à la terre. Approchez, Bertrand, traduisez
« à monsieur ce que vous allez entendre. — J'étais venu
« m'asseoir au foyer du peuple britannique. Je demandais
« une loyale hospitalité. Contre tout ce qu'il y a de droit
« au monde, on me répondit par des fers. J'eusse reçu
« un autre accueil d'Alexandre, de l'empereur François,
« du roi de Prusse. Mais il appartenait à l'Angleterre de
« surprendre, d'entraîner les rois, et de donner au monde
« le spectacle inouï de quatre puissances s'acharnant sur
« un seul homme. C'est votre ministère qui a choisi cet
« affreux rocher où se consume en moins de trois ans la
« vie des Européens, pour y achever la mienne par un
« assassinat. Et comment m'avez-vous vu traiter depuis
« que je suis sur cet écueil ? Il n'est pas une indignité dont
« vous ne vous soyez fait une joie de m'abreuver. Les plus
« simples communications de famille, celles mêmes qu'on

« n'a jamais interdites à personne, vous me les avez re-
« fusées; ma femme, mon fils, n'ont pas vécu pour moi;
« vous m'avez tenu six ans dans la torture du secret.
« Dans cette île inhospitalière, vous m'avez donné pour
« demeure l'endroit le moins fait pour être habité, celui
« où le climat meurtrier du tropique se fait le plus sen-
« tir; il a fallu me renfermer entre quatre cloisons, moi
« qui parcourais à cheval toute l'Europe! Vous m'avez
« assassiné longuement, avec préméditation... Vous fi-
« nirez comme la superbe république de Venise; et moi,
« *mourant sur cet affreux rocher, privé des miens et*
« *manquant de tout, je lègue l'opprobre de ma mort à*
« *la maison d'Angleterre.* »

Le 1ᵉʳ mai, Napoléon s'était levé, mais une faiblesse
l'avait forcé de se mettre au lit; ce jour, il dit à l'un de
ses plus fidèles serviteurs : « Dans quatre jours, je ne
« serai plus. » Ayant repris quelque force, il fit placer
devant lui le buste de son fils, et tint longtemps les yeux
fixés sur cette image chérie. Le 3 et le 4, le mal augmenta
dans une progression effrayante. Le 5, une affreuse tempête déracina tous les arbres plantés autour de sa demeure : elle ne troubla pas le calme de son agonie; sa
figure demeura sereine et gracieuse, *il fut doux envers la
mort* (1). Cependant, vers cinq heures et demie du soir,
il interrompit le silence léthargique qu'il avait gardé, pour
faire entendre quelques paroles entrecoupées : *Mon fils!
France!... France!...* Enfin, un peu avant six heures,
il croisa avec effort les bras sur la poitrine, laissa échapper ces mots : *Tête!... armée!...* et rendit l'âme.

A peine eut-il expiré, que ses compagnons le placèrent
sur un lit de camp, recouvert du manteau de guerre de

(1) Paroles de Bossuet.

Marengo. De tous les points de l'île, les troupes de la garnison accoururent pour défiler en grande tenue et sans armes devant ce glorieux cadavre. Chaque homme s'approcha religieusement du lit, et mit genou à terre ; beaucoup apposèrent leurs lèvres sur un coin du manteau Sir Hudson Lowe voulut en vain s'opposer à ces démonstrations, sa volonté échoua devant la légalité anglaise ; le colonel lui répondit : « Napoléon est mort, la loi d'exception n'existe plus ; j'ai le droit de faire promener mon régiment comme il me plait, et je le fais. »

Napoléon resta exposé le 6 et le 7 mai. Le 8, le corps fut ouvert et embaumé. On le revêtit de l'uniforme des chasseurs à cheval de la garde impériale, et on le renferma dans un quadruple cercueil. Le 9 eut lieu l'imposante cérémonie des funérailles ; toute la population de l'île y assistait, chacun selon son rang ou les convenances de son sexe. La famille française marchait en tête ; suivaient les Anglais, et à leur tête le gouverneur et lady Lowe en grand deuil. Lorsque les dépouilles mortelles de l'empereur eurent reçu la dernière bénédiction du prêtre, on descendit le cercueil dans le caveau préparé pour le recevoir, et douze salves d'artillerie annoncèrent à l'Océan que Napoléon n'était plus.

La tombe où Napoléon dormit près de vingt ans, sous la garde des soldats anglais, est située dans un site romantique appelé la Vallée du Geranium. L'empereur était venu souvent, dans les premiers temps de son exil, demander à la fraîcheur de ce lieu un peu d'ombre et de repos ; il avait désiré, si sa dépouille devait être gardée captive à Sainte-Hélène, qu'elle fût au moins placée en cet asile, loin du passage des conquérants et sous la protection de sa grande renommée.

CONCLUSION.

Le 22 juillet 1832, Napoléon-Charles-François-Joseph,
duc de Reischtadt, né roi de Rome, et fils du captif de
Sainte-Hélène, décédait au palais de Schœnbrunn.

Le jeune archiduc repose dans le sépulcre des empereurs d'Allemagne : une courte inscription annonce au
monde que Dieu manifesta une fois de plus en lui le
néant des espérances humaines.

Le 29 juillet 1833, la statue de Napoléon fut replacée
sur la colonne de la place Vendôme, aux acclamations de
tous les partis : cette réparation en appelait une autre.

Le 12 mai 1840, M. de Remusat, ministre de l'intérieur, parut à la tribune de la chambre des députés.

« Messieurs, dit-il, le roi a ordonné à S. A. R. Mgr. le
« prince de Joinville de se rendre avec sa frégate à l'île

« de Sainte-Hélène (mouvement général), pour y recueil-
« lir les restes mortels de l'empereur Napoléon (applau-
« dissements).

« Nous venons vous demander les moyens de les faire
« recevoir dignement sur la terre de France et d'élever
« à Napoléon son dernier tombeau...

« ..... Ces restes seront déposés aux Invalides..... Il
« importe, en effet, Messieurs, à la majesté d'un tel
« souvenir, que cette sépulture auguste ne demeure pas
« exposée sur une place publique, au milieu d'une foule
« bruyante et distraite. Il convient qu'elle soit placée
« dans un lieu silencieux et sacré, où puissent la visiter
« avec recueillement tous ceux qui respectent la gloire
« et le génie, la grandeur et l'infortune.

« Il fut empereur et roi ; il fut *souverain légitime de
« notre pays*. A ce titre, il pourrait être inhumé à Saint-
« Denis ; mais il ne faut pas à Napoléon la sépulture
« ordinaire des rois. Il faut qu'il règne et commande
« encore dans l'enceinte où vont se reposer les soldats
« de la patrie et où iront toujours s'inspirer ceux qui
« seront appelés à la défendre. Son épée sera déposée
« sur sa tombe.

« L'art élèvera sous le dôme, au milieu du temple
« consacré par la religion au Dieu des armées, un tom-
« beau digne, s'il se peut, du nom qui doit y être gravé.
« Ce monument doit avoir une beauté simple, des formes
« grandes, et cet aspect de solidité inébranlable qui
« semble braver l'action du temps... »

Les deux chambres s'associèrent à ce vœu, et le prince
de Joinville ne tarda pas à mettre à la voile, ayant sous
ses ordres deux bâtiments de guerre, *la Belle-Poule*,
frégate de soixante canons, et la corvette *la Favorite*.

S. A. R. avait voulu choisir , pour la seconder dans cette funèbre et noble mission , les personnes qui avaient partagé l'exil de Napoléon à Sainte-Hélène. Leur nombre s'élevait à peine à dix. Les autres étaient infirmes ou mortes. Un prêtre fut adjoint à l'expédition pour qu'aucun caractère de piété religieuse ne manquât à l'œuvre expiatoire.

Dans les premiers jours d'octobre , Mgr le prince de Joinville et ses compagnons abordèrent au rivage de Sainte-Hélène.

Le tombeau de Napoléon , encore placé sous la garde d'un sergent anglais, était ombragé d'un grand saule pleureur et entouré d'une modeste grille de fer. L'habitation de Longwood, le dernier palais et la dernière prison de l'empereur , commençait à tomber en ruine. Les murs étaient lézardés , les fenêtres dégarnies de vitres ; près de la place où Napoléon avait rendu le dernier soupir, on avait élevé un moulin ; la chambre à coucher et le cabinet de travail de l'empereur avaient été changés en écurie.

Le 15 octobre et le vingt-cinquième anniversaire du jour où Napoléon avait pour la première fois posé le pied sur le rivage de l'île, fut marqué pour la cérémonie de son exhumation.

Une proclamation du gouverneur anglais annonça aux habitants de Sainte-Hélène cette importante solennité. Les travaux commencèrent à minuit : à dix heures du matin ils étaient terminés. Le cercueil d'acajou, encore intact et parsemé de clous d'argent, fut hissé du caveau et porté par douze soldats , marchant tête nue, malgré la pluie, et précédés de la croix et du prêtre.

On ouvrit le cercueil avec précaution , et alors eut lieu

parmi les assistants un mouvement universel de surprise et d'attendrissement : plusieurs fondirent en larmes. L'empereur lui-même était là ; la mort l'avait respecté. Les traits de la figure, bien qu'altérés, étaient parfaitement reconnaissables, les mains merveilleusement belles ; le costume si connu, si souvent reproduit, avait peu souffert, et les couleurs en étaient facilement distinguées ; les épaulettes, les décorations, le chapeau, semblaient entièrement conservés ; la pose elle-même était pleine d'abandon, et sauf les débris de la garniture de satin qui recouvrait comme d'une gaze très-fine plusieurs parties de l'uniforme, on aurait pu croire Napoléon étendu encore sur son lit de parade. On remarqua même que la main gauche que le général Bertrand avait prise pour la baiser une dernière fois, au moment où l'on fermait le cercueil, était restée légèrement soulevée. Entre les jambes, auprès du chapeau, on apercevait les deux vases qui renfermaient le cœur et l'estomac. Les ongles avaient poussé après la mort ; ils étaient longs et blancs. L'une des bottes était décousue et laissait passer quatre doigts des pieds d'un blanc mat.

Il était une heure et un quart. Au bout de quelques instants, l'identité du corps ayant été reconnue, le cercueil fut refermé et soudé avec soin, ainsi que les trois autres cercueils qui lui servaient d'enveloppes. A trois heures, au signal du canon, le char funèbre, attelé de chevaux caparaçonnés de deuil et couverts d'insignes impériaux, se remit en marche vers le port. Le canon des forts et celui de la frégate retentissaient de minute en minute. Tous les bâtiments de guerre et de commerce, quelle que fût la nation, étaient pavoisés de deuil. A six heures et demie le prince de Joinville avait reçu le funèbre dépôt, et les restes mortels de l'empereur reposaient enfin sur une frégate française, à l'ombre du drapeau français.

On fit l'absoute; le corps resta toute la nuit en chapelle ardente; le lendemain, à dix heures, une messe solennelle fut célébrée sur le pont, et tout l'équipage, S. A. R. en tête, vint jeter l'eau bénite sur le cercueil. A onze heures, pendant que le prêtre achevait le psaume 109°, une bordée de cinquante coups de canon annonça la fin des solennités pieuses. L'exil de Napoléon Bonaparte était terminé!...

Le 30 novembre, après une traversée de quarante-trois jours, *la Belle-Poule* laissa tomber l'ancre devant Cherbourg.

Pendant les huit jours que les restes de l'empereur séjournèrent dans ce port, la foule encombra le pont de la frégate. Près de cent mille personnes, accourues de tous les points, vinrent successivement s'agenouiller devant le cercueil. Le 8 décembre, *la Normandie*, escortée de deux autres bâtiments à vapeur, et ayant à son mât le pavillon impérial, quitta la rade et emporta le cercueil jusqu'à l'embouchure de la Seine.

Le lendemain, à six heures du matin, la flottille entra dans les bassins du Havre : le temps était fort rigoureux, mais les rives de la Seine n'étaient pas moins couvertes d'une population innombrable. Arrivée au Val de la Haye, *la Normandie*, ne pouvant plus remonter la Seine, confia son précieux dépôt à *la Dorade* n° 3. Le prince avait ainsi fixé la décoration de ce bateau : « Il sera peint en « noir, à la tête du mât flottera le pavillon impérial; sur « le pont, à l'avant, reposera le cercueil couvert du poêle « funèbre rapporté de Sainte-Hélène, MM. de la mission

« aux cornières ; l'encens fumera, à la tête s'élèvera la
« croix, le prêtre se tiendra devant l'autel, mon état-
« major et moi derrière ; les matelots seront en armes,
« et le canon tiré à l'arrière annoncera le bateau portant
« les dépouilles mortelles de l'empereur. »

A Rouen, la ville déploya un grand apparat pour
recevoir le cercueil, S. E. le cardinal-archevêque, suivi
de son clergé, et en présence des corps constitués, des
magistrats, de la garnison et du peuple, bénit le sar-
cophage et donna l'absoute. A Elbeuf, aux Andelys, à
Vernon, à Mantes, partout même empressement, même
enthousiasme. Le 12, la flottille doubla le pont de Poissy
pour y passer la nuit ; les deux rives du fleuve se cou-
vrirent alors de bivouacs, de feux et de tentes : la garde
nationale et la troupe de ligne voulurent faire la veillée
des armes. Le 13 était un dimanche ; M. l'abbé Coque-
reau, aumônier de l'expédition, célébra la messe ; S. A. R.
le duc d'Aumale était venu se joindre au cortége ; les
princes, les marins et les habitants de Poissy et des com-
munes voisines, assistaient debout et découverts au saint
Sacrifice.

Après la messe, suivie de l'absoute, on fit route pour
Maisons ; le lendemain, à dix-heures, la flottille longeait
Saint-Germain, puis Saint-Denis. Plus l'on approchait
de Paris, plus l'affluence était grande. Près de Neuilly,
le prince de Joinville aperçut de loin la reine, sa mère,
qui le saluait en agitant son mouchoir. Un moment se
passa encore, et *la Dorade* vint mouiller au pont de
Courbevoie.

Le mardi, 15 décembre, le convoi funèbre fit son entrée à Paris. A onze heures le canon retentit : c'était le
moment où la dépouille mortelle de l'empereur s'arrêtait

sous la grande voûte de l'arc de triomphe élevé à nos
gloires militaires. A deux heures le corps était introduit
aux Invalides, après avoir, porté sur un char funèbre
d'une éblouissante richesse, traversé, depuis Neuilly jusqu'à la cour du Dôme, une haie immense formée de plus
de douze cent mille personnes de tout âge, de tout sexe,
de toute condition, de tout pays, qui avaient voulu assister
à cette imposante solennité, malgré la rigueur du froid.

« Ceux qui ont assisté à cette cérémonie, dit le *Moni-*
« *teur,* n'oublieront jamais l'impression profonde que
« faisait soudainement autour de lui, en passant sous
« tous les regards, ce cercueil impérial drapé de velours
« violet, ce cercueil dans lequel la pensée pouvait voir
« Napoléon le Grand, calme et endormi, dans son cos-
« tume de guerre.

« Le prince de Joinville a présenté le corps au roi, en
« disant : *Sire, je vous présente le corps de l'empereur*
« *Napoléon.* Le roi a répondu, en élevant la voix. *Je le*
« *reçois au nom de la France.* Le général Athalin portait
« sur un coussin l'épée de l'empereur. Il l'a donnée au
« maréchal Soult, qui l'a remise au roi. S. M. s'est alors
« adressée au général Bertrand et lui a dit : *Général, je*
« *vous charge de placer la glorieuse épée de l'empereur*
« *sur son cercueil.*

« L'émotion a été solennelle ! et les regards se por-
« taient tour à tour vers le corps et vers les soldats
« mutilés qui ont été une part de cette gloire. Les vieux
« officiers essuyaient des larmes le long de leurs joues,
« et l'attendrissement se mêlait à l'admiration...

« Les hommes de l'empire se sont trouvés rajeunis de
« vingt ans, parmi les pompes, parmi les fastes, parmi
« l'ombre éclatante d'une époque de prodiges.

« La génération nouvelle a pensé un moment qu'elle
« assistait à la seconde épopée qui lui a été dite tant de
« fois, et qu'elle pouvait dater à son tour de la gloire de
« ses pères!... »

DIEU SEUL EST GRAND!

FIN.

TABLE

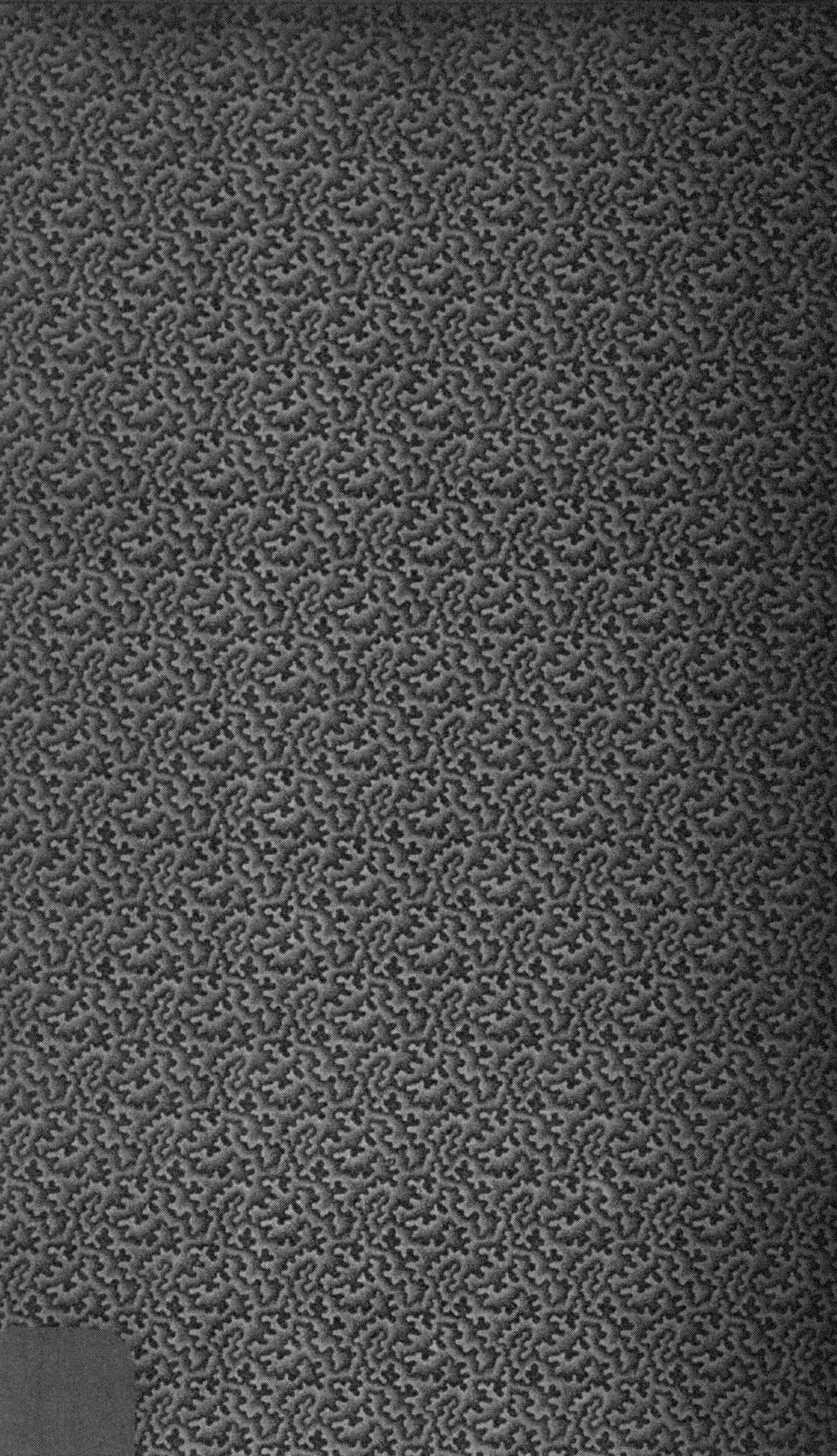